U0658124

体育锻炼的科学理论
与实践指导

聂东风　编著

西北工业大学出版社

【内容简介】 本书共分 12 章。其主要内容包括体育锻炼概述,体育锻炼的解剖生理学基础知识,体育锻炼的物质与能量代谢,体育锻炼与身体成分,体育锻炼的医务监督与效果评定,体育锻炼中运动伤病的预防与处理,体育锻炼的运动处方,体育锻炼与力量素质,体育锻炼与耐力素质,体育锻炼与速度素质,体育锻炼与柔韧素质以及体育锻炼与灵敏素质等;附录中介绍了相关的标准。

本书图文并茂,内容系统、翔实,不仅适合作为科学体育锻炼教育的教材,也可作为"体育锻炼百科全书"式的大众科普读物。

图书在版编目(CIP)数据

体育锻炼的科学理论与实践指导/聂东风编著 . —西安:西北工业大学出版社,2013.8(2020.1 重印)

ISBN 978 - 7 - 5612 - 3720 - 5

Ⅰ.①体… Ⅱ.①聂… Ⅲ.①体育锻炼 Ⅳ.①G806

中国版本图书馆 CIP 数据核字(2013)第 160086 号

出版发行:西北工业大学出版社
通信地址:西安市友谊西路 127 号   邮编:710072
电　话:(029)88493844 88491757
网　址:www.nwpup.com
印　刷　者:兴平市博闻印务有限公司
开　本:727 mm×960 mm   1/16
印　张:18
字　数:322 千字
版　次:2013 年 8 月第 1 版   2020 年 1 月第 2 次印刷
定　价:58.00 元

前　言

21世纪初的十年,我国经济飞速发展,综合国力进一步增强。继2008年北京成功举办第29届夏季奥林匹克运动会后,中国代表团在2010年温哥华冬季奥林匹克运动会上以5枚金牌首次获得奖牌榜第8位,在2012年伦敦夏季奥林匹克运动会上荣登金牌榜第2位,中国竞技体育在世界上取得了让国人振奋的成就。与此同时,中国现代化程度提高所带来的"现代文明病"也备受关注。为了追求幸福人生,全国上下掀起了全民健身的高潮。学校作为传播文明的圣地,撒播体育锻炼的科学知识,并提供实践指导成为体育教育工作者义不容辞的责任。

据世界卫生组织估计,全球因缺乏运动而引致的死亡人数每年超过200万人。目前,"现代文明病"已成为威胁我国人民群众身体健康的罪魁祸首,而且青少年的体质水平也在不断下降。2007年5月,中共中央国务院下发《加强青少年体育 增强青少年体质的意见》的文件,表明我国政府对青少年体质的高度重视。

本书正是在这一背景下应运而生的,它可以作为我国高校体育技能教育课程的有益补充。目前,我国高校体育教学多采用体育专项技术教授为主,虽有益于学生提高运动技能,但同时缺少对学生进行关于体育锻炼知识科学化、系统化的理论教学。本书立意生命在于运动、健身贵在科学,在广泛参考体育锻炼相关文献及最新科研成果的基础上编写而成。全书内容一方面涵盖了国际较为流行的体适能理论等,另一方面重点解决学生在体育素质提高和体育锻炼过程中面临的困惑,并纠正出现的误区,突出体现体育锻炼理论知识的前沿性和体育锻炼实践的科学性。

总体来说,本书有以下三点特色:

(1)通过图、表等将体育锻炼科学理论形象地表述出来,增强体育锻炼理论知识的实用性,从而增强可读性。

(2)引入"现代文明病"的病理及预防、量化体育锻炼等内容,便于提高读者的健身、预防意识,并养成良好的、科学的体育锻炼习惯。

(3)增强体育锻炼中运动处方、普及性强的运动项目的科学指导,使读者走出体育锻炼的误区。

综上所述，本书不仅可以作为高校体育教学教材，也是传播体育锻炼知识的大众科普读物。书中引用了大量体育锻炼的相关研究成果和图片，在此一并致谢。同时也感谢西北工业大学教材委员会和出版社的大力支持。

本书系陕西省教育科学"十二五"规划 2012 年度课题"基于体质健康理论大学体育课程研究"项目的部分研究成果。

鉴于水平有限，书中不足在所难免，请广大读者批评指正。

编　者

2013 年 2 月于西北工业大学

目　　录

目　录

第一章 体育锻炼概述

【内容提要】

随着"现代文明病"的流行,"健康是第一财富"已逐渐为大众所认同。聪明的人投资健康,长命百岁;糊涂的人,透支健康,早衰早亡。运动是健康的四大基石之一。古语有"流水不腐,户枢不蠹",人的健康也一样,机器不转要生锈,人不锻炼要减寿。健康在于运动,运动贵在科学。

本章系统介绍体育锻炼的概念、原则方法及其对人体身心健康的益处,以使读者全面了解体育锻炼的基本理论,形成积极体育锻炼的动态生活方式。

【关键词】

体育锻炼 健康 体质 体适能 心理 体育锻炼原则 体育锻炼方法 体育锻炼计划 体育锻炼行为

维护健康四大基石:平衡饮食、适量运动、戒烟限酒、心理健康。

——《维多利亚宣言》

第一节 体育锻炼的概念

一、体育锻炼与健康

(一)健康的概念和标准

健康是人类关注的永恒主题。"健康第一"是时代的需要、社会发展的需要,也是我国现实国情的需要。树立"健康第一"的理念,将对人类的发展、社会的进步,对我国在 21 世纪的改革与发展产生深远的影响。

健康的内涵一直是人们所关心和探讨的问题,不同的历史阶段对健康有着不同的理解并赋予健康不同的内涵。人类对健康的认识是以人类的科学进步、以对人类自身的认识和了解为基础的。自古以来,人们把健康与疾病视为互补的名词,认为没有疾病就是健康,生病就不健康。直到现今,仍有许多人持有这种消极的健康观。世界卫生组织(WHO)于 1984 年在其宪章中指出"健康不仅是免于疾病和衰弱,而且是保持身体上、精神上和社会适应方面的完善状态"。后来该组织又指出"道德健康"也应该包括在健康的含义中,一个人只有在身体健康、心理健康、社会适应良好和道德健康四个方面都健全,才能算是健康的人。全面、客观地从生理、心理、社会、道德几个方面来探讨人的健康,争取健康和创造健康是现代人的健康观。就个体而言,健康的含义也变得更加宽泛而具体,其中比较有代表性的是美国学者所提出的 Health,Wellness 健康观以及健康的身体、心理、精神、社会、智力五要素说(见图 1-1)。这样的划分反映了在一定社会发展阶段当中人们对健康的不同层次的认识和追求。

图 1-1　健康的五要素说

Health 意为"健康",即世界卫生组织对"健康不仅是免于疾病和衰弱,而且是保持身体上、精神上和社会适应方面的完善状态"的定义;Wellness 字面上是"良好"的意思,而从其含义上看,则更接近于一种以达到健康、幸福、财富为目标的个人健康的做法,强调个人的责任,通过实行能够增进健康的生活方式来实现。更确切地说,Wellness 实际上是一种能够增进健康的合理生活方式,一种积极的和高质量的生活。它的内涵更加广泛和具体,包括以下诸方面的良好状态:社会方面,认为个体应具有顺利实现其社会角色的能力,同时不会对他人造成伤害;身体方面,认为应通过合理饮食,进行有规律的锻炼,避免不良习惯和嗜好,参加能够预防疾病的活动,在需要的时候寻求医疗保健方面的帮助,以及在身体健康方面具有广博的知识和高度的责任感等手段来维护一个健康的体格;心理方面,要求有理解和合作的精神,能够妥善处理日常生活中出现的问题;智力方面,则应具备能够接受新事物的开放性思维,乐于寻求新的经验和体会,勇于接受新的挑战;精神方面,应能够合理平衡自身需要和外界需求的矛盾,恰如其分地自我评价和自我对待,与他人和谐相处。另外也有研究认为健康还应包括职业方面,即喜爱自己维持生活并对社会做出贡献的工作。无论身处何种职业,都应具备判断性的思维、解决问题的能力以及与他人交流和沟通的能力,部分研究认为其隶属社会健康。

世界卫生组织提出衡量是否健康的 10 项标准:"有充沛的精力、能够从容不迫地应付日常生活和工作的压力而不感到紧张;处事乐观,态度积极,不挑剔;善于休息,睡眠良好;应变能力强,能适应环境的多种变化;能够抵抗感冒和一般性疾病;体重得当,身体匀称,站立时肩臂位置协调;眼睛明亮,反应敏锐,眼睑不发炎;牙齿清洁无空洞、无疼痛,齿龈颜色正常,无出血现象;头发有光泽、无头屑;肌肉有弹性,走路感觉轻松。"

(二)体育锻炼对健康的影响

"现代文明病"的流行,使人们更加关注健康。"现代文明病"的形成机理中,膳食、运动不足及心理是其形成的主要影响因素(见图 1－2)。由此,普遍认为影响健康的因素是多方面的,包括生物因素、环境因素、生活方式因素和保健服务因素等诸多方面。

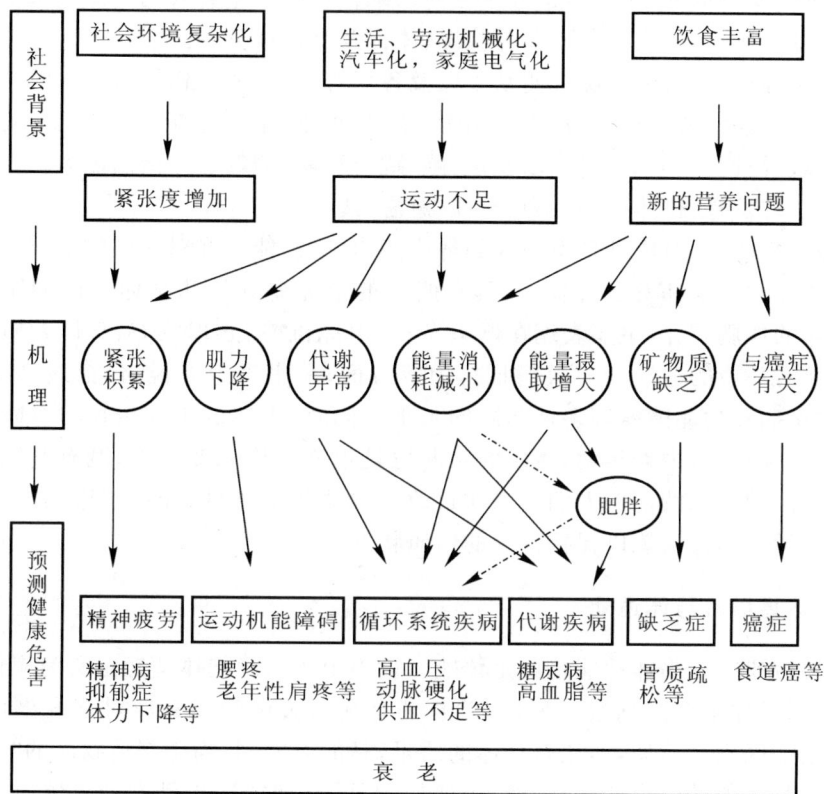

图 1－2　"现代文明病"的生活背景及机理

随着人们对包括"现代文明病"在内的健康问题的深入认识,相关研究者总结出维护健康的四大基石:平衡饮食、适量运动、戒烟限酒、心理健康。其中,适量运动即为科学的体育锻炼。

体育锻炼是指人们根据需要自我选择,运用各种身体练习方法和手段,并结合自然力和卫生措施,以强身健体、调节精神、丰富文化生活和支配余暇时间为目的的体育活动。体育锻炼是增进健康,增强体质最积极、最有效的方法。

二、体育锻炼与体质

体质的水平反映着人体的质量。它是在遗传性和获得性的基础上,人体表现出来的形态结构、生理机能和心理因素方面综合的、相对稳定的特征。其影响因素是多方面的,其中遗传、营养、体育锻炼这三个方面起着重要的作用。

体质主要包括五个方面,这五个方面的综合状况决定着人们的体质水平。

(1)身体形态:体型、姿势、营养状况、体格及身体成分等。

(2)生理机能:机体新陈代谢水平以及各器官、系统的工作能力。

(3)身体素质和运动能力:心肺耐力、柔韧性、肌肉力量和耐力、速度、爆发力、平衡、灵敏、协调、反应等素质,以及走、跑、跳、投、攀、爬等身体活动能力。

(4)心理发育:机体感知能力、个性、意志等。

(5)适应能力:对内外环境条件的适应能力、应急能力和对疾病的抵抗力。

体质在其形成和发展过程中,具有明显的个体差异性和个体发展的阶段性。不同人体的体质差异,主要表现在形态发育、生理机能、心理状态、身体素质、运动能力以及对环境的适应和对疾病抵抗力等方面;从水平上来说,包括最佳功能状态、严重疾病和功能障碍等多种不同的水平。同时,人体的不同生长发育阶段,如儿童期、青少年期、中老年期,体质的状况也是不断发展和变化的,既有共同特征,又有各阶段的特殊特征。人们可以通过改善物质生活条件、养成健康的生活方式并进行科学的体育锻炼以保持良好的体质状况。

三、体育锻炼与体适能

大多数研究认为体适能也就是体能。世界卫生组织把体适能定义为应付日常工作之余,身体不会感到过度疲倦,并且还有余力去休闲或有应对突发事情的能力。体适能区别于体质,体质是身体的质量,是静态的,相当于制造物品的"材料";体适能是身体的适应力,是一种能力,就如物品的"功能",是动态的。体质与体适能的关系是"材料"与"功能"的关系,在一定程度上,"材料"决定了"功能"。

(一)体适能的分类

1.健康体适能

(1)心肺耐力:心肺耐力指一个人持续身体活动的能力。心肺功能越强,学习和工作就会越轻松,进行各种运动保持的时间也会越长。

(2)柔韧性:柔韧性是指身体各个关节的活动幅度以及跨过关节的肌肉、肌腱、韧带、皮肤和其他组织的弹性和伸展能力,柔韧性对于提高身体的活动水平、预防肌肉紧张以及保持良好的体态等都具有重要作用。

(3)肌肉力量:肌肉力量是一块肌肉或肌肉群一次竭尽全力从事抵抗阻力的活动能力,所有的身体活动均需要使用力量。肌肉强壮有助于预防关节的扭伤和身体的疲劳。

(4)肌肉耐力:肌肉耐力指一块肌肉或肌肉群在一段时间内重复进行肌肉收缩的能力,与肌肉力量密切相关。一个肌肉强壮和耐力好的人更易抵御疲劳。

(5)身体成分:身体成分包括肌肉、骨骼、脂肪和其他物质。体能与体内脂肪比例之间的关系最为密切,脂肪过多者往往身体不健康,在活动时比其他人需要消耗更多的能量,心肺功能的负担也更重,因此,其患心脏病和高血压病症的可能性更大。

2.竞技体适能

(1)速度:速度指快速移动的能力,即在最短的时间内移动一定的距离,如短跑运动。

(2)力量:力量指短时间内克服阻力的能力,如举重、掷铅球等运动。

(3)灵敏性:灵敏性指在活动过程中,既快速又准确地变化身体移动方向的能力,如篮球、足球项目中的运球过人等技术所表现出的能力。

(4)神经肌肉协调性:神经肌肉协调性主要反映一个人的视觉、听觉和平衡觉与肢体动作相结合的能力,如自由体操、花样滑冰等运动。

(5)平衡:平衡指当运动或静止站立时保持身体稳定性的能力,如体操、舞蹈等运动。

(6)反应时:反应时指对某些外部刺激做出生理反应的时间。如短跑项目的起跑阶段,反应时起着重要的作用。

(二)体育锻炼对体适能的促进作用

体适能主要通过体育锻炼而获得。大量的研究证实,有规律的身体活动能够降低冠心病、恶性肿瘤、糖尿病等严重疾病发生的风险,从而防止这些疾病引起的过早死亡;体育锻炼还能够维护老年人骨骼、肌肉、关节的健康,尽可能保持老年人独立生活的各种能力,提高人类晚年的生活质量;体育锻炼有助于缓解或克服不良情绪,增进心理健康,使人们有足够的精力应付日常生活的需要。科学研究的结果使人们相信,日常的体育锻炼不仅对个人当时的健康状况产生良好的作用,也能够对其以后生命阶段的生活产生深远的影响。体育运动是增进健康的重要和基本手段,这早已在世界范围内成为共识。

进行适当的身体活动而得来的活力以及身体、精神、心理、社会等方面的有益效果,完全能够成为推广和促进体育活动的理由;而降低过早发生严重健康问题的危险和延长寿命的潜在可能性是体育活动所产生的附加益处。因此,养成良好的身体锻炼生活方式对于健康体适能具有重要的意义。

四、体育锻炼、运动训练与体育教学

体育锻炼是科学地利用所掌握的体育方法,结合自然环境与卫生等因素进行发展身体、增进健康、陶冶情操的身体活动过程。体育锻炼要与运动生理规律、健身原理、个人、社会和自然环境等多方面因素相协调,以达成多领域的健康目标。

体育锻炼、运动训练和体育教学三者既有联系,又有区别。它们都是以身体练习为基本手段,要承受一定的运动量并使运动痕迹不断积累,以便不断促进身体新陈代谢,改善身体形态机能,增强体质;它们都具有教与学的因素。它们的区别主要在于:由于运动的定位不同,表现在目的、对象、内容、运动负荷及组织形式等诸多方面各有侧重(见表1-1)。

表1-1　体育锻炼、运动训练与体育教学的区别

项目　　类别	体育锻炼	运动训练	体育教学
目的	增强体质、促进健康、陶冶情操、丰富余暇	挖掘潜力、身体机能超量恢复、提高运动技术水平、创造优异成绩、张扬个性	掌握体育知识技能、增强体质、增进健康、达成领域目标和水平目标
对象	全民	运动员或竞技体育爱好者	学生
内容	自由选择	主要是专项化	按教学大纲规定安排教学
运动负荷	因人而异、量与强度适当	大强度、大负荷量	适当负荷强度与负荷量
组织形式	灵活多样、因时因地制宜	以重大比赛制订训练周期,有计划进行专项素质、知识技能、心理以及战术训练	主要以课堂形式在教师的指导下进行
效果评定	自我感觉与测评、医务监督	以竞赛确定成绩,被社会乃至国际体育组织所承认	按教学大纲的规定进行评价

五、体育锻炼与生命质量

生命质量(QOL)又称生活质量、生存质量等,至今尚无一个能被广泛接受的明确定义,目前比较一致的看法是:生命质量是对个人或群体的躯体、心理、社会各方面良好适应状态的一个综合测量。它是一种多维结构,主要有三个方面:①躯体健康:包括患病情况、慢性症状及健康自我评价;②社会健康:涉及社会网络的大小、社会交往的频率、社会参与的程度等;③心理健康:其相对要复杂些,包括焦虑、抑郁、认知、幸福感、满意度等。

要全面提高生活质量,就必须提高健康水平。提高健康水平的最有效的途径不仅依靠合理营养,而且更要依靠体育锻炼。根据生理学的研究,人在发育成熟之日起,就是衰老过程的开始。衰老是不可抗拒的自然规律,但人的主观能动性有可能延缓衰老的过程。唯一的"长生不老丹"就是适当的依年龄而异的、因地因时制宜的体育锻炼。可见,改变静态等不健康生活方式,科学参加体育锻炼是提高人类健康和生命质量水平的最积极、最有效的方式和基石。

第二节　体育锻炼对身心健康的影响

一、适度体育锻炼对身心健康产生的积极影响

(一)对身体健康的积极影响

现代人需要有健康的体魄、健全的身心才能在竞争激烈的社会中立足,而健康的体魄来源于持之以恒的体育锻炼。经常参加体育锻炼,可以对人体产生积极的影响,如增强体质、改善心理健康、预防疾病等,并对机体生理带来良好影响(见表1-2)。

1.体育锻炼对新陈代谢的影响

(1)体育锻炼可以提高脂质代谢过程,降低血液中胆固醇含量,有利于预防动脉硬化症的发生。

(2)体育锻炼能消耗脂肪并避免失去肌肉组织,同时,能使机体形成更多肌肉,因而提高消耗多余脂肪的能力。

(3)体育锻炼消耗热量,帮助保持理想的体重和脂肪百分比,有利于保持更健美、更健康的体态。

(4)体育锻炼能够降低胆固醇、甘油三酯水平。

(5)体育锻炼可增强人体输送葡萄糖的能力。

表 1-2   不参加与经常参加体育锻炼者生理指标对比表

系 统	不参加锻炼者	经常参加锻炼者
神经系统	灵活性低;反应时间长、反应慢	灵活性高;反应时间短、反应快
运动系统	肌肉质量占体重的 35%～40% 股骨的承受力为 2 940 N 的压力	肌肉质量占体重的 50% 左右 股骨的承受力为 3 430 N 的压力
血液循环系统	心脏质量为 300 g 心容积为 600～700 cm³ 血容量为 765～785 mL 心横径为 11～12 cm 每搏输出量为 50～70 mL 极限运动时为 100～120 mL 安静时脉搏为 70～80 次/min	心脏质量为 400～450 g 心容积为 1 000 cm³ 血容量为 1 015～1 027 mL 心横径为 13～15 cm 每搏输出量为 80～100 mL 极限运动时为 200 mL 安静时脉搏为 50～60 次/min 运动员达 40 次/min
呼吸系统	肺活量男子为 3 500 mL 肺活量女子为 2 500 mL 呼吸频率安静时为 12～18 次/min 呼吸差为 5～8 cm	肺活量男子为 4 000～7 000 mL 肺活量女子为 3 500 mL 呼吸频率安静时为 8～12 次/min 呼吸差为 9～16 cm

2.体育锻炼对运动系统的影响

(1)体育锻炼能够改善骨骼的血液供给,帮助骨骼的形态结构和性能产生良好的变化,这些变化使骨变得更加粗壮和坚固,从而提高骨骼的抗折、抗弯、抗压缩和抗扭转等方面的能力。

(2)体育锻炼既可增强关节的稳固性,又可提高关节的灵活性。

(3)体育锻炼可使肌纤维变粗,肌肉体积增大,从而使肌肉发达、结实、健壮、匀称而有力。

(4)体育锻炼使肌肉组织的化学成分发生变化,例如,肌肉中的肌糖原、肌球蛋白、肌动蛋白和肌红蛋白等含量都有所增加。

(5)体育锻炼有助于增强肌肉的耐力。长期坚持锻炼,可使肌肉的毛细血管形态结构发生变化,增加肌肉的血液供应量。

(6)体育锻炼能保持肌张力,减小肌萎缩和肌肉退行性变化,保持韧带的弹性和关节的灵活性。

3.体育锻炼对心血管系统的影响

(1)体育锻炼改善了心脏肌肉的收缩能力,心脏每次跳动泵出的血液增多,使心脏能以较低心率来满足锻炼的需要。

(2)体育锻炼可使心肌纤维增粗、心壁增厚、心脏增大,并以左心室增大为多见,从而可以使供血量增大。

(3)体育锻炼影响血管结构,改变血管在器官内的分布。这些变化有利于改善器官供血能力,增强物质与能量的交换。

(4)体育锻炼可以促使身体大量储备着的毛细血管开放。这对于人体组织细胞的物质代谢都起着良好的作用。

(5)体育锻炼使血红蛋白和红细胞数量增加,也就是增加了血液的氧容量。

4.体育锻炼对呼吸系统的影响

体育锻炼能提高呼吸机能,主要表现为呼吸肌发达,收缩力增强,最大通气量和肺活量增大,呼吸差较大。例如,安静时,一般人呼吸浅而快,男子每分钟呼吸16～20次,而经常锻炼者呼吸深而缓,每分钟8～12次。

5.体育锻炼对消化系统的影响

体育锻炼对消化器官的机能有良好的促进作用,它能使胃肠的蠕动加强,消化液的分泌增多,改善肝脏、胰腺功能,从而使消化和吸收的能力提高。

6.体育锻炼对人体中枢神经系统的影响

体育锻炼可以改善和提高中枢神经系统的工作能力,改善神经系统的均衡性和灵活性,提高大脑分析和综合的能力,增强机体适应变化和工作的能力。

7.体育锻炼可以治疗疾病、延缓衰老、延年益寿

体育锻炼还可作为某些精神疾病的治疗手段和一些慢性疾病的辅助治疗措施,例如,抑郁症、焦虑症、脂肪肝、心脏病、颈椎病、肩周炎等。近年来,风靡世界的有氧健身运动(韵律操、走跑练习、游泳、骑自行车等)被证明能够提高心血管系统的机能,减缓心率,降低血压,增加脉搏输出量和吸氧量,从而有助于心血管系统疾病的康复。合理的运动对于疾病的预防、治疗和恢复都是有效的手段。还有研究表明,衰老是由于免疫力降低所致,体育锻炼能够推迟机体免疫系统的衰老,并且一定程度上能够逆转免疫系统的机能衰退。

(二)对心理健康的积极影响

1.体育锻炼为心理健康发展提供坚实的物质基础

人的心理是人脑的活动。心理健康发展,必须以正常健康的身体,尤其是以正常健康发展的神经系统和大脑为物质基础。体育锻炼能促使锻炼者身体正常、健康地发展,为心理发展提供坚实的物质基础。这是心理发展的重要条件。

2.体育锻炼是心理发展的一种动力

体育运动与日常自然的身体运动相比,无论内容还是形式都不尽相同。原有的心理水平往往不能满足所学习的运动项目的需要。例如,短跑要求较短的反应潜伏期、良好的运动距离知觉和运动速度知觉。又如,篮球比赛中的带球上篮,由于要了解队员位置,要求有较大的注意范围,既要带球前进,又要防止对方拦截,需要善于分配注意力。几乎任何运动项目,都要求运动员有勇敢、坚持、自制、不怕困难等良好的意志品质和乐观、友爱、愉快、同情等多样的感情。上述心理活动和心理特征,就一个人的自然发展水平来说,当然不能满足运动学习和运动竞赛的需要。但是,在锻炼者为了不断提高自己的运动水平或战胜对手而进行的运动活动中,原有心理水平便慢慢获得提高。也就是说,体育运动的新需要与原有心理水平的矛盾,推动了心理的发展。

3.体育锻炼改善情绪状态

体育锻炼对情绪状态的改善常用于检查体育活动对心理健康影响的重要指标。体育锻炼对人的情绪状态具有短期效应和长期效应。短期情绪效应产生于活动过程中和活动结束,能给锻炼者带来舒适和流畅的感觉。研究表明,体育锻炼的长期效应也是存在的。

(1)体育锻炼易形成良好的情绪体验。参加体育锻炼能够给人带来的良好情绪体验主要有以下三种:

1)流畅体验:流畅是一种理想的体验状态。在这种状态中,人忘我地全身心地投入活动之中,对过程的体验本身就是乐趣和享受,并产生对操作过程的控制感。

2)高峰表现:高峰表现是指"超出一个人在某一情景中正常机能水平的行为表现"。体育运动中的高峰表现比较明显。如运动员在比赛中超水平发挥技战术,完全进入最佳竞技状态时就能体验到全神贯注、思维敏锐、高水平的操作表现、沉醉于当前活动之中的高峰体验。

3)跑步者高潮:这种体验是在跑步中出现的高潮,也称"体育锻炼快感"。这种体验也能在跑步之外的其他体育锻炼(游泳、骑自行车等)中出现。这种状态是在跑步(或其他运动)中瞬间体验到的一种欣快感,通常是不可预料地出现。当出现时,跑步者感觉与情景融为一体,身体轻松,忘却自我,充满活力,甚至超越时空界限。

参加体育运动之所以能够对人的情绪产生积极的影响,是因为体育运动与心理自我良好感有关。研究表明,心理自我良好感与运动有正相关关系,积极参加体育运动者比不运动者的自我感受和评价都更积极,其中女子较男子相关程度更高。

体育锻炼通过对情绪状态的调整,对于经常置身于激烈竞争中的人们,身体活动可以有效地消除精神疲劳,减少焦虑和沮丧感,能使头脑更清醒,反应更敏捷,工作效率更高。

(2)体育锻炼能推动自我意识的发展、完善个性形成。体育锻炼有助于锻炼者认识自我。体育锻炼的运动项目大多是集体性、竞争性的活动,自己能力的高低、修养的好坏、魅力的大小,都会明显地表现出来,使锻炼者对自我有一个比较符合实际的认识。

体育锻炼的运动项目还有助于自我教育。在正确认识自我的基础上,便会自觉或不自觉地修正自己的认识和行为,培养和提高社会所需要的心理品质和各种能力,使自己成为更符合社会需要、更能适应社会的人。

体育锻炼在促进个性形成和发展中起着积极作用,它不仅影响人体的生理属性,还影响心理属性,促进身心健康全面发展,同时还作为社会教化手段促进个性形成和发展。

(3)体育锻炼能培养良好的意志品质。体育活动一般都具有艰苦、疲劳、激烈、紧张、对抗以及竞争性强的特点。锻炼者在参加体育锻炼时,总是伴随着强烈的情绪体验和明显的意志努力。因此,体育运动有助于培养锻炼者勇敢顽强、吃苦耐劳、坚持不懈、克服困难的思想作风,有助于培养团结友爱、集体主义和爱国主义精神,有助于培养机智灵活、沉着果断、谦虚谨慎等意志品质,使锻炼者保持积极健康向上的心理状态。

4.体育锻炼可以治疗心理疾病

体育活动作为一种心理治疗的方法已被公认,它在治疗焦虑和抑郁这两种心理疾病方面有着特殊作用。体育活动特殊的治疗价值主要在于预防疾病或疾病的复发。

(三)对社会适应健康的积极影响

1.体育锻炼有助于人际交往

体育锻炼能增加人与人接触和交往的机会,增强参与者的社会交往能力、改善人际关系。通过参加体育活动,尤其是集体性项目可以广交朋友、交流信息,可以忘却烦恼和痛苦,克服孤独感,增强合作意识,逐渐形成与人交往的意识和习惯。通过关心他人、帮助同伴而获得价值感,从而促使人际关系更加和谐。

2.体育锻炼有助于培养合作精神

合作能力既是体育活动参与者必备的素质,也是通过体育活动发展的一种能力。进行体育活动,尤其是集体性的体育活动,通过与他人的通力合作,不仅集体的目标可以实现,而且个人的作用也得以发挥。

3.体育锻炼有助于形成竞争意识

竞争是体育运动的主要特性之一。在体育活动中,竞争无处不在,既存在对自己运动能力的挑战,也存在与他人的竞争;既有人与人之间的竞争,也有团体与团体的竞争。体育锻炼能够培养竞争意识,为适应竞争激烈的社会起到一定帮助。

二、过度体育锻炼对身心健康的影响

(一)过度体育锻炼对身体健康的影响

过度运动会使人体内各器官供血供氧失去平衡,导致大脑早衰、内分泌系统紊乱、免疫系统受损,加速身体各器官的磨损与衰老。

1.对心血管机能的影响

过度运动可引起心肌毛细血管的持续性损伤,心肌细胞发生缺氧性损害,心肌收缩性能和舒张性能可产生较为严重的损伤,引起心肌力学指标下降,表现为胸闷、心律不齐、休息时心率加快及运动后心率恢复得慢等症状。

过度运动可使血小板的聚集机能明显增强,使外周循环机能出现异常,造成组织的缺血缺氧,进而可能导致机体运动能力和抗疲劳能力的下降。

过度运动有时还使有效血容量骤减,血压下降,引起运动过度性休克。

2.对神经系统的影响

过度运动可造成记忆力下降、头晕、头痛和失眠等现象,还可出现自主神经紊乱症状,表现为面色苍白、恶心、出汗、眩晕及耳鸣等,甚至导致意识丧失、肌张力丧失而突然晕厥的现象。

3.对骨骼肌机能的影响

过度运动可造成骨骼肌收缩机能下降,物质代谢改变甚至肌肉超微结构损伤,肌肉细胞内钙离子平衡紊乱,钙离子浓度增高,肌肉持续酸痛。过度运动还可造成肌腱损伤。

4.对胃肠机能的影响

过度运动可引起食欲不振、恶心、肠胃机能紊乱。

5.对泌尿系统的影响

过度运动可导致机体大量出汗,肾血流量减少,尿液浓缩,产生高渗性原尿。过度运动时,血管收缩使机体缺氧和二氧化碳储留,造成肾脏急性受损,滤过膜通透性增加,可能导致运动性血尿。

6.对免疫机能的影响

过度运动促进体内具有免疫抑制作用的激素释放,表现为机体免疫机能被抑制,从而影响身体健康。

剧烈运动时,肾上腺素和皮质醇含量增加,当超过一定程度时,脾脏产生白细胞的能力减弱,使淋巴细胞和自然杀伤细胞活性减弱。过度运动导致的免疫机能降低,会增加机体对上呼吸道感染和其他病毒性感染的易感性,使全身乏力、体重下降,易患感冒、肺炎、胃肠道感染性疾病,并为自身免疫性疾病,如贫血、类风湿性关节炎、糖尿病提供致病条件。

7.易发生运动损伤

刚开始参加体育锻炼的人,有时在连续过量运动情况下可造成骨与肌肉附着力点处的疲劳骨折。过度运动可造成关节慢性劳损,表现为关节疼痛和肿胀。

青春期少年过度运动易导致运动损伤,如体操运动员的应力骨折,赛跑运动员的腹痛综合征,以及其他专项运动综合征,例如游泳肩、疲劳性骨膜炎和网球肘等。

8.对生殖系统的影响

女性在青春期过度运动可能导致月经周期异常,外阴创伤,卵巢扭转、破裂,子宫内膜异位症等症状。

9.对抗氧化能力的影响

长期过度运动使机体抗氧化能力下降,机体产生的自由基含量升高,进而导致疲劳、疾病、损伤以及加速衰老。

(二)过度体育锻炼对心理健康的影响

科学的运动锻炼能促进身心健康。如果锻炼不科学、方法不得当,则不仅损害身体健康,还会给心理健康带来一些负效应,也就是人们通常所说的运动锻炼的副作用。

过度体育锻炼对心理健康的影响主要表现在两个方面:

一是心理疲劳。过犹则不及,过多过量的运动锻炼不但无助于增强体质,还会让锻炼者感到心理疲劳、浑身乏力,进而产生消极的思想情绪,如沮丧、失望等,甚至可能对人体的免疫系统产生影响,造成身心俱损。

二是锻炼迷瘾。锻炼迷瘾是对有规律的体育锻炼方式所产生的一种心理生理依赖。广义上说,锻炼迷瘾有积极和消极之分,但通常所说的锻炼迷瘾特指消极迷瘾。有消极迷瘾的人如果24～36小时不参加体育锻炼,就会产生"戒断症状",如烦躁、内疚、肌肉颤抖肿胀,以及神经质等症状。其发展的高峰是锻炼依赖性,一旦产生了这种依赖性,锻炼者就对运动锻炼产生了类似于某些人对酒精、药物或赌博的精神依赖一样难以摆脱,甚至会影响正常的工作和家庭生活。锻炼迷瘾是人们进行体育锻炼时需要加以警惕和避免的。

三、缺乏体育锻炼对人体健康的影响

世界卫生组织估计,全球因缺乏运动而导致的死亡人数,每年超过200万。长期缺乏体育锻炼,人的新陈代谢机能降低,很容易由此引起各种肌肉关节疾病,如肩周炎、骨质疏松等,同时也会导致心肺机能下降等不良身体反应。久坐不动还是痔疮、坐骨神经痛、盆腔淤血等病症的祸根。缺乏运动或久坐不动可使人体抵抗力下降,易患疾病。运动不足是糖尿病发病的独立危险因素。缺乏运动可加速衰老,增加老年人的死亡率,且心肌损伤、中风、糖尿病及心绞痛的发病率明显上升。缺乏体育锻炼对人体健康的不利影响突出表现在以下几个方面:

1. 对心血管机能的影响

缺乏运动可导致氧运输能力低下,血管弹力减弱,心脏收缩力不足,心脏机能降低,易引发心血管疾病。

久坐不动,使血液黏度易于增高,血流缓慢,容易形成血栓。缺乏运动可使体内动脉壁内淤积大量脂类,影响各组织、器官的供血,加速心血管系统疾病的发生。

2. 对呼吸机能的影响

缺乏运动可使肺通气和换气机能下降,肺血流量减少,气体交换效率下降,呼吸表浅,每分钟呼吸次数增加,呼吸肌的调节能力减弱,进而导致呼吸机能、免疫机能降低。

3. 对神经系统机能的影响

缺乏运动可促使脑细胞的新陈代谢减慢,使人记忆力与大脑工作的耐久力变差,大脑皮质分析、综合和判断能力减弱,反应慢、不敏锐,工作效率降低。

4. 易导致肥胖

缺乏运动可使成人和儿童体内储存过多的脂肪,导致肥胖或体重超出正常值。缺乏运动还可发生高胰岛素血症、胰岛素抵抗、高血压、高血脂、高密度脂蛋白胆固醇及糖储量降低等症状,引起代谢紊乱综合征。

5. 对运动系统机能的影响

缺乏运动易导致骨质疏松,使骨量降低、活动机能下降、骨周围肌肉组织肌力减弱和姿势不稳并容易跌倒,从而引发骨折。缺乏运动还可使关节灵活性和稳定性降低,肌肉纤维变细、无力,肌肉收缩能力减退。

6. 对胃肠机能的影响

久坐不动者的胃肠蠕动慢,正常摄入的食物聚积于胃肠,使胃肠负荷加重,长此以往可导致胃及十二指肠溃疡、穿孔或出血等慢性顽疾。

7. 可导致亚健康

缺乏运动的人可出现记忆力减退、注意力难集中、精神不振、对自己的健康担心、多梦、疲劳、情绪不稳定、用脑后疲劳、耐力下降、困倦、烦躁、健忘、虚弱、活动后疲劳、易怒、失眠、压抑感、总怀疑自己有病、思维效率低、易感冒、嗜睡、四肢乏力、不愉快感、头晕、目眩、抑郁、头疼、腰膝酸痛及脱发等亚健康症状。

第三节 体育锻炼的原则与方法

一、体育锻炼的原则

体育锻炼讲究科学性，不能盲目进行，不仅要严格遵循体育锻炼的基本原则，还要掌握正确的体育锻炼方法。体育锻炼的原则是指体育锻炼中客观规律的反映，是人们长期体育锻炼实践的经验总结，是达到理想锻炼效果所必须遵循的基本准则和原理。

(一)自觉积极性原则

体育锻炼不同于人们劳动和日常生活的一般性躯体活动，更区别于动物所具有的走、跑、跳、攀登等自然的本能动作。人们所从事的体育锻炼总是有一定的目的和意识的身体活动过程，因此要发挥自觉积极的主观能动性。自觉积极性是要求锻炼者首先要有明确的健身目标，懂得"生命在于运动"的道理，树立起锻炼有益于学习、工作和生活的正确理念。把个人的切身需要和身体锻炼的功效与民族体质、人口质量以及国家的兴旺结合起来，这样能更好地激发自己的锻炼热情。在这个基础上，还应认真选择适宜的锻炼内容和方法，以及安排适宜的运动负荷，使身体锻炼之后心情舒畅。总之，体育锻炼的效果、信心、兴趣三者是相辅相成的，三者应密切结合才能做到积极、自觉地进行体育锻炼。定期检测锻炼效果，可以使自己看到锻炼的效果和进步，有利于增强自信心，有助于不断巩固和提高锻炼的积极性。

(二)从实际出发原则

从实际出发原则是指锻炼者根据体育锻炼的目的、内容、方法以及自身的条件，选择适宜的运动负荷。每位锻炼者的主客观条件都不相同，如性别、年龄、职业、体育基础、身体状况、生活条件、锻炼目的等，因此在选择锻炼的内容、方法、运动负荷时要因人而异、量力而行，特别要注意运动负荷适量。

运动负荷适量是指体育锻炼时要有恰当的生理负荷。锻炼效果与锻炼时生理负荷的适宜与否有着极为密切的关系。机体负荷太小，机体得不到适宜的刺激，身体功能的变化不明显，锻炼效果也就不好。相反，机体负荷量过大，不仅不能增强体质，反而会损害健康。

运动负荷大小由"负荷量"和"负荷强度"所组成。"负荷量"可以通过练习动作的次数、组数、时间、距离、负荷重量等特征表现出来，"负荷强度"可以通过练习动作的速度、难度、练习的密度、练习间歇时间的长短、单次负重的大小、投掷的距离、跳跃的高度和长度等形式表现出来。量和强度要处理适当。强度大，量就要相应减少；强度适中，量也可以相应加大。适量，就是以练习者承受得了并有一定疲劳感为限。

从实际出发，除了因人而异外，还要因时、因地制宜，以达到最佳锻炼效果。因时、因地制宜是根据外界环境的实际情况，如地理环境、气候条件、场地器材、环境卫生等，选择适合于自身的锻炼内容和方法。

（三）持之以恒原则

持之以恒原则是指体育锻炼必须持续系统地进行，使之成为日常生活中不可缺少的内容。

从生物学角度看，人的体质增强是一个不断积累、逐步提高的过程，不可能一劳永逸。人体机能水平的提高、各种运动素质的发展、运动技能的形成与巩固，都有赖于较长时期经常性的锻炼，这样才能使机体在解剖形态、生理机能、生化过程等方面产生一系列适应性变化。人体结构和机能的变化都是通过机体活动反复进行强化来实现的，体育锻炼是对机体给予刺激的过程，连续不断的刺激作用，在机体内产生痕迹的积累，这种积累使机体的结构和机能产生新的适应性，从而使体质不断增强。锻炼效应具有不稳定性，当锻炼的系统性和连续性遭到破坏时，已获得的良好锻炼效应就会逐渐消退或完全丧失，进而体质逐渐下降。贯彻持之以恒原则，应注意以下两点：

1. 安排合理的锻炼时间

锻炼间隔时间长，锻炼的效果就不明显，因此每次锻炼时间间隔要安排合理。显然，要有长期计划、短期安排，计划的安排要根据身体适应运动负荷的能力而定。

2. 养成良好的锻炼习惯

持久的锻炼不仅健身益心效果显著，而且会使锻炼者兴趣逐渐浓厚，达到身心愉悦，从而养成经常锻炼的习惯。

（四）循序渐进原则

循序渐进原则是指体育锻炼必须根据人体身心发展规律和个人的实际情况，

在锻炼的内容、方法、运动负荷等方面逐步提高,使机体功能不断得到改善和提高。循序渐进是人体适应环境的基本规律,人体对内外环境变化的适应是一个缓慢的由量变到质变的过程。只有遵循这个规律,才能取得良好的锻炼效果。否则,非但不能增强体质,相反还会引起机体损伤和运动性疾病,损害身体健康。

1. 选择合理的锻炼内容

在锻炼内容上,根据自己的身体状况合理选择。体质较好的人,可以选择比较剧烈的运动方式,如各种竞技运动项目;体质较弱的人,开始锻炼时可选择比较缓和的运动,如慢跑、徒手操、武术、乒乓球等;患慢性疾病的人,可选择保健体育的一些内容,如太极拳、健步走等。当体质逐渐变好时,锻炼内容也可以逐步由缓和变为较为剧烈的运动。

2. 运动负荷逐步加大

机体对运动负荷的承受能力有个缓慢的适应过程,锻炼时运动负荷要由小到大,逐步增加。开始锻炼时,时间要短,运动负荷不要过大,待机体适应后再逐步加大。如果运动负荷长期停留在一个水平上,机体的反应就会越来越小。机体机能的提高是按照刺激—适应—再刺激—再适应的规律有节奏地上升,运动负荷也应随着这种节奏来安排。病后或中断锻炼后再进行锻炼,尤其要注意循序渐进,以免发生意外。

在体育锻炼时运动负荷增加要依据百分之十原则。百分之十原则是指导锻炼者既运用超负荷原则,又避免因过度运动而损伤的一种监控方法。其含义为:每周的运动强度或持续运动时间的增加不得超过前一周的10%。例如,你每天持续跑步60min,下一周要超负荷练习,跑步的持续时间不应超过66min。从事其他运动或增加运动强度都应遵循10%的原则。

3. 每次锻炼过程也要循序渐进

每次锻炼前要做准备活动,锻炼后要做好整理活动,如长跑前先进行5～10min慢跑,长跑后也不要马上停下来休息。

(五)全面锻炼原则

全面锻炼原则是指体育锻炼应全面发展身体各个部位和各个器官的机能,提高身体素质和基本活动能力,从而达到身心全面和谐地发展。人体是在大脑皮层调节下的有机统一的整体,人体各部位、各器官的机能,各种身体素质和基本活动能力之间是相互联系、相互制约的。身体素质是人体在运动过程中所表现出来的力量、速度、耐力、柔韧性和灵敏性等能力,它们是通过肌肉活动表现出来的,但同时反映着内脏器官的机能、肌肉工作时的供能情况,以及运动器官与内脏器官的配合情况。

对于处于生长发育关键时期的青少年来说，全面发展尤为重要。各个运动项目对身体发展都有其独特的锻炼作用，但同时也有一定的侧重性。锻炼的内容可结合自己的兴趣爱好选择1～2个作为每天必练的项目，同时加强其他项目的锻炼以弥补主项的不足。全面锻炼的过程中还应注意心理素质的发展，如群体意识、个性发展等。

（六）安全性原则

安全性原则要求在体育锻炼过程中始终注意保护自己，做到安全第一。其主要内容包括不要盲目参加超过自己能力的活动；每次练习前必须做好充分的准备活动；饭后、饥饿或疲劳时应暂缓锻炼；每次锻炼后，要注意做好整理、放松活动。

二、体育锻炼的一般方法

体育锻炼方法是根据人体发展规律，运用各种身体练习，以提高人体的身体素质和基本活动能力的途径和方式。其中提高身体素质的方法主要有重复锻炼法、间歇锻炼法、循环锻炼法、综合锻炼法和处方锻炼法。

（一）重复锻炼法

在体育锻炼过程中，用多次重复同一练习，两次（组）练习间安排相对充分的休息，从而增加负荷的锻炼方法。

重复次数的多少不同，对身体的作用不同。重复次数越多，身体对运动反应的负荷量就越大。如果重复次数不断地增加，可能使身体承受的负荷达到极点，乃至破坏身体的正常状态，造成伤害。

运用重复锻炼法，关键是掌握好负荷有效价值范围（最有锻炼价值负荷量下的心率），并据此调节重复次数。在重复锻炼中，对负荷如何控制，怎样去重复才能达到理想效果的负荷程度，应视实际情况而定。

（二）间歇锻炼法

间歇锻炼法指在体育锻炼的过程中，对多次锻炼时的间歇时间做出严格规定，使机体处于不完全恢复状态下，反复进行锻炼的方法。

人们认为体质增强的过程是在运动中实现的，其实体质内部增强过程主要是在间歇中实现的，是在休息过程中取得了超量恢复。若是离开在休息中取得超量恢复，则运动就变成对增强体质毫无意义的事情，甚至起不了作用。间歇对增强体质的作用并不亚于运动本身。自古以来就有以静练身的经验，在现代科学的基础上，人类更清楚地认识到在间歇时间内有机体的各种变化，把间歇作为一种健身的基本方法。

同重复锻炼法一样,间歇的时间也要依据负荷有效价值标准进行调节。一般说来,当负荷反应(心率)指标低于有效价值标准时,应缩短间歇时间,而在高于价值标准时,则可延长间歇时间。通过适当的间歇,把负荷量调节到负荷有效价值范围,以追求良好的锻炼效果。实践中,一般心率在 130 次/min 左右时,就应再次开始锻炼。间歇时,不要做静止休息,而应边活动边休息,如慢速走步、放松手脚、伸伸腰腿或做深而慢的呼吸等。这是因为轻微活动可使肌肉对血管起到按摩作用,帮助血液回流及排除代谢所产生的废物。

(三)连续锻炼法

连续锻炼法指在运动锻炼的过程中,为了保持有价值的负荷量而不间断地连续进行运动的方法。从增强体质的良好效果出发,需要间歇就停一会儿,需要连续就接二连三地进行下去。不能仅讲究间歇,还要讲究连续,连续、间歇、重复都是在统一锻炼过程中实现的。连续、间歇、重复等因素各有其特有的作用,连续的作用在于持续负荷量不下降,维持在一定的水平上,使身体充分地受到运动的作用。

连续锻炼时间的长短,同样要根据负荷有效价值范围而确定,通常认为在 140 次/min 左右心率下连续锻炼 20～30min,可使机体的各个部位都长时间地获得充分的血液和氧的供应,因而能有效地发展有氧代谢能力。实践中,用于连续锻炼的主要是那些比较容易,并已为锻炼者所熟悉的动作,可以是跑步、游泳,也可以是跳迪斯科舞等。

(四)循环锻炼法

循环锻炼法由几个不同的练习点(或称作业站)组成,练习者按着既定顺序和路线,依次完成每点练习任务。即一个点上练习完成后,练习者就迅速转移到下一个练习点进行练习,所有练习点练习完成,就算完成一次循环。这种练习方法就叫循环锻炼法。

循环练习法对技术的要求不高,且各项目都采用比较轻度的负荷练习,因此练习起来既简单有趣味,又可获得综合锻炼,从而达到全面发展的良好效果。

(五)变换锻炼法

通过不断变换运动负荷、练习内容、练习形式以及条件,来提高锻炼者的积极性、适应性及应变能力的方法称变换锻炼法。

变换锻炼法可以有效地调节生理负荷,提高兴奋性,强化锻炼意向,克服疲劳和厌倦情绪,以达到提高锻炼效果的目的。例如,刚参加锻炼时,可多做些诱导性练习和辅助性练习;随着锻炼水平的提高,再加大练习的难度。或用越野跑代替在田径场的长跑等。锻炼条件的变化可使锻炼者的大脑皮层不断地产生新异的刺激,从而提高机体对负荷的承受能力,提高锻炼效果。另外,不断地对锻炼的内容、时间、动作、速率等提出新的要求,可有效调节生理负荷,使机体不断产生适应性变化,从而达到更好的锻炼目的。

(六)负重锻炼法

负重锻炼法是使用杠铃、哑铃、沙袋等重物进行身体运动来锻炼身体、增强体力的方法。

负重的方法,既用于普通人为增强体质锻炼身体,又用于各项运动员进行身体训练,还可用于解决身体疾患的康复。

为常人增强体质所进行的负重锻炼,应该采用最大摄氧量和最大心输出量以下的负荷,因为过大的负荷可能给心血管和呼吸系统带来不良的影响。为了保证这种锻炼方法对身体的良好作用,在健身运动负荷价值范围内可以多次重复或连续。

(七)其他方法

1.民族体育项目

民族体育项目是指具有民族传统和民族特点的体育项目,如我国的武术、气功等。

(1)武术。武术运动不受场地、器材、条件等因素的限制,运动量可大可小,内容丰富多彩,是我国的优秀文化遗产。武术的动作结构、技术要求、运动风格和套路特色各有不同,有较大的锻炼价值,适合不同年龄、性别和体质的人进行锻炼。

初学武术,应从基本功入手,学会简单的套路,边学套路边练基本功,经过一段时间练习后再学较复杂的套路和器械,然后再学对练。这样就能培养锻炼者的兴趣、爱好,并逐步提高和巩固武术的技术水平。

(2)太极拳。太极拳是一种合乎生理规律的柔和、缓慢而轻灵的拳术。它不仅在我国流传甚广,在国外也广为传播,现已成为人们增进健康、防病、治病的医疗体育之一。

太极拳动作圆滑协调,连绵不断,前后贯通,上下相连,虚实分明,重心稳定,意识引导动作,呼吸自然。久练之后,全身血液畅通,身心舒畅,内外兼修,形神具备,使人精神焕发,尤其适合老年人、体弱和患有慢性疾病者锻炼。

(3)气功。气功是我国医学宝库的珍贵遗产,是具有民族特色的一种医疗保健体育。

气功是通过练习者发挥主观能动作用,对身体进行自我锻炼的一种良好方法,是一种有效的"生理学预防疾病"的措施。任何一种气功的锻炼方法,都是从调身

（身体形态）、调息（呼吸）、调心（神经状态）入手。长期坚持气功的练习，可以促进大脑皮质抑制的保护作用和低代谢生理状态的保护作用，提高调整身体的异常反应，改善生理机能的自我控制能力，增加对腹腔的"按摩"作用。

2.自然因素锻炼法

人们赖以生存的自然界是千变万化的。同时，自然界包含许多对人体健康十分有益的因素。人体不仅要适应外界环境的变化，还应该利用各种自然条件进行锻炼，以进一步提高对外界的适应能力，增进健康和增强体质。

（1）日光、空气、水对锻炼身体的影响。日光、空气、水等自然条件，对身体健康具有重要意义。日光，对机体的作用是多方面的，其中紫外线具有杀菌、抗佝偻病等作用，又能提高皮肤抵抗力和关节的活动性。红外线能起温热作用，提高新陈代谢、改善组织营养等。又如温度、湿度、气流对皮肤的刺激，特别是低温的刺激，通过神经的反射作用，改善体温调节系统，促进血液循环。特别是空气中的阴离子，对人体神经系统、血液循环、呼吸及内分泌活动等，都能产生良好的刺激作用。因为机体对外界环境具有巨大的适应性，变化了的环境条件作用于机体，大脑皮层立刻进行调节，使机体适应变化了的外界环境，保持机体与环境在新的条件下的平衡。新的刺激，又形成新的反射，从而进一步提高机体的适应能力。

人们在生活中接触日光、空气、水机会很多，由于城市中阳离子含量高，阴离子含量少，加之"三废"的污染，因此应该多组织一些野外活动。

水浴，主要是利用水的温度、机械力和化学作用来锻炼身体。水浴可以分为冷水浴、温水浴和热水浴。温水浴能起降低神经的兴奋性、减弱肌肉张力、扩张皮层血管等作用，能加速消除疲劳。而热水浴较之温水浴的效果会更加明显。冷水浴对健康更为有益，特别是对增强心血管系统和呼吸系统效果显著，还可以促进消化系统功能以及改善体温调节机能。另外，冷水浴不仅能提高新陈代谢机能、洁健皮肤、增强体质，而且能提高抵抗疾病的能力以及锻炼意志，为适应低温严寒的自然环境创造了十分有利的条件。

（2）冷水浴锻炼方法。冷水浴锻炼应从夏天开始，每周至少练习两次以上，时间以早晨为好。具体锻炼方法如下：

冷水洗脸与洗足。初练冷水浴，可以从冷水洗脸与洗脚开始，特别是洗脚，应泡在水中一至数分钟，以提高对冷刺激的适应能力。最好每天晨起用冷水洗脸，睡前用冷水洗脚，洗后擦干。

冷水擦身。冷水擦身伴随按摩动作，对初练者更为适宜。在擦身过程中，要不断地把毛巾浸泡在冷水中拧干再擦，擦身可作为淋浴、浸浴、冬泳的过渡。也可单练擦浴，每天最好在睡前进行。

淋浴与冲洗。淋浴的水温开始不要过低,在锻炼过程中可逐步降低,最后用冷水冲洗。冲洗前先用冷水拍打胸部,再淋上肢,然后从头向全身冲淋,时间不要超过 1min。经过一段时间锻炼后,再逐步延长时间,每天早晚均可进行,从夏秋开始,淋浴后用干毛巾擦遍全身。

浸浴。浸浴在室内外均可进行,浸浴前先用冷水拍胸,浸水后用毛巾不断摩擦全身,特别是胸腹部要用力擦。浸泡时间根据个人情况而定,以不出现寒战为度。浴后用干毛巾擦腰、肩、膝关节部位,擦到发热为止。

冬泳。冬泳在天然水域进行,是日光、空气、水的综合利用,也是冷水浴锻炼的最好形式。下水后不能停止活动,可以进行一定强度的游泳活动,然后再在水中擦摩全身。冬泳的时间应根据个人锻炼的基础而定,以不出现寒战为标准。由于冬泳能量消耗大,每天进行时间不宜过长,并要适当控制运动量。出水后应迅速擦干擦热全身,并立即穿衣。

在进行冷水浴时,要注意以下事项:浴前要充分做好准备活动,使身体发热;浴后要做适当整理活动,尽快恢复温暖感觉;各种形式的冷水浴,都应从温暖季节开始,一经开始就要坚持,以免减弱效果,淋浴、浸浴、冬泳若因故中断,重新开始时,最好经过一个时期的擦浴后再继续进行;饭前饭后 1h 内,不宜进行冷水浴,否则,将影响消化;剧烈运动和劳动后,体温较高,不宜立刻进行冷水浴,要适当休息后再进行;冷水浴虽然对某些慢性病有治疗作用,但必须征求医生意见;如有发烧、急性或亚急性疾病,严重的心脏病,严重的肺结核等病症,都不宜进行冷水浴。

三、体育锻炼计划

(一)体育锻炼计划的结构

对于每一位锻炼者来说,应制订一个合理的科学的体育锻炼计划才能有效提高自己的健康和体能水平。体育锻炼计划应适合个人需要,它一般应包括健康与体能现状、锻炼目标、锻炼模式、措施与要求等四部分。

1. 健康和体能现状

在制订锻炼计划前,锻炼者有必要了解自身的健康与体能状况。这有助于制订符合自身实际状况的锻炼计划,有的放矢地选择锻炼方法和手段来改善健康和体能的不足之处。

2. 确定体育锻炼目标

确定锻炼目标是制订锻炼计划的重要环节,目标能促使锻炼方案的实施,而达到目标后又能进一步提高锻炼者的自信心,使之坚持体育锻炼。在设置个人锻炼目标时,请遵循以下几点建议:

（1）设置目标要有针对性，针对自身健康和体能的薄弱环节设置锻炼目标。

（2）设置目标必须是现实的，也就是说通过努力能达到的锻炼目标。

（3）目标设置应包括短期目标和长期目标。短期目标的设置很关键，因为短期目标比较容易实施，目标易实现。

（4）根据总体锻炼目标，还应设置体育锻炼各个阶段的分目标，即起始阶段目标、渐进阶段目标、维持阶段目标，从而保证总体目标顺利实现。

3.选择体育锻炼模式

体育锻炼模式包括锻炼方式、锻炼频率、运动强度、持续时间等。

每一位锻炼者要选择适合于自己的运动项目作为锻炼的方式。

锻炼频率指每周锻炼次数，一般来讲每周应锻炼 3～5 次。

运动强度是指锻炼时人体承受的生理负荷量。运动强度应根据锻炼者自身健康和体能状况以及所进行的运动类型来确定。

锻炼持续时间是指每次锻炼用在主要锻炼内容的总时间。锻炼持续时间不包括准备活动和整理活动时间。

将锻炼过程划分三个阶段，即起始阶段、渐进阶段、保持阶段。在各个阶段应合理安排锻炼的强度、频率和持续时间。

4.措施和要求

措施和要求主要是指保证体育锻炼计划顺利实施的措施和安全告诫。

(二)体育锻炼计划的制订

制订体育锻炼计划，目的在于使自己的学习、工作和锻炼有一个科学合理的安排，做到德、智、体全面发展，避免盲目性和片面性。同时也便于检查锻炼效果、总结锻炼经验。

1.制订锻炼计划的依据

（1）从实际出发。在制订计划时，要考虑主观因素和客观因素。如根据年龄、性别、体质、锻炼基础、场地、器材、气候、时间等因素，制订出切实可行的计划。通过反复实践，不断修改充实，使锻炼计划更科学、更完善。

（2）全面锻炼、循序渐进。在制订计划时，必须根据自己的体质条件、素质水平等，既要注意全面发展，又要注意自己的特点和弱点；既要考虑自己的爱好，又要注意锻炼的效果。在锻炼计划的内容安排上应遵循由简到繁、由易到难的原则；在运动量的安排上应遵循从小到大、逐步增加的原则，做到既科学又全面，既达到增强体质的目的，又不影响一天的学习与工作。

（3）自我监督和医务监督。在制订和实施锻炼计划时，要注意自我监督和医务监督，最好能写锻炼日记，以便及时发现问题，及时加以调整，使锻炼计划不断完善,锻炼效果不断提高。

2.体育锻炼计划的内容

体育锻炼计划一般可分为长远计划、阶段计划、每周计划和每次计划。

(1)阶段计划内容。确定阶段计划的时间:对学生来讲,最好以一个学期为一个阶段,这样便于安排和检查。

阶段计划的任务和要求:根据每个人的情况,确定每个阶段的锻炼任务,如田径项目中的短跑、球类项目中的足球等。同时明确要求,便于检查。

阶段计划的内容和办法:根据自己的爱好和特长,结合季节的气候特点,逐项进行安排,并提出具体的实施办法。

阶段计划的锻炼时间:根据课表安排,确定何时锻炼。

阶段计划的检查措施:要制订出切实可行的检查措施及成绩考核办法。

(2)每周计划内容。周次锻炼的任务和要求:确定本周主要发展的某项身体素质,及学习相关基本知识等。

周次锻炼时间:确定早操与课外体育锻炼的次数及每次锻炼的时间。

周次检查措施:星期六下午安排一定时间写锻炼日记。

(3)每次计划内容。确定内容:根据每周计划确定每次的锻炼项目,拟定练习的具体动作和方法、练习的时间和重复次数等。

科学分配和安排:在具体安排练习时,一般先安排重点项目。就身体素质而言,先练习速度和灵敏项目;就运动量而言,先小后大;就技术而言,先易后难;就锻炼部位而言,上下肢搭配;若有类似项目,应当间隔练习。

实施办法:主要是要写出每次锻炼计划表,包括准备活动、主要内容和整理活动三个方面,并合理安排时间。随着体育锻炼的持续进行,体质也会逐步增强。因此,在负荷安排上,也应逐渐增加,不能总停留在同一运动负荷上。

3.体育锻炼的内容与形式

体育锻炼的内容丰富,形式多种多样。在学校,体育锻炼内容分为体育竞技类(如篮球、排球、足球、乒乓球、羽毛球、网球等)、传统保健体育类(如武术、气功等)和娱乐体育类(如登山、郊游、棋牌、垂钓等)以及各种健身操、健美、体育舞蹈等运动项目。体育锻炼的组织形式为早操、课间操、课外体育活动和运动竞赛等。

科学地选择体育锻炼的内容,是获得良好体育锻炼效果的重要环节。

(1)体育锻炼内容的选择以个人的身体特点、兴趣及需要为依据。人的个体差异很大,在选择锻炼内容时要考虑年龄、性别、身体条件、运动基础、健康状况和兴趣以及需求等方面。首先确定锻炼的目的,是为了健身健美还是提高运动水平,是为了娱乐、保健还是促进身体的正常发育,然后选择符合锻炼目的并适合自己的运动项目与形式进行锻炼。

（2）体育锻炼的内容应方便实用。体育锻炼应考虑实际条件，因时、因地进行一些既实效性强又简便易行的体育锻炼内容。所谓因时制宜，就是要根据季节气候的变化，合理安排适宜的运动项目；所谓因地制宜，就是要从实际出发，充分利用现有的场地、设备、器材等。

第四节 体育锻炼行为理论

一、体育锻炼行为的概念与模型

（一）体育锻炼行为的概念

行为是个体或集体对环境的反应，行为与生活方式密切相关。生活方式包括物质生活资料的消费方式、精神生活方式和闲暇生活方式。体育锻炼行为是在认识身体活动的基础上建立的。在《运动和锻炼科学词典》中，将身体活动（Physical Activity）解释为引起能量消耗水平超过安静时代谢率的人体运动。部分学者将身体活动定义为肌肉收缩所产生的、导致人体的能量消耗巨大增加的身体运动。随后，部分研究者界定了身体活动的内容分类，认为身体活动包括职业活动（工作）、家庭活动、体育教育的必修课计划（体育课）和闲暇活动（锻炼、运动、训练、舞蹈和玩）。

体育锻炼行为是指人们所从事的身体活动不仅具有提高或保持健康或身体素质的目的，而且是在一定的时间内经常重复的行为。明确而具体的目的性和一定的强度特征是体育锻炼区别于身体活动（体力活动）的最主要的标志。但我国学者认为的体育活动范围较广泛，不仅包括体育运动项目，还包括下棋、打牌等活动强度较小的娱乐活动。这些体育活动除了消耗一定的能量外，还常常带给人们一定的乐趣和精神方面的享受。

体育锻炼是现代社会一种积极的生活方式，是现代休闲娱乐的重要方式。与其他任何社会文化娱乐和休闲方式相比，体育运动无疑具有最广泛的社会适应性，而且适当的身体运动不仅有利于人体的机体健康，还有益于人体的心理健康。健康的体育锻炼行为生活方式可以通过培养获得。现今，我国社会生活方式将以合理、自由和丰富为原则，以文明、健康、科学为主要特征。人们生活方式的突出表现就是体育锻炼与生活质量、生命价值联系得更加紧密，体育锻炼将以其独特的功能全面介入生活领域，从而真正成为生活不可或缺的组成部分。

(二)体育锻炼行为的模型

基于心理学理论,体育锻炼行为的模型有以下五种。

1. 健康信念模型

健康信念模型(以下简称 HBM 模型)最先是在健康心理学领域提出的,之后被移植到锻炼心理学的研究中来。HBM 模型认为,健康行为来自于心理社会因素的共同影响,它的核心部分是一套关于健康的个人信念,这些信念调节着人们对威胁的感知,从而影响他们采取健康行为的可能性。

2. 合理行为理论与计划行为理论

合理行为理论认为,人是理智的,当他看到危险时会以一种最理智的方式做出反应,而意图是行为预测的最佳因子。计划行为理论是合理行为理论的延伸,在其理论体系中加入了行为控制变量。

3. 控制点理论

控制点理论认为,个体要对影响自己行为的因素进行评价,评价这些因素是处于自己控制之下,还是由他人或某种偶然因素所控制。

4. 社会认知理论

根据社会认知理论,个体、行为、环境三个因素是相互作用、相互影响的,个体因素中的认知、思维和情感是非常重要的部分。

5. 跨理论模型

跨理论模型是由 Prochaska 和 Diclememe 在 1982 年率先提出的。该理论从认知、行为和时间等三方面来综合考虑行为的变化过程,指出不同类型的认知在锻炼行为改变过程中的不同阶段,其重要性也不同。根据跨理论模型,采用什么样的锻炼行为干预策略必须视个体行为所处的阶段而定。

跨理论模型涉及变化阶段、变化过程、决策平衡和自我效能。其中变化阶段是指行为变化发生的时间维度,它根据个体过去的行为和未来的计划将锻炼行为分为五个不同阶段:①前意向阶段:指没有打算在 6 个月内进行有规律锻炼,在这一阶段,个体维持着坐式生活方式;②思考阶段:在这一时期,个体想要在未来 6 个月内进行有规律的锻炼;③准备阶段:指产生直接参加有规律锻炼的意向(在随后的30d 内)和承诺变化行为(有时伴随着小的行为变化,如在健身中心报名或买一双跑鞋);④行动阶段:指正在进行有规律的锻炼,时间不足 6 个月,1 星期有 3 次或更多,并且在每次锻炼时均达到或超过 20min,这是最不稳定的阶段,也是最复杂的阶段,很容易因为一些原因而中断锻炼;⑤保持阶段:已经超过 10 个月进行有规律的锻炼。如果个体坚持锻炼超过 5 年,那么他就有可能形成终身锻炼的习惯。

变化过程包括认知过程和行为过程。认知过程的信息主要来自以往的经验,这个过程在变化早期比较重要；行为过程的信息主要来自外部环境和自身行动，这在变化后期变得比较重要。

决策平衡是指对采取体育锻炼行为的代价和所获得的收益进行评价。在从早期阶段（前意向阶段、思考阶段、准备阶段）过渡到行动阶段的行为变化过程中，决策平衡起到了非常重要的作用。因此，对于锻炼计划指导者来说，帮助个体了解和认识锻炼的价值，促使他们从思考阶段进入准备阶段是极其重要的。

在整个模型中，除了变化过程外，自我效能还与变化阶段相互作用，并引起锻炼者的行为变化。

跨理论模型在锻炼行为干预领域受到了普遍的关注，被认为是一种比较理想的模式。跨理论模型包含了处于不同行为变化阶段的个人；跨理论模型认为，行为的变化是动态进行的，会受到多种因素的影响；跨理论模型提出了个体行为变化状态的不同过程，为进行锻炼行为干预提供了理论指导；跨理论模型强调除了行为会发生变化之外，还有许多其他的结果会伴随着行为变化而产生。

总之，跨理论模型可以帮助人们更好地了解自身在希望改变和拒绝诱惑时有什么样的复杂机制在起作用。而且，除了可以应用于锻炼行为改变以外，这一模型还可应用于所有损害健康和促进健康的行为。

二、国民体育锻炼行为特点及影响因素

（一）国民体育锻炼行为特点

我国学者普遍认为，我国参加体育运动的性别结构男性高于女性，地域结构城市高于农村、东部高于西部，年龄结构呈现两端高中间低的"马鞍型"结构。另外，我国参加体育运动的人口年龄结构、性别结构与我国人口年龄结构、人口性别结构呈现反差态势。我国人口年龄结构呈现儿童少年年龄人口减少、劳动年龄人口和老年人口增加，人口性别结构总体性偏高现象。体育人口结构则表现为青少年年龄人口和老年人口增加，劳动年龄体育人口减少，女性体育人口低于男性体育人口。我国体育人口文化结构为中等水平结构，优于我国人口文化结构。我国群众体育发展的非均衡性特征明显，而且从目前国情来看，非均衡发展具有暂时性、渐进性的特点。从我国的经济整体和群众体育现状考虑，不同地区、不同人群在经济收入、体育资源、体育观念等方面差异显著，城乡差别、工农差别、贫富差别在短期内不可能消除，还要持续一定时间。

（二）国民体育锻炼行为的影响因素

影响我国国民参与体育锻炼的因素很多，包括锻炼目的方面的生理需要、审美

需要、情感需要、交往需要、自我实现需要、功利需要、社会环境需要和休闲娱乐需要等动机因素,也有锻炼时间、精力、经济基础等因素。一般认为,体育锻炼行为的影响因素主要包括个体因素和社会性因素。

(1)个体因素包括体育活动自身因素(如锻炼强度)、人口统计特征(主要包括职业、教育水平、年龄与性别)、生物医学状况、过去和现在的行为(例如吸烟)、活动历史以及与体育活动有关的心理特征和状态。比如影响高校知识分子体育锻炼行为的因素主要包括自身因素和体育因素。自身因素包括自身锻炼的时间、体育锻炼的动机、体育锻炼的态度、自身体育锻炼的习惯。体育因素包括体育设施、体育锻炼的场地、体育锻炼的内容、体育锻炼的计划性、体育锻炼对健康的作用。

(2)社会性因素。我国学者认为良好的锻炼环境、锻炼气氛的形成有利于体育锻炼行为,这里包括了宣传、家庭、活动组织化程度、锻炼的指导员、活动地点的地理环境等因素。另外,社会经济水平和文化价值观、社会变迁也是很重要的影响因素。比如传统的城乡二元结构和城乡二元户籍制度,使城市和农村人民的经济活动和生活方式成为互不相干的两个部分。由于农民拥有少量的组织资源、经济资源和文化资源,导致农民的体育锻炼行为偏少。再如我国单位体制逐步消解,致使社会成员的属性发生变化,原来依靠单位建立起来的体育锻炼行为也逐步消失,导致国民的体育锻炼行为发生了诸如工人体育人口比例大幅下降的根本性变化。而面向大众的全民健身社会服务体系尚未建立,使得大批职工在体育参与上无所倚靠。可见,人类选择的体育方式受所处的具体时代和历史条件限制,受生产力发展水平和经济环境的制约。一定时代的体育活动必然折射出那个时代的物质发展水平、文明程度和民情习俗。

三、学生体育锻炼行为特点及影响因素

(一)学生体育锻炼行为特点

我国学生体育锻炼行为的结构因素主要包括锻炼主体、内容结构、需要动机、外部环境等因素。

学生体育锻炼行为的主体即学生自身。对于男女学生体育锻炼行为,部分研究认为男生在锻炼次数、锻炼时间、锻炼强度方面明显高于女生,这种状况可能与女生自身生理特点及传统健美观念等因素息息相关。另外,文科学生在锻炼次数、时间及强度方面均小于理科学生。从体育锻炼行为内容上看,男生在高年级较之低年级时从事大球项目进行锻炼的比例有增加态势,小球项目的锻炼人数比例下降。女生在高年级时则呈现从事大球项目的人数比例急剧下降,从事小球项目有所增加的态势。

学生体育锻炼行为的内部需要呈现健身需要、娱乐需要、健美需要、终身体育需要等多元化特点。学生在进行体育锻炼时,基于健身需要的比例最高。鉴于学生阶段处于人体生理、心理诸方面从未定型到定型,从未成熟到成熟的重要时期,也处于个性发展、形成的关键时期,因此要重视学生的内部需要,了解学生既想锻炼身体增进健康,又怕体育锻炼耽误学习的特点,加强引导,使学生形成积极的体育锻炼行为生活方式,切勿使学生偏离健康轨道,出现损害健康的体育锻炼行为。

当然,繁重的学习负担使大多数中小学生的体育锻炼行为处于缺失状态,从而严重影响着他们的身体健康。另外,体育场馆、锻炼氛围等自然环境和社会环境不足也导致学生体育锻炼行为难于继续。

(二)学生体育锻炼行为的影响因素

1.国家相关教育规章制度对学生体育锻炼行为的影响

国家制定的有关学生体质健康的教育规章制度对学生体育锻炼行为有着重要的影响。21世纪以来,学校体育相关部门扭转了20世纪70年代以前的体育教育思想,学校体育和学校体育教学改革更加关注学生个体的体育需要,逐步树立了体育课程以技能教育为主,培养学生体育锻炼行为习惯,最终促进学生体质提高的体育教学工作目标的思想,学生体育锻炼行为在新时期具有了新特点。

2.学校功能定位对学生体育锻炼行为的影响

随着知识经济的到来,高等教育在经济与社会发展中的重要作用日益显现,高等教育出现了教育、科研、服务社会等多种功能。连同基础教育实际存在的教育、选拔功能已为大众有目共睹。于是高等学校体育和中小学体育出现了体育功能进一步多元化,学校体育工作目标也呈泛化甚至冲突状态。各级学校在国家利益和地方利益、长期利益和短期利益出现冲突时,大多只能顾及自己和短期利益,使学校培养学生体育锻炼习惯的目标呈现弱化态势。尤其是基础教育面对社会对优质教育资源需求激增的状况,目前大多中小学仍是以谋求较高的升学率来建立所谓的优质教育资源。在应试教育的背景下,部分学校体育课程被侵占的现象依然普遍,学校体育工作被置于基础教育的边缘,学生体育锻炼行为习惯的建立难以形成。

3.家庭对学生体育锻炼行为的影响

家庭是社会构成中最基本的元素,我国家庭对子女的教育主要由父母完成。家庭的经济情况、健康意识、教育观念成为影响学生体育锻炼行为的主要因素。改革开放以来,中国经济在持续快速增长的同时也出现了城乡差距不断扩大、城市家庭贫富分化严重的现象。这种格局使得家庭对于子女的体育锻炼关怀呈现多样化状态。一部分富裕的家庭既注重对子女饮食营养质量的投资,又顾及子女的体育锻炼投资,使子女的身体健康处于较好的状态。还有一部分富裕家庭由于缺乏科学的健康意识,仅仅满足子女的饮食需求,而不关注子女的饮食营养结构及体育锻炼。尤其是在应试教育中占主导地位的我国教育中,知识本位依然主宰着绝大多数家庭的教育观,从而无法保障学生体育锻炼行为有效实施。更有家庭的教育观念依然停留于"万般皆下品,唯有读书高""学而优则仕"的思想中,家庭给予子女的压力使得学生唯读书为是,素质教育成了空谈,培养学生体育锻炼行为习惯则无从谈起。

4.社会环境对学生体育锻炼行为的影响

除了学校、家庭对学生体质健康有重要影响外,学生的学业压力、就业压力、生活方式、锻炼环境、现代科技的发展均对学生的体育锻炼行为有重要的影响。首先,由于我国基础教育的非均衡发展,因而学生在选择优质教育资源时形成恶性竞争,应试教育成为基础教育学生压力的来源。学业第一替代了学生健康第一。而在高等教育中,学生依然面临着研究生教育升学与就业压力,使得学生缺失了体育锻炼的时间保障。其次,由于我国人口基数大以及高等教育由精英教育向大众教育的转化,体育场地、设施的改善水平无法满足基础教育和高等教育扩招后学生锻炼的需要。第三,现代社会物质和科技的发展加剧了学生静态的生活方式。诸如现代交通工具的发展减少了学生的身体活动。网络、电视等快速发展,使学生快捷获得信息的同时,打乱了作息习惯,无法建立积极健康的体育锻炼行为习惯。

(三)培养学生体育锻炼行为的对策

1.培养学生对体育锻炼的兴趣

在体育教学中,善于激发学生参与体育锻炼的热情,变被动锻炼为主动锻炼。这要求体育教师在教学过程中运用合理的教学方法,及时发现学生的优点,给予表扬与鼓励。教学内容应丰富、活泼、趣味性强,使每一位学生在体育活动过程中体验到苦中有乐,在艰苦的锻炼中品尝到运动的乐趣,从而使学生对体育运动保持长久的兴趣和源源不断的运动欲望。

2.减轻学生的学业负担,实施素质教育

教育行政部门和学校领导要充分关注学生的身心健康,采取切实有效的措施,真正贯彻好"健康第一"的指导思想,减轻学生由于升学考试、就业等因素带来的沉重负担,使学生有充分的时间参加自己喜爱的体育运动,增强体质,促进身心健康,培养学生真正成为"德、智、体"全面发展的社会主义建设人才。

3.充分开发和利用体育课程资源

体育课程资源的开发与利用,与学生是否能进行积极的体育锻炼行为密不可分,如教育引导(教师、家长、同学等)、体育设施、教学内容、周边环境(校外体育资源及自然地理资源)等均对学生参加体育锻炼产生很大的影响,因此要充分开发和利用体育课程资源,为学生积极参加体育锻炼创造良好的氛围。

4.加强体育课程教学改革

由于学生体育锻炼行为具有依赖性强、自觉参加次数少等特点,所以教育行政部门与学校必须采取有效措施,适当增加体育课和课外活动的次数与时间。根据学校的教学条件和周边环境,多组织一些符合学生身心特点的丰富多彩的体育活动(兴趣小组),安排有特长的老师或学生进行指导,举行一些符合地方特色的学生喜爱的体育竞赛活动来提高学生的体育锻炼兴趣,让学生每天有一个小时的锻炼时间,从而养成良好的体育锻炼习惯,为终身体育锻炼打下坚实的基础,即实现教育部提倡的"每天锻炼一小时,健康工作五十年,幸福生活一辈子"口号。

第二章　体育锻炼的解剖生理学基础知识

【内容提要】

体育锻炼的实施者是人,人以体育运动项目为内容,通过一定的锻炼方法和手段使体育锻炼过程得以完成,因此,锻炼者首先要了解自己的身体结构和功能,为科学体育锻炼夯实基础。

人体实施运动的器官是骨、关节和肌肉,而运动系统、呼吸系统、循环系统等是人体体育锻炼重要的生理基础。通过本章的学习,读者能够认识人体体育锻炼所需的结构和功能。

【关键词】

解剖学姿势　运动系统　肌肉　循环系统　动脉硬化　运动性心脏　高血脂呼吸系统　肺

德智皆寄于体,无体是无德智也。

——毛泽东

第一节　人体的组成与人体解剖学基本术语

一、人体的组成

人体的组成可从微观及宏观两个层面进行认识。首先从微观层面看,人体是由多种元素组成的,包括氧、氢、碳、氮、硫、磷、钙等元素。这些元素的组成情况,可在一定程度上评估其总体的状况,比如通过测定身体中钙元素的含量可以评价全身骨质的情况。所谓宏观层面,就是从组织、器官和系统等水平认识人体的组成。

构成人体的基本结构和功能单位是细胞,细胞与细胞之间存在着细胞间质。细胞间质是由细胞产生的不具有细胞形态和结构的物质,它包括纤维、基质和流体物质(组织液、淋巴液、血浆等),对细胞起着支持、保护、联结和营养作用,参与构成细胞生存的微环境。众多形态相似、功能相近的细胞由细胞间质组合成的细胞群体叫作组织。人体组织有多种类型,一般传统地将其分为四种基本组织,即上皮组织、结缔组织、肌组织和神经组织。以一种组织为主体，几种组织有机地结合在一起，形成具有一定形态、结构和功能特点的器官。一系列执行同一功能的器官有机地联系在一起，形成具有特定功能的系统。构成人体的系统有运动系统，包括骨、骨连接和肌肉，是人体进行劳动、位移与维持姿势等各项活动的结构基础；内脏诸器官分别组成了消化系统，担负摄入食物的消化、吸收和残渣排出等工作；呼吸系统，进行气体交换；泌尿系统，排出组织细胞代谢产生的终极产物；生殖系统，产生生殖细胞并形成新个体以延续种族；将上述执行新陈代谢的各系统联系起来，为它们提供营养物质并运输代谢产物的循环系统；神经系统包括中枢部分的脑、脊髓和遍布全身周围的神经，以及作为特殊感受装置的感觉器官，它们感受人体内外环境的各种刺激，并产生适当的应答；还有散布于身体中功能各异的内分泌腺。人体各系统既具有各自独特的形态、结构和功能，又在神经系统的统一支配和神经、体液的调节下，相互联系、相互制约、协同配合，共同完成统一的整体活动和高级的意识活动，以实现内外环境的高度统一。

人体就是由细胞构成组织，组织构成器官，器官构成系统，由系统最终构成整体。

二、人体解剖学姿势及方位术语

(一)人体解剖学姿势

为了阐明人体各部位和诸结构的形态、位置及相互关系，首先必须确立一个标准姿势，在描述任何体位时，均以此标准姿势为准。这一标准姿势叫作解剖学姿势（见图 2-1），即身体直立，两眼平视前方；双足并立，足尖朝前；上肢垂于躯干两侧，手掌朝向前方（拇指在外侧）。

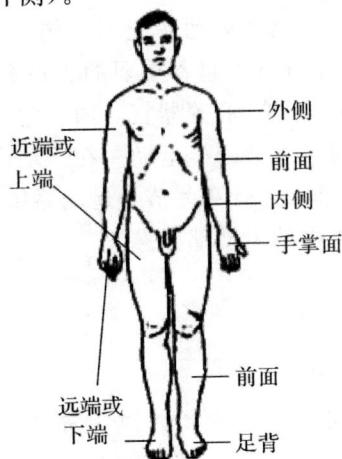

图 2-1　人体解剖学姿势

(二)人体解剖学姿势方位术语

按解剖学姿势,头居上,足在下。四肢则常用近侧和远侧描述部位间的关系,即靠近躯干的根部为近侧,而相对距离较远或末端的部位为远侧。靠身体腹面者为前,而靠背面者为后。以身体的中线为准,距中线近者为内侧,离中线相对远者为外侧。靠近体表的部分叫浅,相对深入潜居于内部的部分叫深。

以解剖学姿势为准,可将人体设三个典型的互相垂直的轴,①矢状轴:为前后方向的水平线;②冠状(额状)轴:为左右方向的水平线;③垂直轴:为上下方向与水平线互相垂直的垂线。轴多用于表达关节运动时骨的位移轨迹所沿的轴线。

按照轴线可将人体或器官切成不同的切面,以便从不同角度观察某些结构。①矢状面,是沿矢状轴方向所作的切面,它是将人体分为左右两部分的纵切面,若该切面恰通过人体的正中线,则叫作正中矢状面;②冠状面或额状面,是沿冠状轴方向所作的切面,它是将人体分为前后两部分的纵切面,与矢状面和水平面相垂直;③水平面或横切面,为沿水平线所做的横切面,它将人体分为上下两部分,与上述两个纵切面相垂直。须要注意的是,器官的切面一般不以人体的长轴为准而以器官本身的长轴为准,即沿其长轴所做的切面叫纵切面,而与长轴垂直的切面叫横切面。

第二节　体育锻炼的运动系统基础知识

一、人体的运动系统

人体的运动系统是与体育锻炼密切相关的系统,包括骨、关节和肌肉三部分。全身各骨通过关节连接构成骨骼。运动系统不仅构成人体的骨骼支架,在神经系统的支配下完成各种运动,还对身体起着重要的支持和保护作用。如颅骨支持和保护脑,胸廓支持和保护心、肺、脾、肝等器官。四肢的骨骼则以运动为主。骨骼肌附着于骨,收缩时牵动骨,通过关节产生运动。在运动中,骨起杠杆作用,运动的枢纽在关节,骨骼肌是运动的动力。骨和关节是运动系统中的被动部分,在神经系统支配下的骨骼肌是运动系统中的主动部分。

二、人体的骨

(一)人体骨的名称与分布

骨是一种器官,具有一定的形态和功能,坚硬而有韧性,有丰富的神经和血管,能不断地进行新陈代谢和生长发育,并具有改建、修复和再生的能力。经常进行体育锻炼可促进骨的良好发育和生长,长期不运动则易导致骨质疏松。成人的骨总计为 206 块,按其在人体的位置不同,可分为躯干骨、上肢骨、下肢骨和颅骨四部分,其中躯干骨 51 块、上肢骨 64 块、下肢骨 62 块、颅骨 29 块,具体名称及数目见表2-1,具体分布如图 2-2 所示。骨的质量,新生儿占体重的 1/7,而成人后则约占体重的 1/5。每块骨都是具有一定形态和功能的器官,既坚硬而又有弹性。

表 2-1　骨的名称和数目表

名　　称			数　目
颅骨	脑颅骨 6 种(额、顶、枕、筛、颞、蝶骨)		8
	面颅骨 9 种(上颌、下颌、鼻、泪、颧、犁、下鼻甲、腭、舌骨)		15
	听小骨		6
躯干骨	椎骨(颈柱 7;胸柱 12;腰椎 5;骶骨 1;尾骨 1)		26
	肋骨		24
	胸骨		1
上肢骨	上肢带骨	肩胛骨	2
	自由上肢骨	锁骨	2
		肱骨	2
		尺骨	2
		桡骨	2
		腕骨	16
		掌骨	10
		指骨	28
下肢骨	下肢带骨	髋骨	2
	自由下肢骨	股骨	2
		髌骨	2
		胫骨	2
		腓骨	2
		跗骨	14
		跖骨	10
		趾骨	28

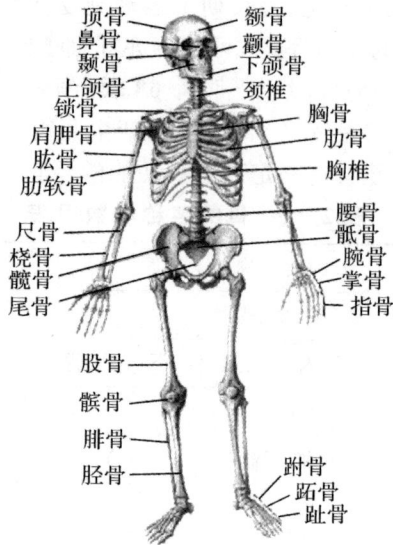

图 2-2　人体骨的分布

（二）骨的形态与功能

骨有不同的形态，可分为长骨、短骨、扁骨和不规则骨四类。每块骨都由骨质、骨髓和骨膜等构成，并有神经和血管分布。其中骨质是骨的主要成分，分为骨密质和骨松质。骨密质致密坚硬，分布于长骨干、其他类型骨和长骨骺的表层。骨松质呈蜂窝状，分布于长骨骺和其他类型骨的内部。骨膜为包裹除关节面以外的整个骨面的致密结缔组织膜，含有丰富的神经、血管和成骨细胞，因此感觉敏锐，并对骨的营养和生长有重要作用。骨髓充填于骨髓腔及骨松质间隙内，分为红骨髓和黄骨髓。红骨髓内含大量不同发育阶段的红细胞和其他幼稚型的血细胞，呈红色，具有造血功能；黄骨髓为大量脂肪组织，呈黄色，无造血功能。胎儿和幼儿的骨内全是红骨髓，6岁以后，长骨骨髓腔内的红骨髓逐渐转化为黄骨髓，但红骨髓仍保留于各类型骨的骨松质内，继续保持造血功能。

成年人的骨由1/3的有机物质（主要是骨胶原蛋白）和2/3的无机物质（主要是磷酸钙、碳酸钙和氯化钙等）组成。有机物质使骨具有韧性和弹性，无机物质使骨具有硬度和脆性。有机物质和无机物质的结合，使骨既有弹性又很坚硬。

（三）骨质疏松

骨质疏松是由多种原因引起的一种骨病，表现为骨组织正常的钙化，钙盐与基质呈正常比例，以单位体积内骨组织量减少为特点的代谢性骨病变。在多数骨质疏松中,骨组织的减少主要由骨质吸收增多所致。骨质疏松和骨组织量降低进展隐匿,发病多缓慢(个别较快)且生化检查基本正常,不易察觉。骨质疏松主要表现为骨组织量减少、骨密度降低、骨组织微细结构退化,伴随出现骨骼疼痛、身体畸形,容易发生骨折且难以愈合甚至导致死亡等症状。骨质疏松是老年人的常见病。

2010 年全世界有 2 亿多人患骨质疏松,随着全球人口老龄化进程的增加,骨质疏松发病率逐年攀高,跃居常见病第 7 位,成为 21 世纪影响人类健康的严重疾病之一。分析骨质变化、早期诊断骨质疏松症、评估骨折风险,科学检测骨质疏松就显得愈加重要。

目前,骨密度检查被世界卫生组织认定为诊断骨质疏松的金指标。这是因为骨密度是衡量骨骼状况的定量指标,可以精确反映骨骼的状态,预测骨矿含量变化速度,提示治疗、干预、监测疗效。超声波测定法是测定骨密度的常用方法。超声波测定法的原理为超声波在空气与骨两种不同介质中传播速度不同,并有衰减。通过衰减速度判定骨密度,评价骨强度。该测试结果可以准确反映骨密度水平,且操作简便、快速,无放射源。

制订个性化、科学化的锻炼或康复方案,配合专家或健身教练,科学全面指导健身与合理营养是预防治疗骨质疏松的有效方法。具体实施如下:

(1)控制饮食结构。避免酸性物质摄入过量,加剧酸性体质。大多数的蔬菜水果都属于碱性食物,而大多数的肉类、谷物、糖、酒、鱼虾等都属于酸性食物,健康人每天的酸性食物和碱性食物的摄入比例应遵守 1:4。壳寡肽为一种动物性活性碱,能迅速排除人体体液偏酸性物质,维持血液中钙浓度的稳定,保持人体弱碱性环境,预防和缓解骨质疏松。另外不要食用被污染的食物,如被污染的水、农作物、家禽、鱼、蛋等,要吃一些绿色有机食品,防止病从口入。

(2)禁烟限酒。吸烟会影响骨峰的形成,过量饮酒不利于骨骼的新陈代谢,喝浓咖啡能增加尿钙排泄、影响身体对钙的吸收,摄取过多的盐以及蛋白质过量亦会增加钙流失。日常生活中应该避免形成这些不良习惯。

(3)适度运动。运动可促进人体的新陈代谢。户外运动以及接受适量的日光照射,都有利于钙的吸收。运动中肌肉收缩、直接作用于骨骼的牵拉,有助于增加骨密度。

(4)养成健康生活习惯。如彻夜唱卡拉 OK、打麻将、夜不归宿等无规律生活,会加重体质酸化。应当养成良好的生活习惯,从而保持弱碱性体质,预防骨质疏松。

(5)保持良好的心情。不要有过大的心理压力,压力过重会导致酸性物质的沉积,影响代谢的正常进行。适当调节心情和自身压力可以保持弱碱性体质,从而预防骨质疏松。

三、人体的关节

骨与骨之间的连接方式为关节。关节活动范围称为关节活动度,是指关节活动时可达到的最大弧度。关节活动有主动与被动之分,关节活动范围分为主动的关节活动范围和被动的关节活动范围。主动的关节活动范围是指作用于关节的肌肉随意收缩使关节运动时所通过的运动弧,被动的关节活动范围是指由外力使关节运动时所通过的运动弧。关节活动范围是评定关节运动功能损害的范围与程度的指标之一。

人体有肩、肘、腕、髋、膝、踝等与运动相关的主要关节。

(一)肩关节

肩关节由关节囊包围的肱骨头与肩胛骨的关节盂构成。肩关节由6个关节组成,分为肩肱关节、盂肱关节、肩锁关节、胸锁关节、喙锁关节、肩胛胸壁间关节。因为肱骨头的关节面大,呈半球形,肩胛骨的关节盂小而浅,加上关节囊松而薄,所以肩关节活动灵活,是全身易脱位的关节之一(见图2-3)。

肩关节可以完成7种动作:屈、伸、外展、内收、旋外、旋内、环转。

(1)屈:从肩关节冠状轴前方跨过的肌肉具有屈肩关节的作用。重要的肌肉有喙肱肌、三角肌前部纤维、胸大肌锁骨部和肱二头肌短头。前屈的运动范围约70°。

(2)伸:从肩关节冠状轴后方跨过的肌肉具有伸的作用。主要的肌肉有背阔肌、三角肌后部纤维和肱三头肌长头。后伸时,由于受到关节囊前臂及肱骨头与喙突相接触的限制,所以运动范围小于屈的范围,约为60°。

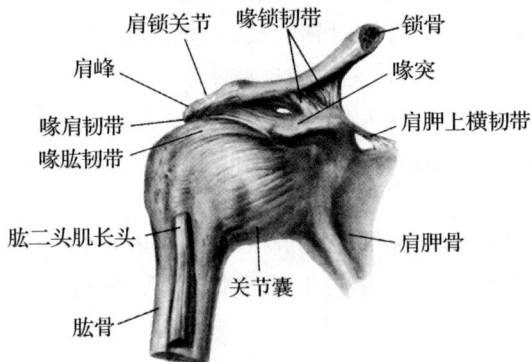

图2-3 肩关节(前面观)

（3）内收：从肱骨头的矢状轴下方跨过的肌肉能使肩关节内收。主要的肌肉有胸大肌、背阔肌和肩胛下肌。内收时，由于肱骨头滑向关节窝的上方而受到躯干的阻碍，所以运动范围很小，约为 20°。

（4）外展：从矢状轴上方跨过的肌肉，可使肩关节外展。主要的外展肌有三角肌（中部纤维）和冈上肌，当肩关节旋外时，肱二头肌长头也参与外展。肩关节外展时肱骨头滑向关节窝的下方，所以运动范围较大，约 90°。

（5）旋内：沿贯穿于肱骨头中心与肱骨小头中心之间的垂直轴，上臂可作旋内和旋外运动。凡由内（起点）向外（止点）从垂直轴前方跨过的肌肉具有旋内作用。旋内的肌肉有背阔肌、胸大肌、肩胛下肌和三角肌前部纤维。旋内时，肱骨头在关节盂内向后滑动，肱骨大结节和肱骨体向前方转动。

（6）旋外：从垂直轴后方跨过的肌肉有旋外作用。旋外的肌肉有冈下肌和小圆肌。旋外时，肱骨头在关节盂内向前滑动，肱骨大结节和肱骨体向后方转动。当上肢垂直时，旋转运动的范围最大，可达 120°。

（7）环转：主要参与运动的肌肉有三角肌（三个束）、胸大肌、斜方肌、菱形肌、前锯肌、背阔肌、大圆肌、小圆肌。

（二）肘关节

肘关节是一个复合关节，由三个关节共居同一关节囊而成（见图 2-4）。肱尺关节是肘关节的主关节，由肱骨滑车与尺骨滑车切迹构成，可伸展 140°。

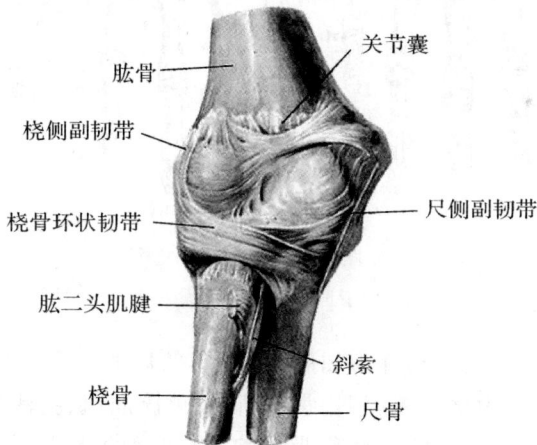

图 2-4　肘关节（前面观）

（1）肱桡关节：由肱骨小头和桡骨的关节凹构成。只能作屈伸和回旋运动。

(2)桡尺近侧关节:由桡骨环状关节面与尺骨上端的桡切迹构成。

(3)肱尺关节:由肱骨滑车与尺骨的滑车切迹构成。

肘关节的肱尺关节可沿略斜的额状轴作屈伸运动;桡尺近侧关节与桡尺远侧关节是必须同时运动的联合关节,使前臂产生旋转运动;肱桡关节虽属球窝关节,但只能配合上述两关节的活动,即与肱尺关节一起,共同进行屈伸运动,配合桡尺近侧关节进行垂直轴的旋转运动,但不具有矢状轴的内收、外展运动的能力。

(三)桡腕与腕掌关节

桡腕关节由桡骨的腕关节面与舟、月和三角骨构成,可作屈伸、内收、外展和环转运动(见图 2-5)。桡腕关节与腕间关节共同活动的范围:屈最大约 90°,伸 45°,内收 40°,外展 20°,环转度极小。其中伸的幅度小于屈的,这是由于桡腕掌侧韧带较为坚韧,所以后伸的运动受到限制。

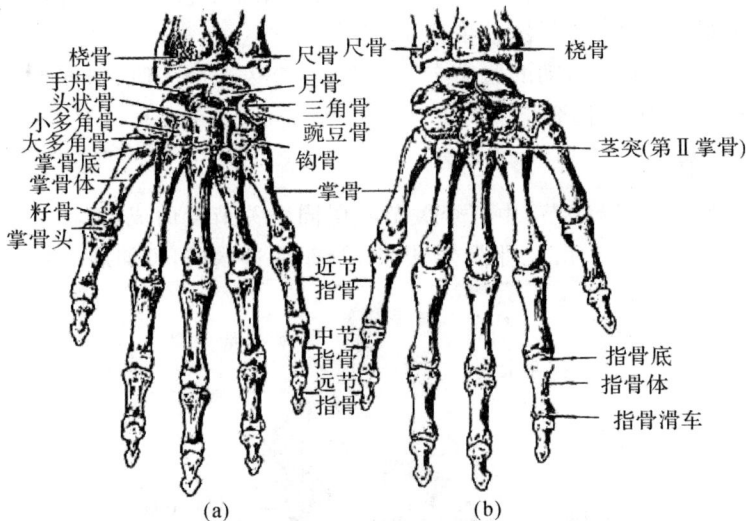

图 2-5 腕关节

(a)前面; (b)后面

(1)屈曲:向手心方向运动称为屈腕,也叫掌的屈曲。参与完成动作的主要肌群为前臂屈肌群,具体为桡侧腕屈肌、掌长肌、尺侧腕屈肌、指浅屈肌、指深屈肌。

(2)伸展:仰向手背方向的运动称为伸腕,也叫掌的背伸。参与完成动作的主要肌群为前臂伸肌群,具体为桡侧腕长伸肌、桡侧腕短伸肌、尺侧腕伸肌、指伸肌、示指伸肌。

(3)外展:解剖位外展手腕。参与完成动作的主要肌肉有桡侧腕屈肌、桡侧腕长伸肌、桡侧腕短伸肌、示指伸肌。

腕掌关节由下排腕骨与掌骨构成。除拇指腕掌、小拇指掌关节能作屈伸、收展、对掌及环转（仅拇指腕掌关节有）等运动外，其余三个腕掌关节基本不动。

(四)髋关节

髋关节由髋臼和股骨头组成（见图2-6）。髋关节为多轴性关节，能作屈伸、收展、旋转及环转运动。但由于股骨头深嵌在髋臼中，髋臼又有关节盂缘加深，包绕股骨头近2/3，关节头与关节窝二者的面积差甚小，所以运动范围较小。加之关节囊厚，限制关节运动幅度的韧带坚韧有力，因此，与肩关节相比，该关节的稳固性大，而灵活性则较差。这种结构特征是人类直立步行，重力通过髋关节传递等机能的反映。当髋关节屈曲、内收、内旋时，股骨头大部分脱离髋臼抵向关节囊的后下部，此时若外力从前方作用于膝关节，再沿股骨传到股骨头，易于发生髋关节后脱位。

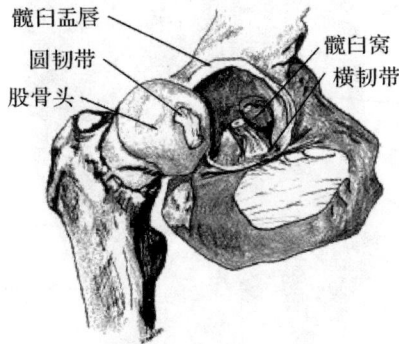

图2-6 髋关节

(五)膝关节

膝关节由股骨下端的关节面、胫骨上端的关节面和髌骨关节面构成（见图2-7），为人体最大且构造最复杂，损伤机会亦较多的关节。滑膜腔被两条交叉韧带分割。前、后两条交叉韧带具有防止胫骨前、后移位的作用。膝关节内有月牙状的关节盘，叫半月板，其内侧大、外侧小。当膝关节半屈于内旋或外旋位时，突然的强力伸膝运动可使半月板损伤。膝关节囊坚韧，关节囊的前壁有髌骨和髌韧带；两侧有胫、腓侧副韧带；后方有斜韧带加强。

膝关节的基本运动为屈伸运动。其运动特点：①当膝关节完全伸直时，胫骨髁间隆起与股骨髁间窝嵌锁，侧副韧带紧张，除屈伸运动外，股胫关节不能完成其他运动。②当膝关节屈时，股骨两侧髁后部进入关节窝，嵌锁因素解除，侧副韧带松弛,此时股胫关节才能绕垂直轴作轻度的旋转运动。③当膝关节运动时,半月板可发生位移,屈膝时向后移,伸膝时向前移。小腿旋转时半月板随股髁位移,一侧滑向前,另一侧滑向后。当膝关节屈曲、半月板后移时,股髁曲度较大的后部与半月板肥厚的外缘接触。若此时急剧伸膝,如踢球动作,半月板退让不及,可发生挤压伤或破裂。

膝关节位于人体两个最长的杠杆臂之间,在承受负荷和参与运动中易于损伤,股骨和胫骨以宽大的内、外侧髁关节面增大关节的接触面积,可提高关节的稳固性和减少压强。

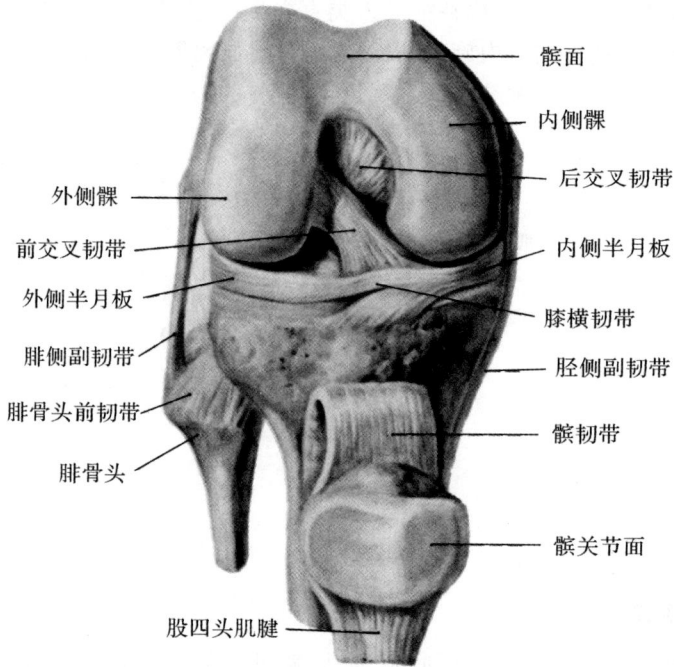

图 2-7 膝关节(前面观)

(六)踝关节

踝关节由胫骨下端及内踝、腓骨外踝与距骨构成,属于滑车关节(见图 2-8)。踝关节负重最大,关节面较小,但踝关节囊有韧带加强,内侧韧带从内侧将内踝、足舟骨、距骨和跟骨联结起来;在外侧有距腓前、后韧带和跟腓韧带联结腓骨、距骨和跟骨。因踝关节周围韧带强而有力,以致在踝扭伤时,即使内外踝发生了骨折,韧带可能尚未受损。

踝关节属滑车关节,可沿通过横贯距骨体的冠状轴做背屈及跖屈运动。足尖向上,足与小腿间的角度小于 90°叫背屈。反之,足尖向下,足与小腿间的角度大于 90°叫作跖屈。在跖屈时,足可做一定范围的侧方运动。

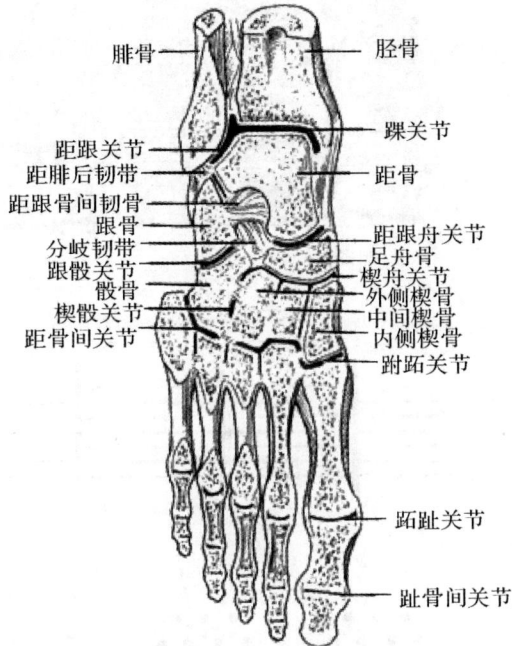

图 2 - 8　踝关节

四、人体的肌肉

(一)肌肉的分类

肌肉由肌细胞构成。肌细胞的形状细长,呈纤维状,故肌细胞通常称为肌纤维(见图 2 - 9)。肌纤维分红肌纤维与白肌纤维,因外观不同而有红、白不同的称呼。红肌纤维也叫 I 型纤维、慢缩肌纤维、慢氧化纤维;白肌纤维为又称 II 型纤维、快缩肌纤维或快解醣纤维。人的红、白纤维大概维持各 50% 的比例。即使同一块肌肉内不同部位的比例,肌纤维分布也不尽相同。同一个人不同位置的比例自然不会一样,不同人同一肌肉的肌纤维的差异更是明显。身体不同位置快缩肌纤维本身的比例也不一样。

根据结构和功能的不同,人体肌肉可分为骨骼肌(又叫横纹肌)、平滑肌、心肌三种。按照是否可以随人的意志而收缩,可分成随意肌和不随意肌。

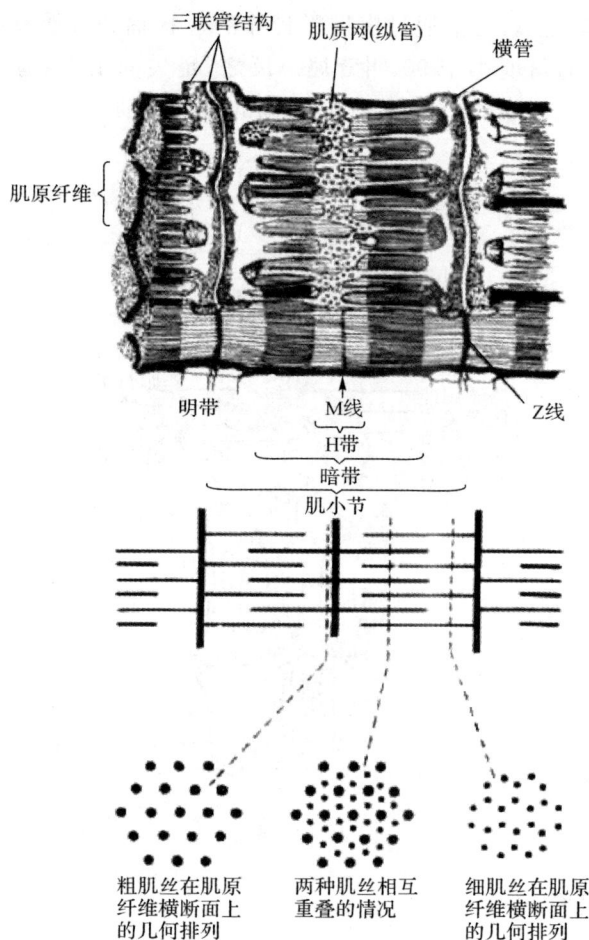

图 2-9　肌纤维微观结构图

(1)构成骨骼肌的基本成分是骨骼肌细胞。细胞呈圆柱形,多核、不分支、有横纹,分布并附着于全身骨骼上,其收缩力量大、耐力差,是随意肌。

(2)构成平滑肌的基本成分是平滑肌细胞。细胞呈梭形,只有一个核、不分支、无横纹,其收缩力量小、耐力好,是不随意肌。

(3)构成心脏肌层的基本成分是心肌细胞,细胞呈短圆柱形,有分支,细胞核为卵圆形,一般只有一个核,位于细胞中央。心肌也有横纹,但不如骨骼肌明显。其收缩力量小、耐力好,也属不随意肌。

运动系统所讲的肌肉属于骨骼肌。在神经的支配下,肌肉收缩产生运动。肌肉的形态多种多样,可概括为长肌、短肌、阔肌和轮匝肌。四肢肌肉多为长肌,收缩力强,活动幅度大。短肌多分布于各椎骨之间。腹部多为阔肌,对内脏起支持和保护作用。轮匝肌由环形肌纤维构成,分布于眼、口、肛门周围,收缩时关闭各孔裂。

(二)人体的肌群分布

人体的前、后部肌群分布如图 2-10、图 2-11 所示。人体在基本活动当中有七个重要的肌群,通过正确负重锻炼,可以促进身体肌肉适能良好地平衡发展。

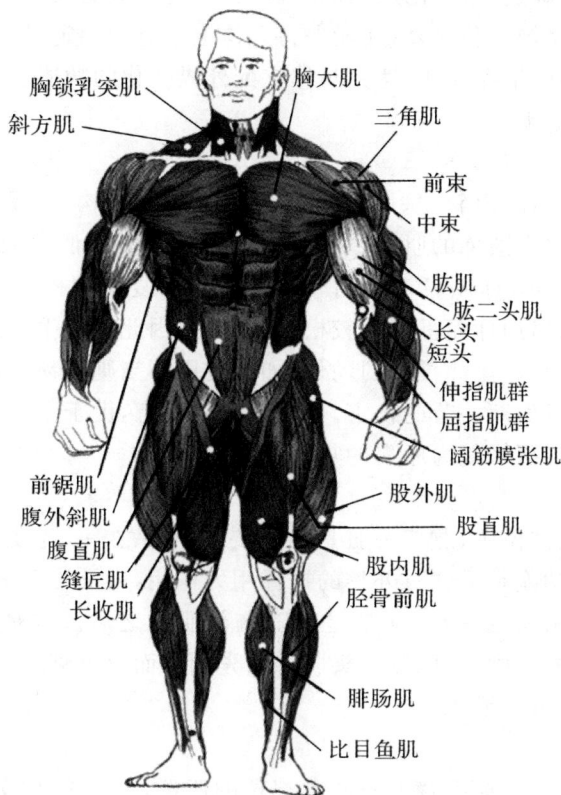

胸锁乳突肌　胸大肌　斜方肌　三角肌　前束　中束　肱肌　肱二头肌　长头　短头　伸指肌群　屈指肌群　阔筋膜张肌　前锯肌　腹外斜肌　腹直肌　缝匠肌　长收肌　股外肌　股直肌　股内肌　胫骨前肌　腓肠肌　比目鱼肌

图 2-10　人体前部的肌肉分布

1.腿部肌群

腿部肌群主要是指大腿部位的整体肌群,包括股四头肌与腿后肌群等,是人体下半身最重要的肌群。涉及走、跑、蹲、站的一切活动都依赖于腿部肌群的运动。一般而言,由于腿部肌群不常为人们特别地锻炼,所以只要经过活动锻炼,当天就会有无力感,而隔日便会觉得腿部愈加酸痛。这是由于腿部肌肉平时动用较少而逐渐变得衰老的原因。由此可知,如果长期不重视腿部肌肉锻炼,虽然不会对身体造成立即的伤害,但是日渐失去肌肉力量将影响身体健康,因此必须坚持锻炼腿部肌群,这样才能维持腿部的肌肉力量,避免疲劳过早发生。慢跑是常见亦很有效的锻炼腿部肌群的运动项目。

2. 胸部肌群

胸部肌群是人体上半身胸腔部位最显而易见的重要肌群,主要包括胸大肌、胸小肌以及前锯肌。一般来说,胸部肌群中的胸大肌是比较容易锻炼的肌肉之一。只要保持良好的锻炼过程、采用适当的方法,就会有明显的成效。胸肌对于人体有重要的作用,除了保护胸腔之外,还能保持人体上半身的稳定,协助手臂肌群,应付一切关于身体必需的推撑动作,达到身体支配外界变化的功能。例如,人推动前方物品,达到做功的效果。

3. 腹部肌群与肩部肌群

腹部肌群主要由腹内斜肌、腹外斜肌以及腹直肌所构成,是人体重要的肌肉群,也是人们较为熟悉锻炼的肌群。肩部肌群主要由三角肌等肌肉构成。肩部肌群参与的是手臂运动与上身活动。由于肩关节较为复杂的构造功能,肩部肌群原本适应其活动度与运用性而呈现比较松弛的状态,因此伴随手臂的经常使用,肩部的受伤机会相对提高。比如投掷的动作,如果使用不当则容易拉伤肩部肌肉、影响韧带的稳定性,造成肩部关节的伤害。再者,应该注意,由于不当、过度使用肩部所造成的伤害,将很难再恢复为原先的功能水平。

4. 肱三头肌

在人体的上肢部位中,肱三头肌是最重要的肌群之一。它是位于手的上臂部后方的肌群,主要功能是手臂对外物的推撑用力作用,以及协助胸部肌群运动。一般而言,针对肱三头肌的锻炼,通常是伴随胸部肌群之后。这是基于先训练大肌群,再训练小肌群的原则,否则肱三头肌将因先训练而提早衰竭,使手臂没力气,从而无法完成胸部肌群的锻炼。

5. 肱二头肌

肱二头肌是位于人体手臂上肢前方部位的肌群,它也是上肢最重要的肌群之一。肱二头肌与肱三头肌共同组成主要的上肢肌群。肱二头肌的功能主要是手臂的屈曲用力,即所有拉的动作以及协助背部肌群对外界的活动。肱二头肌的训练安排在背部肌群之后,训练原则同肱三头肌。

6. 背部肌群

背部肌群由背阔肌与脊柱站立肌群所组成,一般的背部肌群锻炼,都是与胸部肌群配对锻炼完成的。在人体肌群中,由于背部肌群原本就不甚发达,而平时也不常感觉到背部肌肉的作用,从而导致人们忽视背部肌群的锻炼。如果不刻意用力伸展背部,是不易察觉身体的背部肌肉线条的。其实,背部肌群是人体上半身的重要肌群。只要持续进行背部肌肉训练，就会使背部线条逐渐明显、肌肉慢慢肥大，拥有稳定的上半身及强健的身材。而且，背部肌群中下背部的肌群更是值得关注的，它是人体维持体态姿势重要的肌群之一，也是最容易因各种姿势不良而产生困扰人们的文明病之一，俗称下背痛就是此部位产生疼痛。

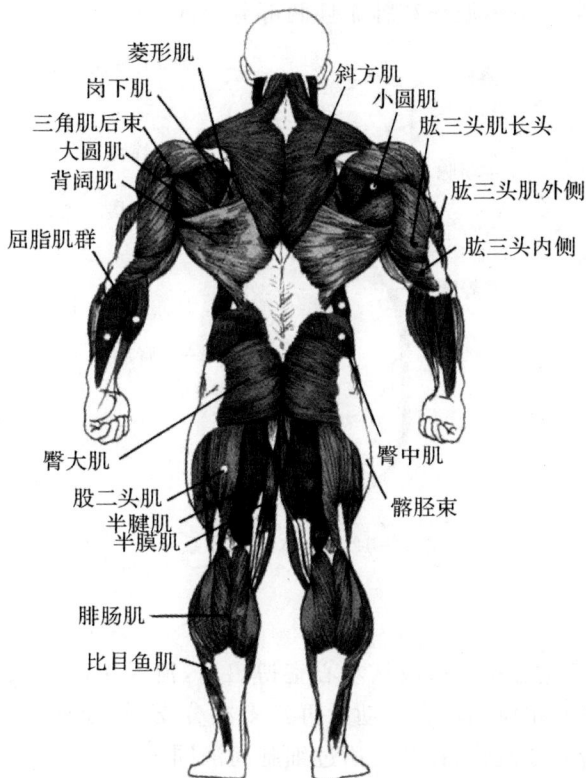

图 2 - 11　人体后部的肌群分布

第三节　体育锻炼的循环系统基础知识

一、人体的循环系统

循环系统是血液在体内流动的通道，分为心血管系统和淋巴系统两部分。淋巴系统是静脉系统的辅助装置，而一般所说的循环系统指的是心血管系统（见图2－12）。心血管系统是由心脏、动脉、毛细血管及静脉组成的一个封闭的运输系统。心脏不停地跳动、提供动力推动血液在其中循环流动，为机体的各种细胞提供了赖以生存的物质,包括营养物质和氧气,也带走了细胞代谢的产物二氧化碳。同时许多激素及其他信息物质也通过血液的运输得以到达其靶器官,以此协调整个机体的功能。因此,维持血液循环系统处于良好的工作状态,是机体得以生存的条件,而其中的核心是将血压维持在正常水平。

人体的循环系统由体循环和肺循环两部分组成。

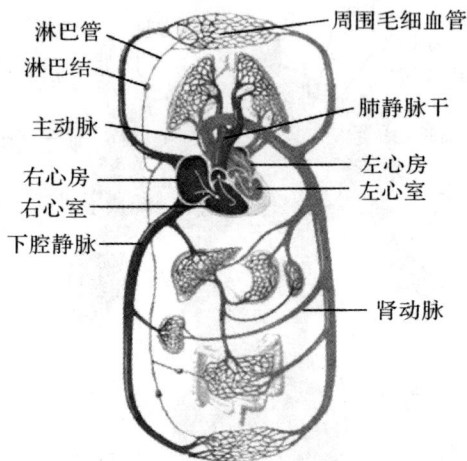

图 2-12　人体的循环系统

(一)体循环

体循环开始于左心室。血液从左心室搏出后,流经主动脉及其派生的若干动脉分支,将血液送入相应的器官。动脉再经多次分支,管径逐渐变细,血管数目逐渐增多,最终到达毛细血管,在此处通过细胞间液同组织细胞进行物质交换。血液中的氧和营养物质被组织吸收,而组织中的二氧化碳和其他代谢产物进入血液中,变动脉血为静脉血。此间静脉管径逐渐变粗,数目逐渐减少,直到最后所有静脉均汇集到上腔静脉和下腔静脉,血液即由此回到右心房,从右心房再到右心室,从而完成了体循环过程。

(二)肺循环

肺循环自右心室开始。静脉血从右心室搏出,经肺动脉到达肺泡周围的毛细血管网,在此排出二氧化碳,吸收新鲜氧气,变静脉血为动脉血,然后再经肺静脉流回左心房。左心房的血再入左心室,又经体循环遍布全身。

这样血液通过体循环和肺循环不断地运转,完成了血液循环的重要任务。

二、人体的冠状循环与冠心病

(一)人体的冠状循环

冠状循环指供血给人体心脏本身营养需要的特殊区域循环(见图 2 - 13)。人体冠状循环的血液经左、右两冠状动脉向心肌纤维运输。两冠状动脉紧靠在升主动脉半月瓣上方,从升主动脉基部分出,左冠状动脉供血到左心室和室间隔前部,右冠状动脉供血到右心室和室间隔后部。由于左冠状动脉供应左心室大部分的血液,它的较大分支发生闭塞时,对于必须产生高压的左心室来说,问题是严重的,这时左心室的射血能力将会出现大的障碍。右冠状动脉供应右心室的血液,由于右心室只需产生较低的压力,因此,它可以耐受较大的损伤,对射血能力影响不大。窦房结和房室结区域主要由右冠状动脉血管供血,这一部分发生损伤时可能发生严重的心律失常。冠状循环总血流量的 85％流经左冠状动脉,15％流经右冠状动脉。从左冠状动脉来的回流血液大部分从心大静脉经冠状窦进入右心房。从右冠状动脉来的回流血液经心前静脉进入右心房。

冠状动脉的平均血流量与主动脉压成正比,冠状血管血流阻力的变化与血压成反比。结扎主动脉时,冠状血压升高,于是冠状血流增加,压迫心室使心室内压升高时,冠状血流增加,这种增加与主动脉血压无关。当出血引起血压降低时,全身只有冠状血管的血流阻力降低,冠状血流并不减少。心输出量(每分钟左心室或右心室射入主动脉或肺动脉的血量)增加时,冠状血流比其他任何血管都显著增加。

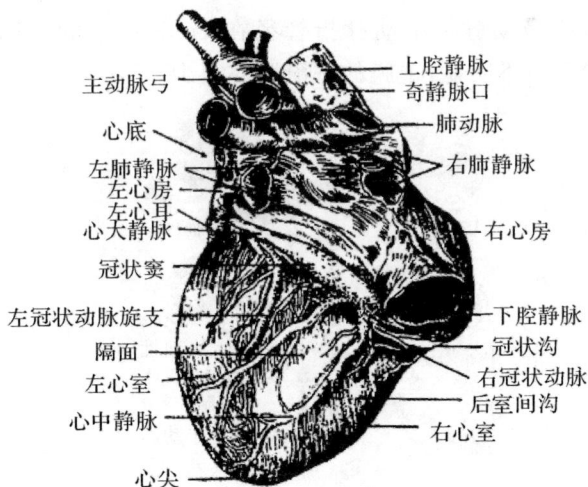

图 2 - 13　冠状动脉循环

(二)冠心病

冠心病即冠状动脉性心脏病,是一种最常见的心脏病,是指因冠状动脉狭窄、供血不足而引起的心肌机能障碍和(或)器质性病变,故又称缺血性心肌病。缺血性心肌病是多种冠状动脉病的结果,但冠状动脉粥样硬化占冠状动脉性心脏病的绝大多数(95%～99%)。因此,习惯上把冠状动脉性心脏病视为冠状动脉粥样硬化性心脏病的同义词。

冠心病症状表现为胸腔中央发生一种压榨性的疼痛,并可迁延至颈、颌、手臂、后背及胃部。冠状动脉性心脏病发作的其他可能症状有眩晕、气促、出汗、寒战、恶心及昏厥。严重患者可能因为心力衰竭而死亡。

三、动脉硬化与高脂血症

(一)动脉硬化

动脉硬化是动脉的一种非炎症性病变,可使动脉管壁增厚、变硬,失去弹性,管腔狭小。动脉硬化是随着年龄增长而出现的血管疾病,其规律通常是在青少年时期发生,至中老年时期加重、发病。近年来动脉硬化在我国逐渐增多,男性较女性多,成为老年人死亡的主要原因之一。

1.动脉硬化的分类

动脉壁都由内膜、中膜和外膜组成,按管径大小,动脉又可分为大、中、小三级(见图2-14)。大动脉如主动脉及其大分支的管壁含有大量成层的弹力纤维,弹性大,又称弹力型动脉。中动脉如冠状动脉、脑动脉、肾动脉和四肢动脉等的管壁,富含平滑肌,又称肌型动脉。小动脉指管径在1mm以下的动脉,也属于肌型动脉,但内膜弹性膜薄而不明显,中膜的平滑肌亦很少。

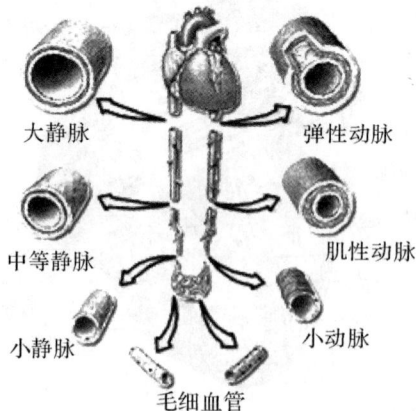

大静脉　　弹性动脉

中等静脉　　肌性动脉

小静脉　　小动脉

毛细血管

图2-14　动脉血管的分类

动脉硬化分为细动脉硬化、动脉中层硬化、动脉粥样硬化。动脉粥样硬化是动脉硬化中常见的类型,为心肌梗死和脑梗死的主要病因。

(1)细动脉硬化。细动脉硬化指细小动脉弥漫性增生病变,其发生与高血压和糖尿病有关。细动脉硬化开始表现为细小动脉痉挛,其后小动脉内膜下玻璃样变,弹力纤维增厚。随病程进展,中层、外膜也发生玻璃样变,继之中层增厚,血管变硬,管腔狭窄。全身细小动脉硬化使许多脏器血液相应减少,脏器缺血,并发生一系列结构和功能损害,其中对心、肾、脑的影响最为显著。肾脏细小动脉硬化、狭窄可使一些肾小球发生玻璃样变、纤维化,即肾硬化。病程后期,肾小球可大部分消失,而代之以纤维结缔组织,肾脏体积缩小,最终可发生尿毒症。脑的细小动脉硬化常与脑的较大动脉粥样硬化并存,病变轻者表现头昏、记忆力减退,重者可发生脑血栓、脑出血及脑软化。全身细小动脉硬化可引起外周血管阻力增高,心室射血阻力增加,左室负荷加重,从而引起心肌肥厚,病变继续进展,可致左室扩张,最终可发生充血性心力衰竭。在临床上对细小动脉硬化程度的估计,除根据脏器受损的情况推测外,最有价值而简便的是眼底检查,眼底视网膜和视网膜血管的变化可反映其他脏器细小动脉的变化,尤其是颅内病变。

(2)动脉中层硬化。动脉中层硬化又称门克贝格氏动脉硬化。病变主要累及中、小型动脉,病因至今未明。病变起自中年,随年龄增长日益加重。其病理改变为动脉中层肌纤维断裂、玻璃样变及坏死,弹力组织日渐消失而代之以钙化,致使血管变硬,屈曲延长。单纯的动脉中层硬化不引起管腔明显狭窄或破裂,因此不引起症状。

(3)动脉粥样硬化。动脉粥样硬化是动脉硬化中常见的最重要的一种,其特点是受累动脉病变从内膜开始。一般先有脂质和复合糖类积聚、出血及血栓形成,纤维组织增生及钙质沉着,并有动脉中层的逐渐蜕变和钙化,病变常累及弹性及大中等肌性动脉,一旦发展到足以阻塞动脉腔,则该动脉所供应的组织或器官将缺血或坏死。由于在动脉内膜积聚的脂质外观呈黄色粥样,因此称为动脉粥样硬化。

动脉粥样硬化就是动脉壁上沉积了一层像小米粥样的脂类,使动脉弹性减低、管腔变窄的病变。

动脉粥样硬化主要累及大型及中型的肌弹力型动脉,以主动脉、冠状动脉及脑动脉粥样硬化为多见,常导致管腔闭塞或管壁破裂出血等严重后果。

2.动脉硬化区

人体全身有三处最危险的动脉硬化区。一是心脏动脉硬化,二是脑组织的动脉硬化,三是颈动脉硬化。动脉硬化是一种全身性疾病,但全身各处动脉的硬化程度和影响是不一样的,各个部位动脉硬化对健康的影响也不相同。

心脏动脉硬化可导致心肌梗死,脑动脉硬化可导致脑出血,当颈动脉硬化时,如同两只手掐住了颈部,造成脑组织缺血、缺氧,患者感到头晕、目眩、思维能力明显下降,时间长了会导致脑萎缩。若颈动脉硬化斑块脱落,会阻塞动脉血管,造成失明、偏瘫,甚至危及生命。

研究结果显示,吸烟对颈动脉硬化形成影响最大。如果一个人不吸烟,或在中年时期戒烟,则会降低发生颈动脉硬化的概率。

3. 脑动脉粥样硬化的监测

如果能早些认识脑动脉硬化的某些征兆,加强自我防护和监测,就可大大延缓其发展的速度,并根据监测情况及时到医院检查治疗。

(1)神经衰弱:脑动脉硬化早期多呈现一种神经衰弱的症状,医学上称为"动脉病性神经衰弱",表现为头痛、头晕、头部有紧箍和压迫感,伴随有耳鸣、嗜睡等症状,记忆力减退,容易疲劳。

(2)感情异常:脑动脉硬化早期易激动,缺乏自制力;随着病情的加重会逐渐出现表情淡漠,对周围事物缺乏兴趣,对人缺乏热情;容易激动,有时无故悲伤或嬉笑、焦虑、紧张、多疑、恐惧;对工作有时消极,有时积极。

(3)判断能力低下:常表现为不能持久地集中注意力,想象力降低;处理问题不果断,往往要靠别人协助处理;对突然出现的生活琐事表现惊慌和忧虑。

(4)自主神经功能障碍:表现为皮肤划红症(皮肤被抓划后可发红并隆起),手脚发冷,全身及局部发汗,头发早白、早秃。

(5)行动异常:脑动脉硬化中后期可出现走路及转身不稳,表现为步态僵硬、缓慢或步态不稳。

(6)癫痫痉挛发作:局限性癫痫是脑动脉硬化后期的常见症状,主要表现为身体某部位发生阵发性、痉挛性抽搐。有的病人可出现不自主的运动。严重者可因脑动脉硬化出血、血栓形成而出现昏迷瘫痪等。

4. 生活方式对动脉粥样硬化影响

(1)限制食物性胆固醇的摄入:降低低密度脂蛋白胆固醇和总胆固醇,是防治动脉粥样硬化的关键。虽然体内的胆固醇不全来自食物,但是限制胆固醇的摄入是降低高胆固醇血症所必需的。食物中含胆固醇丰富的是鸡蛋黄、蟹黄和各种动物内脏,这些食物应尽量少吃。如一个蛋黄就含胆固醇 $200 \sim 300$ mg,这就是每天胆固醇摄入的最高量。

(2)限制脂肪的摄入:食用的脂肪包括动物脂肪和植物脂肪,前者主要含饱和脂肪酸,摄入过多可升高胆固醇,应该严格限制,使其不超过每天总热量的 7%。后者虽然是不饱和脂肪酸,但因其提供较高的热量,也应该适当限制,以每天不超过 20～25 g 为宜。全部脂肪热量不超过摄入总热量的 30％。提倡科学的烹调方法，菜肴以蒸、煮和凉拌为主，炒菜少放油，尽量不煎、炸食品，少吃人造奶油食物。

(3)限制总热量的摄入：除了限制脂肪外，提供热量的碳水化合物也应适当限制，也就是每天的主食要有所控制，做到每餐食无求饱，而且多吃富含膳食纤维和维生素而热量较低的粗粮(如全麦面粉等)、杂粮(如豆类、杂面等)和新鲜绿叶蔬菜。若血脂异常合并或继发于糖尿病者，其主食控制就更为重要。

(4)戒烟、限酒：吸烟能抑制脂蛋白脂酶(人体内一种参与脂蛋白代谢的重要的酶)的活性，使甘油三酯升高，高密度脂蛋白胆固醇下降，还能破坏内皮细胞的功能，引起动脉痉挛等。对于血脂异常和动脉粥样硬化的患者危害很大，必须戒烟。而适量饮酒，尤其是葡萄酒，对于防治动脉粥样硬化可能有益，以每天不超过 100 g 葡萄酒为宜。

(5)适当的体育锻炼：对于超重和肥胖者，除了饮食控制外，体育锻炼是有效的减肥措施。以腰围增加为特征的向心性肥胖，内脏脂肪增多，容易出现胰岛素抵抗和代谢综合征。不少血脂异常患者合并有脂肪肝，更应通过体育锻炼达到消耗脂肪、减轻体重的效果。体育锻炼的方式建议采用低、中强度的有节律、重复性的有氧运动，如行走、游泳、骑自行车、打太极拳或体操等，如每天行走 30min，距离为3 000m。

(二)高脂血症

1.高脂血症概念及分类

高脂血症是指人体血中血清总胆固醇(TC)和/或甘油三酯(TG)过高或高密度脂蛋白胆固醇(HDL－C)过低的一种全身性疾病，现代医学称之为血脂异常。由于脂质不溶或微溶于水，必须与蛋白质结合以脂蛋白形式存在，所以，高脂血症通常也称为高脂蛋白血症。

根据血清总胆固醇、甘油三酯和高密度脂蛋白胆固醇的测定结果，通常将高脂血症分为以下四种类型：

(1)高胆固醇血症：血清总胆固醇含量增高，超过 5.72mmol/L，而甘油三酯含量正常，即甘油三酯含量<1.70mmol/L。

(2)高甘油三酯血症：血清甘油三酯含量增高，超过 1.70mmol/L，而总胆固醇含量正常，即总胆固醇含量<5.72mmol/L。

(3)混合型高脂血症：血清总胆固醇和甘油三酯含量均增高，即总胆固醇含量超过 5.72mmol/L，甘油三酯含量超过 1.70mmol/L。

(4)低高密度脂蛋白血症：高密度脂蛋白胆固醇含量<9.0mmol/L。

2.高脂血症的症状

根据程度不同,高血脂的症状可分为以下几个方面:

(1)轻度高血脂通常没有任何不舒服的感觉,但没有症状不等于血脂不高,定期检查血脂至关重要。

(2)一般高血脂的症状多表现为头晕、神疲乏力、失眠健忘、肢体麻木、胸闷、心悸等,还会与其他疾病的临床症状相混淆。有的患者血脂高但无症状,常常是在体检化验血液时发现高脂血症。另外,高脂血症常常伴随着体重超重与肥胖。

(3)高血脂较重时会出现头晕目眩、头痛、胸闷、气短、心慌、胸痛、乏力、口角歪斜、不能说话、肢体麻木等症状,最终会导致冠心病、脑中风等严重疾病,并出现相应表现。

(4)长期血脂高,脂质在血管内皮沉积所引起的动脉粥样硬化,会引起冠心病和周围动脉疾病等,表现为心绞痛、心肌梗死、脑卒中和间歇性跛行(肢体活动后疼痛)。

(5)少数高血脂还可出现角膜弓和脂血症眼底改变。角膜弓又称老年环,若发生在 40 岁以下,则多伴有高脂血症,以家族性高胆固醇血症多见,但特异性不强。高脂血症眼底改变是由于富含甘油三酯的大颗粒脂蛋白沉积在眼底小动脉上引起光折射所致,常常是严重的高甘油三酯血症并伴有乳糜微粒血症的特征表现。

3.高脂血症的危害

大量研究资料表明,高脂血症是脑卒中、冠心病、心肌梗死、猝死独立而重要的危险因素。其危害主要表现为以下方面:

(1)高脂血症是中老年人衰老的病理基础。脂类主要包括胆固醇和甘油三酯。血脂的来源主要有两条途径,一条是外源性的,就是人们每天进食中脂类物质经消化吸收后进入血液而成;另一条是内源性的,就是在人体正常代谢过程中由肝脏、脂肪细胞及其他组织合成释放进入血液。人体除脑组织及成熟的红细胞外,几乎全身各组织都可合成胆固醇。肝脏是合成胆固醇的主要场所,体内胆固醇 70%～80% 由肝脏合成,10% 由小肠合成。老年人肝脏代谢减慢,分解脂肪的脂酶活性减弱,易造成脂肪堆积,再加上自由基的作用,使血脂在动脉壁上沉着,从而造成动脉硬化,这是老年人血管衰老的表现,也是老年人衰老的病理基础。高血压、冠心病、脑血管病、糖尿病以及肿瘤等疾病都与高血脂有关,因此血脂增高是困扰老年人健康的祸根。

(2)高脂血症会导致高血压。在人体内形成动脉粥样硬化以后,会导致心肌功能紊乱,血管紧张素转换酶会大量激活,促使血管动脉痉挛,诱致肾上腺分泌升压素,导致血压升高。影响血压升高的因素还有血管的外周阻力、动脉壁弹性、血液黏度等三个因素,而这三种因素与高脂血症有直接关系。正常人的血管内膜是光滑流畅的,血脂增高会在血管内膜下逐渐沉积呈黄色粥样斑块,久之破溃、出血、管腔变狭、血流阻力增加,从而使血压升高;当血脂增高时,血脂在动脉内膜沉积可造成血管硬化,使血管壁弹性减弱,血压升高;当血脂增高时血黏度就增高,使血流阻力增加,从而使血压升高。高脂血症还能降低抗高血压药的敏感性,增加降压治疗的难度,因此治疗高血压的同时应降血脂。人体一旦形成高血压,会使血管经常处于痉挛状态,而脑血管在硬化后内皮受损、破裂,形成出血性脑中风;而脑血管在栓子式血栓形成状态下淤滞,导致脑血栓和脑栓塞。

(3)高脂血症与高血糖的"相互促进"。很多糖尿病病人都伴有高脂血症,因此人们通常把糖尿病与高脂血症称为姐妹病,并认为高脂血症是糖尿病的继发症。据统计,大约40%的糖尿病病人有脂代谢紊乱。其特点是甘油三酯增高、高密度脂蛋白降低。糖尿病引起血脂增高的原因:一方面是由于糖尿病病人胰岛素不足时,体内脂酶活泼性减低,因此容易血脂增高;另一方面,糖尿病本身除糖代谢紊乱外同时还伴有脂肪、蛋白质和水、电介质的紊乱,经常有游离脂肪酸从脂肪库中动员出来,使血中甘油三酯及游离脂肪酸浓度增高;再一方面,Ⅱ型糖尿病人进食过多,运动少,促使体内脂类合成增多,这也是造成血脂增高的原因。而肥胖伴高血脂者,由于胰岛素受体数相对减少,从而产生胰岛素抵抗,易诱发糖尿病。血脂增高者还易引起心、脑血管并发症。

(4)高脂血症会导致冠心病。高血脂会危害冠状动脉,形成粥样硬化,大量脂类物质蛋白在血浆中沉积移动,降低血液流速,并通过氧化作用酸败后沉积在动脉血管内皮上,并长期黏附在血管壁上,损害动脉血管内皮,形成血管硬化。当人体由于长期高脂血症形成动脉粥样硬化时,冠状动脉内血流量变小、血管腔内变窄,心肌注血量减少,造成心肌缺血,导致心绞痛,形成冠心病。

(5)高血脂会导致肝部功能损伤。长期高血脂会导致脂肪肝,而肝动脉粥样硬化、肝小叶损伤后,结构发生变化,而后导致肝硬化,损害肝功能。

4.高脂血症的机理及治疗

高脂血症是一类较常见的疾病,除少数是由于全身性疾病所致外(继发性血脂异常),绝大多数是因遗传基因缺陷(或与环境因素相互作用)引起(原发性血脂异常)的。患者血浆中胆固醇或/和甘油三酯水平升高。其中胆固醇是人体组织细胞所不可缺少的重要物质,它不仅参与细胞膜的形成,而且是单程胆汁酸、维生素D的原料,胆固醇在体内分为高密度脂蛋白胆固醇和低密度脂蛋白胆固醇(LDL-C)两种。低密度脂蛋白胆固醇能对动脉造成损害,而高密度脂蛋白胆固醇则具有清洁疏通动脉的功能。因此高密度脂蛋白胆固醇通常称为"好胆固醇",低密度脂蛋白胆固醇通常称为"坏胆固醇"。根据目前的研究结果表明,低密度脂蛋白胆固醇是导致心脑血管疾病,也就是动脉粥样硬化的元凶。同时研究表明,动脉粥样硬化、静脉血栓形成与胆石症和高胆固醇血症有密切的相关性。

当前,高脂血症的治疗方法已不仅仅停留在药物治疗层面上,治疗方法更关注患者的身体调养。负氧离子治疗高脂血症效果显著、稳定,无副作用,且有改善机体功能、提高抗病能力的整体效应,尤其适用于伴有多种慢性病的中老年高脂血症患者,是一种较理想的非药物疗法。当然,无论哪种高脂血症的疗法,依患者状况,适度结合体育锻炼都能够达到更好的治疗效果。

四、体育锻炼与运动性心脏

经常进行体育锻炼可引起心脏发生良好的适应性变化,增强泵血功能,主要表现为运动性心脏增大。长期的体育锻炼或运动训练引起的以心室腔扩大与心室壁增厚为主要标志的心脏增大称为运动性心脏增大。这种增大伴有心脏射血功能的提高,又称为运动员心脏。这是心脏对体育锻炼或运动训练生理适应的结果。

一般成年人的心脏质量为300g左右,优秀运动员心脏质量为400~500g。运动员心脏具有项目特征。

耐力性项目引起心脏增大的特征:耐力运动员(长跑、游泳、自行车、越野滑雪等)运动心脏的特征是心室腔扩大明显,伴有心室壁轻度增厚。这是因为这些项目的运动持续时间长,需要很高的心输出量,运动中肌肉收缩、舒张交替进行,有利于静脉血回流。长时间的作用,促使心室腔扩大,有利于增加每搏输出量,最大输出量也相应得到提高。

力量速度性项目引起心脏增大的特征:力量和速度型运动员(投掷、举重、摔跤、短跑等)心脏增大的特征是心室壁增厚,心室腔未见扩大。这是因为力量、速度型运动员在运动中由于肌肉持续强烈收缩或屏气,血管外周的阻力增加,心室壁增厚使心肌收缩力增强,收缩时可产生较大的压力以克服外周阻力,维持有效的搏出量。

第四节 体育锻炼的呼吸系统基础知识

一、人体的呼吸系统

呼吸系统是执行机体和外界进行气体交换的器官的总称(见图2-15)。呼吸系统的机能主要是与外界进行气体交换,呼出二氧化碳,吸进新鲜氧气,完成气体吐故纳新。

　　呼吸机能是通过三个连续的过程来实现的。①外呼吸:外界空气经呼吸道在肺泡与肺循环毛细血管内血液间的气体交换。②气体运输:肺循环毛细血管与体循环毛细血管间血液中的气体运输过程。③内呼吸:体循环毛细血管内的血液与组织细胞间的气体交换。详细过程如下所述:

　　(1)外呼吸是指外界空气与血液之间的气体交换过程,即通过呼吸运动与血液循环,肺泡内的空气与肺部毛细血管内的静脉血之间不断地进行气体交换,静脉血吸入氧,排出二氧化碳,变成含氧丰富的动脉血的过程。

　　(2)内呼吸是指组织内毛细血管血液与组织细胞之间的气体交换过程,亦称组织呼吸。内呼吸过程中,氧由毛细血管血液进入组织液,二氧化碳则由组织液进入毛细血管血液。在组织中,气体交换的一般规律和在肺泡中一样。组织在代谢过程中不断耗氧并产生二氧化碳,组织内氧分压低于动脉血的氧分压,而二氧化碳分压高于动脉血的二氧化碳分压,因而氧由动脉血向组织扩散,二氧化碳由组织扩散入动脉血液。因此,在动脉血流经组织后,其氧含量降低,二氧化碳含量增加,血液由原来的鲜红色变成了暗红色,成为静脉血。

　　(3)血液的气体运输就是将肺吸入的氧经过动脉血运送到全身各组织细胞,又将各组织细胞所产生的二氧化碳运送到肺部。因此,血液的气体运输包括氧的运输和二氧化碳的运输两大功能。

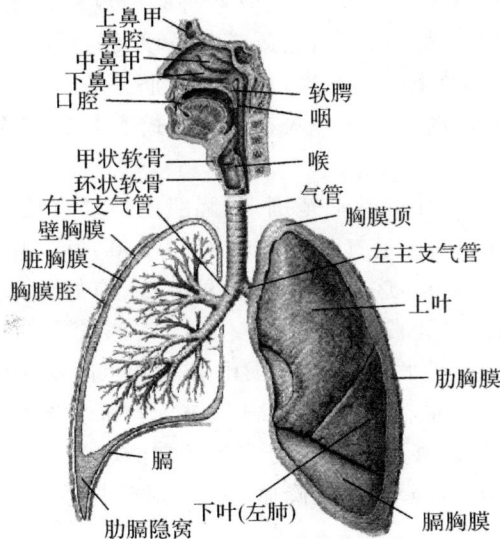

图 2-15　呼吸系统

二、体育锻炼中呼吸的方式和方法

(一)呼吸的方式

呼吸运动主要依靠两部分呼吸肌的舒缩来完成,分别表现为胸腹两部位的活动。一是肋间外肌舒缩引起肋骨和胸骨运动,引起胸廓前后、左右径增大,表现以胸部活动为主;一是膈肌收缩,使胸廓的上下径增大,表现以腹部活动为主。吸气时,膈肌收缩,膈的隆起部下降,上腹部脏器如肝、脾等随之下降,于是前腹壁向外突出;呼气时,则相反,前腹壁向内复位。以肋骨和胸骨活动为主的呼吸运动,叫胸式呼吸;以膈肌运动为主的呼吸运动,叫腹式呼吸。

胸式呼吸又称肋式呼吸法、横式呼吸法。这种呼吸法单靠肋骨的侧向扩张来吸气,用肋间外肌上举肋骨以扩大胸廓。胸式呼吸时,只有肺的上半部肺泡在工作,占全肺 4/5 的中下肺叶的肺泡却在"休息"。这样长年累月地下去,中下肺叶得不到锻炼,易使肺叶老化,弹性减退,呼吸功能差,无法获得充足的氧,满足不了各组织器官对氧的需求,影响机体的新陈代谢,机体抵抗力下降,易患呼吸道疾病。尤其是秋冬季节,老年人偶感风寒易发生肺炎。肺的退行性疾病多侵犯老年人的中下肺叶,这与胸式呼吸长期造成的中下肺叶废用有着密切关系。因此,胸式呼吸不利于肺部的健康。

腹式呼吸可分为顺呼吸和逆呼吸两种,顺呼吸即吸气时轻轻扩张腹肌,在感觉舒服的前提下,尽量吸得越深越好;呼气时再将肌肉放松。逆呼吸与顺呼吸相反,即吸气时轻轻收缩腹肌,呼气时再将它放松。逆呼吸与顺呼吸的细微差别:舌尖轻轻顶住上腭。呼吸只涉及下腹部肌肉,即紧靠肚脐下方的耻骨区。吸气时轻轻收缩这一部位的肌肉,呼气时放松。呼吸在这种方式下会变得轻缓,只占用肺容量的一半左右。

腹式呼吸能够增加膈肌的活动范围,而膈肌的运动直接影响肺的通气量。研究证明,膈肌每下降 1 cm,肺通气量可增加 $250 \sim 300$ mL。坚持腹式呼吸半年,可使膈肌活动范围增加 4 cm。这对于肺功能的改善大有好处,是老年性肺气肿及其他肺通气障碍的重要康复手段之一。

腹式呼吸的益处:①扩大肺活量,改善心肺功能。能使胸廓得到最大限度的扩张,使肺下部的肺泡得以伸缩,让更多的氧气进入肺部。②减少肺部感染,尤其是降低患肺炎的可能。③改善腹部脏器的功能。它能改善脾胃功能,有利于舒肝利胆,促进胆汁分泌。④通过降腹压而降血压。⑤对安神益智也有一定益处。

(二)呼吸的方法

体育锻炼能够全面增强体质,促进呼吸肌的发展,增强心肺功能。从生理学角度来讲,人体的呼吸运动是一种随意运动。在中枢神经系统的支配下,人们可以有意识地控制呼吸的节奏,调节呼吸的深度和改变呼吸的方式,从而使机体保持良好的运动状态。健身运动中不但要注意改进技术动作,提高身体某些专项素质能力,也应该掌握正确的呼吸方法。

1. 注意口鼻同时呼吸

人体在安静状态和轻微活动状态下,对氧的需要较少,单单用鼻呼吸就可以得到满足,而且也符合卫生要求。但在剧烈运动时,人体对氧的需求较安静时增长了几倍甚至几十倍,此时如果仍用鼻呼吸,从外界摄取的氧量远远跟不上机体运动的需要,因而改为口鼻同时呼吸。这样机体就容易从外界摄取更多的氧,又能减少呼吸肌的负担,保证运动技术的完成。因此,在剧烈运动中特别是较长时间的紧张运动时,要强调口鼻同时参与呼吸。

2. 注意呼吸深度

少年儿童呼吸机能较弱,在运动中一般表现为呼吸频率快而呼吸深度浅。他们往往不善于掌握正确的呼吸,不注意呼吸的深度,在较长时间的紧张运动中,就会出现呼吸表浅而急促,影响了肺的换气量,胸部胀满难受,透气困难,影响运动成绩。然而,加大呼吸深度,特别是深呼气有利于最大限度地满足机体对氧的需要,提高锻炼效果。

3. 注意呼吸与动作的配合

耐久跑的呼吸节奏一般是两步一呼,两步一吸,或三步一个呼吸周期,并保持呼吸的深度和均匀,这样就容易跑得较为轻松;铅球投掷中通过适当憋气而最后用力,并在器材出手时采用爆发式呼气,其效果较不憋气要好;徒手操锻炼中,凡扩胸、伸展、两臂上举的动作,一般胸廓扩大,肺内压降低,此时应配合以吸气,而与其相反的动作,则配合以呼气。这样做有利于机体运动和呼吸机能合理地协调发展。

三、吸烟与肺

(一)香烟的危害物质

吸烟危害健康已是众所周知的事实。不同的香烟点燃时所释放的化学物质有所不同,一般至少含有 4 000 种有害物质,其中主要包括焦油和一氧化碳等化学物质。香烟点燃后产生对人体有害的物质大致分为六大类:

(1)醛类、氮化物、烯烃类。这些物质对呼吸道有刺激作用。

(2)尼古丁类。可刺激交感神经,让吸烟者形成依赖。

(3)胺类、氰化物和重金属。这些均属毒性物质。

(4)苯丙芘、砷、镉、甲基肼、氨基酚、其他放射性物质。这些物质均有致癌作用。

(5)酚类化合物和甲醛等。这些物质具有加速癌变的作用。

(6)一氧化碳。一氧化碳能减低红细胞将氧输送到全身的能力。

(二)吸烟对呼吸系统的影响

吸烟时,香烟烟雾大部分吸入肺内,小部分与唾液一起进入消化道。而一部分有害物质停留在肺内,另一部分进入血液,流向全身。因此,吸烟对机体的危害,肺首当其冲(吸烟前后肺的变化对比见图 2-16)。吸烟易引起的肺部疾病有慢性支气管炎、肺气肿、慢性阻塞性肺疾病和肺癌等。2012 年,世界卫生组织宣布全世界每年约有 500 万人死于吸烟,其致死人数已超过结核病、艾滋病和疟疾致死人数的总和。

1.吸烟是慢性支气管炎、肺气肿和慢性阻塞性肺疾病的主要诱因

吸烟者患慢性支气管炎较不吸烟者高 2~4 倍,且与吸烟量和吸烟时间成正比。此外,慢性支气管炎及肺气肿总死亡人数的 75% 与吸烟有关。因长期吸烟可使支气管黏膜的纤毛受损、变短,从而影响纤毛的清除功能。此外,黏膜下的腺体增生、肥大,黏液分泌增多,成分也出现改变,从而痰液增加并变得黏稠,因此,容易阻塞细支气管,使患者出现慢性咳嗽、咯痰和活动时呼吸困难。另外在狗实验中,接触大量的烟尘可引起肺气肿性改变。可能是由于烟粒及有害气体的刺激,激活了呼吸道中单核巨噬细胞系统,使嗜中性粒细胞在肺内聚集活化,并释放出大量的毒性氧自由基和各种蛋白水解酶,作用于肺的弹性蛋白、多黏蛋白、基底膜和胶原纤维等肺组织,导致肺泡壁间隔破坏和间质纤维化,最终出现肺气肿的改变。临床上表现为慢性咳嗽、咳痰、呼吸困难逐渐加重。疾病常反复发作,导致患者肺功能呈进行性恶化,影响患者正常活动,并出现长期慢性缺氧(长期慢性缺氧可能会出现注意力不集中、记忆力和智力减退、定向力障碍、头痛、嗜睡、烦躁等表现),严重影响患者生活质量。肺功能检查中出现呼吸道阻塞、肺功能降低及动脉血氧分压下降。即使年轻的无症状的吸烟者也有轻度肺功能减退。

2.肺癌

肺癌是吸烟引起的另一个严重的疾病。在我国患肺癌的病因中,男性有 70%~80% 归因于吸烟,而女性约 30% 归因于吸烟与被动吸烟。在发达国家中,肺癌死亡人数的 85% 与吸烟有关。如果每天平均吸烟 20 支,吸烟 20 年的烟民患肺癌的危险比不吸烟者高 20 倍。年龄小于 20 岁即开始吸烟者,死于肺癌的人数比不吸烟者高 28 倍。美国医学研究人员的研究报告指出,被动吸烟即俗称的"吸二手烟"比原先外界所知道的还要危险。一些与吸烟者共同生活的女性,患肺癌的概率比常人多出 6 倍。以前人们把肺癌的高危人群年龄锁定在 60~65 岁以上,现

在每 10 年肺癌年龄前移 5 岁。现在四五十岁的女性肺癌患者也越来越多,呈现出"肺癌女性化""肺癌年轻化"的趋势,已经引起医学界的重视。

简单来说,肺癌可以分成两大类:一类是小细胞肺癌,产生于肺的内分泌细胞;另一类是非小细胞肺癌,即除小细胞肺癌的所有其他类型。早期肺癌的症状包括咳嗽、痰血、低热、胸痛、气闷等,很容易忽略。而声嘶则是晚期肺癌最常见的症状,其他症状还有面颈部水肿、气促等。肺癌的治疗方法有外科手术切除、放射线疗法及化学药物疗法等。因肺癌转移较快,且 80％以上的肺癌患者到医院就诊时已属于晚期,失去了根治的最佳时机。因此,肺癌预防胜于治疗。关于肺癌的预防之道,远离香烟与烟雾是最为明智之举。

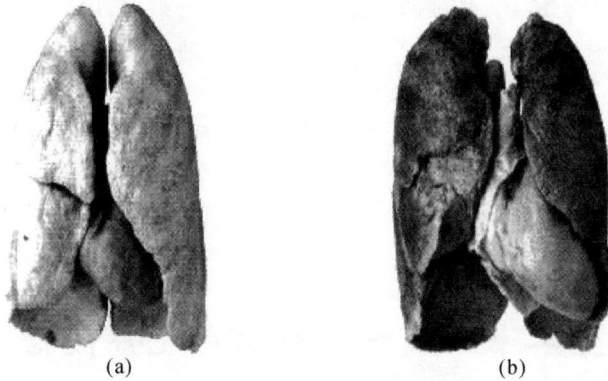

(a)   (b)

图 2-16　吸烟前后肺的对比图

(a)吸烟前的肺;　(b)吸烟后的肺

第三章 体育锻炼的物质与能量代谢

【内容提要】

众所周知,汽车运动要烧油,那么人体运动靠什么?如何利用代谢?本章系统介绍人体的物质与能量代谢、体育锻炼时供能特点与测定、部分体育锻炼项目的能量消耗以及人体消化系统、肝脏的功能与病变等理论知识,以便于锻炼者深入了解人体物质与能量代谢的机制,科学系统地安排锻炼的方式方法。

【关键词】

三大能源物质 物质代谢 能量代谢 供能系统 能量消耗 肝脏

以自然之道,养自然之身。

——欧阳修

第一节 人体的物质与能量代谢

一、人体物质与能量代谢的含义

人体的物质与能量代谢即人体的新陈代谢,它是生物最基本的特征,是生物与非生物最本质的区别。新陈代谢是活细胞中全部化学反应的总称,它包括物质代谢和能量代谢两个方面。物质代谢是指生物体与外界环境之间物质的交换和生物体内物质的转变过程。能量代谢是指生物体与外界环境之间能量的交换和生物体内能量的转变过程。在新陈代谢过程中,既有同化作用,又有异化作用。同化作用(又叫做合成代谢)是指生物体把从外界环境中获取的营养物质转变成自身的组成物质,并且储存能量的变化过程。异化作用(又叫做分解代谢)是指生物体能够把自身的一部分组成物质加以分解,释放出其中的能量,并且把分解的终产物排出体外的变化过程。

1. 物质代谢

物质代谢是指生物体与外界环境之间物质交换和生物体内物质的转变过程。人体物质代谢是指机体从外界摄取营养物质,经消化吸收和利用,转变为自身的组成成分,同时将代谢产物排出体外的过程。人体运动的物质代谢结构主要包括消化系统、呼吸系统、泌尿系统和脉管系统。其中,消化系统摄取、消化、吸收营养物质,排出食物残渣;呼吸系统摄取氧、排出二氧化碳;泌尿系统产生并排出尿液;脉管系统则起到运送营养物质、氧和代谢产物的作用。人体在运动过程中,物质代谢等加强。由于有这些结构保证,人体运动得以正常进行。

2. 能量代谢

能量代谢是指生物体与外界环境之间能量的交换和生物体内能量的转变过程。人体能量代谢是指体内能量的释放、转移和利用的全过程。

人活着要不断地从外界摄取营养物质,在体内经过分解,将其中蕴藏的化学能释放出来,转化成能为组织、细胞直接利用的能源;人体利用这些能源维持各种生命活动,如自身结构的合成、呼吸、心跳、肌肉运动等。人体内这种能量的释放、转移和利用过程称为能量代谢。

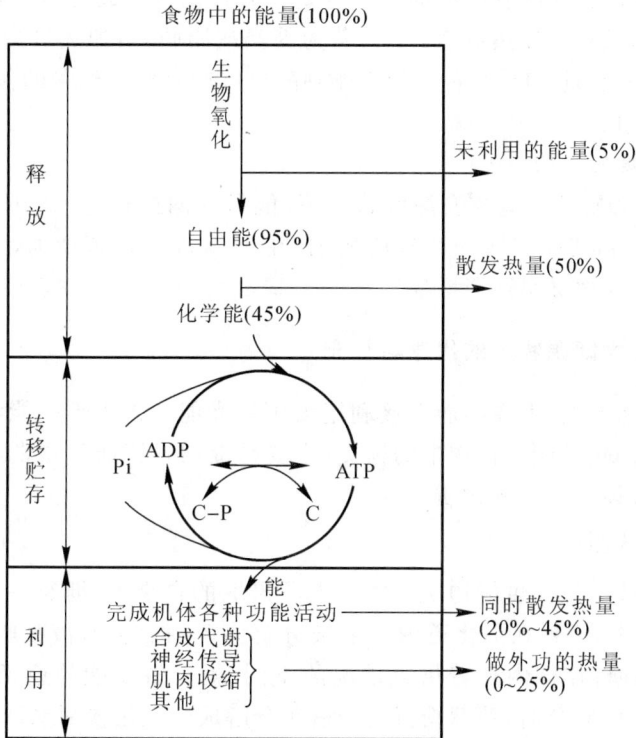

图 3-1　人体能量代谢

C:肌酸　Pi:无机磷酸　C-P:磷酸肌酸

二、影响人体能量代谢的因素

1. 肌肉活动的影响

肌肉活动对能量代谢的影响最为显著。肌肉任何轻微的活动都可提高机体代谢率。剧烈运动或强体力劳动可使机体产热量超过安静时很多倍。在肌肉活动停止后的一段时间内，能量代谢仍保持较高水平，而后才逐渐恢复到正常。

2. 精神活动的影响

人在安静思考问题时，能量代谢受到的影响并不大，产热量增加一般不超过4％；但在精神处于紧张状态时，如烦恼、恐惧或情绪激动时，由于随之而出现的无意识的肌紧张加强，虽无明显的肌肉活动，但产热量已明显增多。

3. 食物的特殊动力作用

人在进食后的一段时间内(从食后 1h 开始，延续 7～8h)，机体虽然处于安静状态，但产热量比进食前有所增加。饭后 2～3h 代谢率升高达最大值。若膳食全部是蛋白质，则额外增加热达 30％；若为糖类或脂肪，增加热量为 4％～6％；混合食物可增加产热量 10％左右。食物能刺激机体产生额外热量的作用，称为食物的特殊动力作用。

4. 环境温度的影响

人在 20～30℃的环境及安静的状态下，能量代谢最稳定。实验证明，当环境温度低于 20℃时，代谢率即开始有所增加，在 10℃以下显著增加，当环境温度为30～40℃时，代谢率又会逐渐增加。

三、人体三大能源物质的代谢与补充

与绿色植物不同，人体不能直接利用太阳的光能。人体唯一能够利用的就是食物中所蕴藏的化学能。食物中的糖类(主要是淀粉)、脂肪和蛋白质是机体能量的来源，称为人体三大能源物质。

(一)糖类代谢

糖类是人体的主要供能物质。中国人所摄取的食物中，糖类一般占机体所需能量的 70％以上，多糖在消化道内一般被分解为单糖后被血液吸收。例如，淀粉被分解为葡萄糖，在体内随着供氧情况的不同，糖分解供能的途径也不同(见图3-2)。在氧供应充分时，葡萄糖可完全氧化分解成二氧化碳和水，释放大量能量，这种分解供能的途径称为糖的有氧氧化；在氧供应不足时，葡萄糖只分解到乳酸阶段，释放的能量很少，这种供能途径称为葡萄糖的无氧酵解。在一般生理情况下，绝大多数组织有足够的氧气供应，能够通过糖的有氧氧化获得能量。但在某些情况下,如进行剧烈运动时,骨骼肌的耗氧量猛增,此时呼吸与循环功能虽大幅度增强,仍不能满足需要。因此,骨骼肌处于相对缺氧状态,它主要是依赖糖的酵解来提供能量。

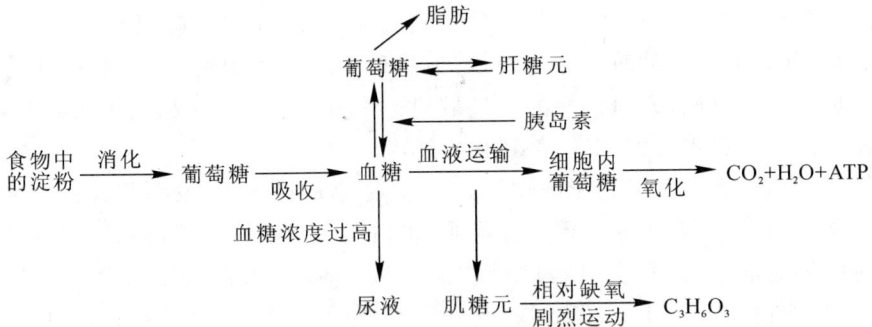

图 3-2　人体糖的代谢

(二)脂肪与蛋白质代谢

脂肪(亦称中性脂肪或甘油三酯)是体内主要的储能物质,通常储存于皮下组织、内脏器官周围、肠系膜等处。储存的脂肪在需要时可迅速分解成甘油和脂肪酸,经血液输送到各种组织以供利用(见图 3-3)。脂肪供能的特点是氧化时释放的能量多。1g 脂肪在体内氧化时所释放的能量约为 1g 糖或蛋白质氧化时释放能量的 2 倍。食物氧化时释放能量的多少可用食物的卡价来表示。在一般情况下,蛋白质的分解产物氨基酸主要用于合成自身结构,不作为主要的供能物质。

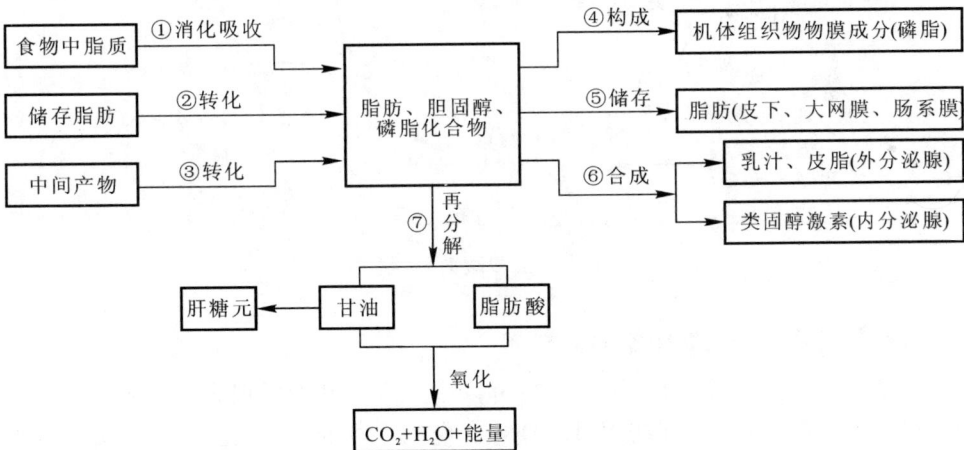

图 3-3　人体脂肪的代谢

(三)三大能源物质代谢关系

三大能源物质在体内氧化时所释放能量总量的 50% 以上迅速转化为热能,参与体温的维持。其余不足 50% 的能量暂时荷载于三磷腺苷(ATP)的高能磷酸键,而后用于各种耗能的生理活动,如各种物质的逆浓度差转运、呼吸、心跳、运动等。总的看来,除骨骼肌运动时所做功外,其他生理活动所利用的能量,最终都转化为热能。例如心脏射血、心肌消耗的能量最初转化为血流的动能和血压的势能,随血液在血管内流动克服阻力,最终都转化为热能。

糖类、脂肪、蛋白质三大能源物质在神经、激素的调控下,发挥其各自的生理功用。糖类、脂肪均是人体的重要能源物质,蛋白质在特殊情况下,亦可作为能源,氧化分解提供能量,而其氧化分解途径均需经过三羧酸循环完成(见图 3-4)。同时,三大物质在一定条件下,以三羧酸循环为枢纽可以发生互相转化,如丙酮酸、乙酰辅酶 A 等均是糖、脂肪、蛋白质相互转化的交叉点。

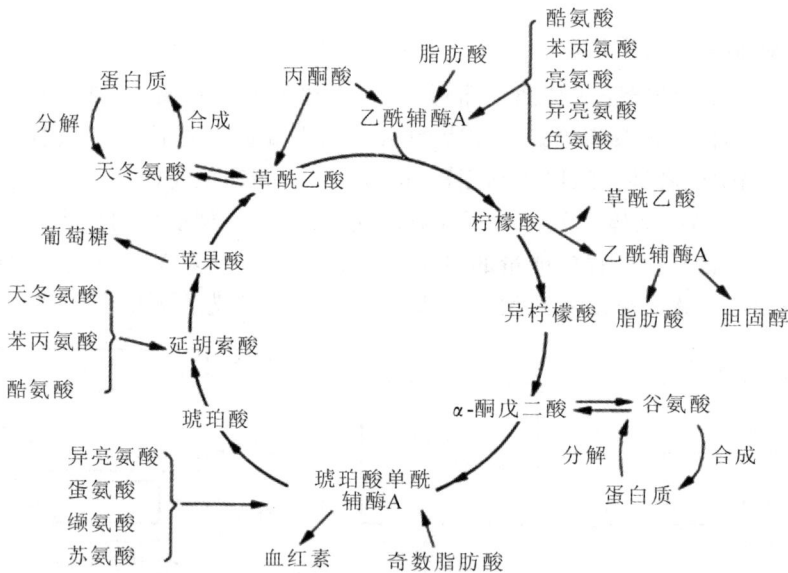

图 3-4　三羧酸循环示意图

(四)体育锻炼与比赛中糖的补充

目前一般认为,运动前 3～4h 补糖可以增加运动开始时肌糖原的储量。运动前 5min 内或运动开始时补糖效果较理想。应当注意的是,在比赛前 1h 左右不要补糖,以免因胰岛素效应反而使血糖降低。进行一次性长时间耐力运动时,以补充高糖类食物作为促力手段,需在运动前 3d 或更早些时间就进行补充。

在长时间运动中,如马拉松比赛,可以通过设立途中饮料站适量补糖。运动后补糖将有利于糖原的恢复。耐力运动员在激烈比赛或大负荷量训练期,膳食中糖类总量应占其每日能量消耗的 70%,这样才有利于糖原的恢复。

运动前或赛前补糖可采用稍高浓度的糖溶液(质量分数为 35%～40%),服用量为 40～50g 糖;运动中或赛中补糖应采用浓度较低的糖溶液(质量分数为 5%～10%),有规律地间歇补充,每 20min 补充 15～20g 糖。

四、其他营养物质的生理功用

(一)水的生理功用

人体各种营养物质的消化吸收、运输及代谢废物的排泄,均通过水溶液进行,因此,水具有维持物质代谢的作用。水的蒸发热大,比热大,可以调节体温,使人体不致因代谢产热而发生体温的明显变化。水在体内还具有润滑作用,如泪液、关节腔滑液、胸膜和腹膜浆液等均有此作用。

(二)无机盐的生理功用

无机盐的生理功用:维持细胞内外液的容量、渗透压及电中性;维持神经、肌肉的膜电位,与维持神经肌肉细胞正常兴奋性、肌肉收缩有关,使机体具有接受环境刺激和做出反应的能力;参与血液缓冲对的构成,与维持人体的酸碱平衡有关;此外,无机盐还参与人体体质构成,通过生物酶的强化或抑制,影响物质代谢过程等。

(三)维生素的生理功用

人体的维生素分为水溶性维生素和脂溶性维生素两类。其中水溶性维生素(特别是 B 族维生素)的生理功用是参与某些辅酶的组成、某些重要化学基团的转运及体内的氧化还原反应等,在物质代谢中起重要作用。脂溶性维生素的生理功用包括维持上皮细胞健全和机体正常生长发育、调节钙磷代谢、促进多种凝血因子的合成、作为抗氧化剂等重要功能。

第二节　体育锻炼供能特点及测定

一、人体三大供能系统

在人体锻炼时,三磷腺苷是人体活动的直接能源,而糖、脂肪、蛋白质等是间接能源。由于三磷腺苷在体内含量很少,远不能满足身体活动的需要,所以必须是边分解边合成。三磷腺苷再合成时所需的能量只能从间接能源中获得。运动生理学一般把能源物质按无氧供能和有氧供能分成三个系统：磷酸原系统、乳酸能系统和有氧氧化系统。

(一)磷酸原系统

磷酸原系统是由三磷腺苷和磷酸肌酸组成的系统。三磷腺苷在肌肉内的储量很少，若以最大功率输出仅能维持 2s 左右。肌肉中磷酸肌酸储量约为三磷腺苷的 3～5 倍。磷酸肌酸能以三磷腺苷分解的速度最直接地使之再合成。由于二者的化学结构都属高能磷酸化合物，故称为磷酸原系统。磷酸原系统供能的特点是，供能总量少，持续时间短，功率输出最快，不需要氧，不产生乳酸等物质。磷酸原系统是一切高功率输出运动项目的物质基础。数秒钟内要发挥最大能量输出，只能依靠磷酸原系统，如短跑、投掷、跳跃、举重等运动项目。测定磷酸原系统的功率输出，是评定高功率运动项目训练效果和训练方法的一个重要指标。

(二)乳酸能系统

乳酸能系统是指糖原或葡萄糖在细胞质内无氧分解生成乳酸过程中，再合成三磷腺苷的能量系统。其特点是，供能总量较磷酸原系统多，输出功率次之，不需要氧，产生导致疲劳的物质——乳酸。由于该系统产生乳酸，并扩散进入血液，因此，血乳酸水平是衡量乳酸能系统供能能力的最常用指标。乳酸是一种强酸，在体内聚积过多，超过了机体缓冲及耐受能力时，会破坏机体内环境酸碱度的稳态，进而又会限制糖的无氧酵解，直接影响二磷酸腺苷的再合成，导致机体疲劳。乳酸能系统供能的意义在于保证磷酸原系统最大供能后仍能维持数十秒快速供能，以应付机体的需要。该系统是 1min 以内要求高功率输出运动的物质基础。如 400m 跑、100m 游泳等。专门的无氧训练可有效提高该系统的供能能力。

(三)有氧氧化系统

有氧氧化系统是指糖、脂肪和蛋白质在细胞内（主要是线粒体内）彻底氧化成水和二氧化碳的过程中，再合成三磷腺苷的能量系统。从理论上分析，体内储存的糖特别是脂肪是不会耗尽的，故该系统供能的最大容量可认为无限大。但该系统是通过逐步氧化、逐步放能再合成三磷腺苷的，其特点是三磷腺苷生成总量很大，但生成速率很低，需要氧的参与，不产生乳酸类的副产品。因此该系统是进行长时间耐力活动的物质基础。在评定人体有氧氧化系统供能的能力时，主要考虑氧的利用率。因此，最大吸氧量和无氧阈是评定有氧工作能力的主要生理指标。

三个供能系统各有不同特点，详细对比见表 3-1。

表 3-1 **运动时人体骨骼肌的代谢能力及三种能量系统的输出功率**

能量系统		储量 mmol·kg^{-1}	可合成的 ATP 量 mmol·kg^{-1}	最大功率 mmol·kg^{-1}·s^{-1}	达最大功率的时间	极量运动时间	需氧量 mmol
磷酸原系统	ATP	25	100	11.2	少于 1s	6～8s	0
	CP	77		8.6	少于 1s		0
乳酸能系统	肌糖原	365	250(或总量 1 030)	5.2	少于 5s	2～3min	0
有氧氧化	肌糖原	365	13 000	2.7	3min	1～2h	0.167
	脂肪	49	不受限制	1.4	30min		0.177

注:(1)储量:每千克干肌肉毫摩尔数。

(2)可合成的 ATP 量是按人体 20kg 肌肉、15kg 体脂、运动员最大摄氧量为 4L·min^{-1}计算。

(3)最大功率:每千克干肌肉每秒动用 ATP 的毫摩尔数。

(4)需氧量:每生成 1 ATP 需氧量的毫摩尔数(依 Hultman 等,1990 年)。

二、运动时能源物质动用的影响因素

运动时人体内的能量供应是一个连续过程。其特点是运动强度和运动时间必须与三磷腺苷的消耗和再合成之间的速率保持匹配,否则运动就不能持续进行。

(一)持续时间的影响

在一定运动强度下,持续时间对能源物质动用的影响如图 3-5 所示。

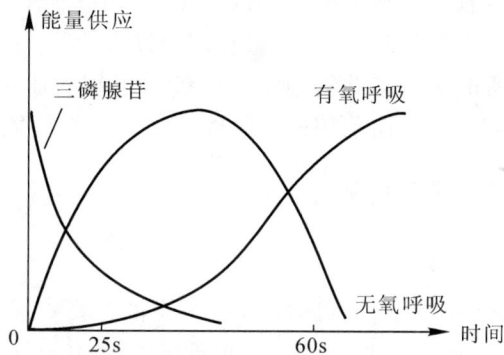

图 3-5 持续时间对能源物质动用的影响

(二)运动强度的影响

1. 极限强度运动与次极限强度运动

最大强度的运动必须启动能量输出功率最快的磷酸原系统。由于该系统供能可持续 75s 左右,因此,首先动用磷酸肌酸使三磷腺苷再合成。当达到磷酸肌酸供能极限而运动还须持续下去时,必然启动能量输出功率次之的乳酸能系统,表现为运动强度略有下降,直至运动结束。

2.递增负荷的力竭性运动

运动开始阶段,由于运动强度小,能耗速率低,有氧氧化系统能量输出能满足其需要,此时人体启动有氧氧化系统(主要是糖的氧化分解)。随着运动负荷的逐渐增大,当有氧供能达到最大输出功率时,仍不能满足由于负荷增大而对三磷腺苷的消耗时,必然导致三磷腺苷与二磷酸腺苷(ADP)比值明显下降,此时动用输出功率更大的无氧供能系统。因磷酸原系统维持时间很短,所以此时主要是乳酸能系统供能,直至力竭。

3.中低强度的长时间有氧耐力运动

该运动由于持续时间长,如马拉松,因此运动强度一定要适应最大有氧供能能力的范围。运动的前期以启动糖有氧氧化供能为主,后期随着糖的消耗程度增加而逐渐过渡到以脂肪氧化供能为主。由于脂肪氧化的耗氧量大、动员速度慢、能量输出功率小于糖有氧氧化供能等特点,故脂肪的动用只能在运动后期出现。但在后期的加速、冲刺阶段,仍动用糖来供能。

(三)训练水平的影响

训练水平对能源物质动用的影响,除技术因素外,主要表现在两个方面。

(1)能量利用的节省化。与训练水平低者比较,训练水平高者动用同一供能系统供能的能力高,表现为持续时间长、能量利用率高。

(2)体内能源物质的储量多并动用快。训练水平高者肌肉中磷酸肌酸和肌糖原含量等较训练水平低者高,而动用同一供能系统的最大供能的持续时间也较长。

三、能量代谢率的测定与意义

(一)能量代谢率的测定

机体的能量代谢率是指单位时间所消耗的能量。要直接测定糖、脂肪和蛋白质在体内氧化时释放的能量是很难的。但根据能量守恒定律,机体消耗的能量应该等于产生的热能和所做的外功之和。若机体在某一段时间内避免做外功,那么所消耗的能量就等于单位时间内产生的热能。由于人的体温是恒定的,单位时间产生的热量应该等于向外界散发的总热量,所以测定机体在一定时间内散发的总热量,便可知道机体的能量代谢率。

能量代谢率的简易测算方法:第一,测得单位时间内的耗氧量和二氧化碳产生量(以体积衡量)。第二,计算出混合食物的呼吸商(RQ),即 RQ=CO_2 的产生量/O_2 的消耗量。第三,根据呼吸商查表(见表3-2)得出混合食物的氧热价,机体在一定时间内的产热量一般是以间接测热法推算出来的。第四,产热量＝氧热价×耗氧量。第五,所求出的单位时间内的产热量即为能量代谢率。单位体表面积的能量代谢率可消除个体差异。能量代谢率的单位:kJ/m^2/h(千焦/平方米/小时),即每小时每平方米体表所散发的热量。

由表3-2可知,若机体主要以糖类氧化供能,呼吸商接近于1;若主要氧化脂肪,呼吸商接近于0.71;若主要氧化蛋白质,呼吸商应接近于0.8。在一般情况下,人体摄取的是混合食物,呼吸商常在0.82左右,而此时的氧热价为20.187 8kJ·L^{-1}。因此,人们只要测出受试者一段时间内的耗氧量,再乘以氧热价,便可得出受试者单位时间的产热量(kJ·h^{-1})。例如某受试者24h耗氧量为400L,则其产热量为400×20.187 8÷24＝336kJ·h^{-1}。

但考虑到人与人之间身高、体重、胖瘦不同,为了便于比较,能量代谢率一般用每小时每平方米体表面积的热量来表示。我国的人体表面积根据下列算式来计算:

体表面积(m^2)＝0.006 1×身高(cm)＋0.012 8×体重(kg)－0.152 9

例如,上述受试者身高170cm,体重70kg,则其体表面积为1.78m^2,其能量代谢率为189kJ/h。

表3-2　非蛋白呼吸商与氧热价对应表

非蛋白呼吸商	氧化百分比/(%)		氧热价/(kJ·L^{-1})
	糖	脂肪	
0.71	1.10	98.9	19.623 0
0.75	15.6	84.4	19.828 0
0.80	33.4	66.6	20.087 4
0.81	36.9	63.1	20.137 6
0.82	40.3	59.7	20.187 8
0.83	43.8	56.2	20.242 2
0.84	47.2	52.8	20.292 4
0.85	50.7	49.3	20.342 6
0.86	54.1	45.9	20.397 0
0.87	57.5	42.5	20.447 2

续 表

非蛋白呼吸商	氧化百分比/(%)		氧热价/(kJ·L⁻¹)
	糖	脂肪	
0.88	60.8	39.2	20.497 4
0.89	64.2	35.8	20.547 6
0.90	67.5	32.5	20.602 0
0.95	84.0	16.0	20.857 3
1.00	100.0	0.0	21.116 6

(二)运动时能耗量计算的意义

计算运动时的能耗量可以推测运动人体的能量消耗状况,从而了解运动强度和肌肉工作的机械效率,为改进运动员的营养及判断运动负荷提供科学依据。由于运动强度的剧烈程度与能耗量呈正相关,所以可用能耗量作为参数来划分运动强度。常用相对代谢率来划分。相对代谢率(RMR)是运动时能耗量与基础代谢的比值,计算公式如下:

相对代谢率(运动强度)= 运动时能耗量/基础代谢

根据相对代谢率,可把运动或体力活动的强度分为轻(小于 3 RMR)、中(3～8 RMR)和重(大于 9 RMR)三个等级。

运动强度还可以用梅脱来划分。梅脱(MET),即代谢当量比值,是指运动时的耗氧量(能耗量)与安静时的耗氧量(能耗量)的比值。1MET 与安静时的能耗量或代谢率相当。若以吸氧量表示安静时的能耗量,则 1MET 相当于 250mL·min⁻¹ 的吸氧量。2MET 相当于 2 倍安静时的氧耗量,即 500mL·min⁻¹ 的吸氧量,依此类推。若用每千克体重每分钟计算,则 1MET 等于 3.5mL·kg⁻¹·min⁻¹ 吸氧量。

(三)基础代谢率

基础代谢率是指人体在基础状态下的能量代谢率。基础状态通常规定为清晨清醒进食前(前一日晚餐后 12～14h),排除食物的特殊动力作用;平卧,排除肌肉活动的影响;环境温度在 20～25℃之间;安静。基础代谢率的测定应在清晨、空腹、静卧及清醒状态下进行,即所谓的基础状态下测得的基础代谢率。基础代谢率(BMR)用每小时每平方米体面积的产热量来表示。

基础代谢率随性别、年龄而异。通常男子的基础代谢率比女子高,儿童比成人高,壮年比老年高。运动员的基础代谢率与常人相似。但由于运动员的总热能消耗量比一般人高,基础代谢占总热能消耗的百分比减小。肌肉活动对代谢率的影响最为显著,经过一夜的睡眠休息,次日清晨的基础代谢应该是较为恒定的。基础代谢率还可作为评定运动员恢复与否的一项参考指标。

(四)食物的热价和氧热价

1.食物的热价

1g 食物完全氧化分解时所产生的热量称为食物的热价(或卡价)。食物的热价分为物理热价和生物热价。前者指食物在体外燃烧时释放的热量,后者是指在体内氧化时所产生的热能。糖和脂肪在体外燃烧与在体内氧化时释放的能量相等,因此两者的物理热价与生物热价是相等的,而蛋白质的生物热价小于它的物理热价。这是因为糖和脂肪在体内氧化与在体外燃烧所得终产物相同,都为 CO_2 和 H_2O;而蛋白质在体内不能被彻底氧化分解,其中有一部分以尿素的形式从尿液中排泄出体外。糖的热价为 17.17kJ,脂肪的热价为 39.8kJ,蛋白质的生物热价为17.99kJ,而物理热价为 23.43kJ(见表 3-3)。

2.氧热价

通常把不同营养物质在体内氧化分解过程中,每消耗 1L 氧气所产生的热量称为该物质的氧热价。由于体内的糖、脂肪和蛋白质中的碳、氢、氧等元素的比例不同,在体内彻底氧化分解时,所消耗的氧量也不同。如果同样消耗 1L 氧气,它们各自产生热量也不同。因此,不同营养物质的氧热价是不一样的。糖的氧热价为20.93kJ,脂肪的氧热价为 19.67kJ,蛋白质的氧热价为 18.84kJ(见表 3-3)。

表 3-3　三种营养物质氧化时的部分参数

营养物质	物理卡价 kJ/g	生物卡价 kJ/g	耗氧量 L/g	CO_2 产量 L/g	氧热价 kJ/L	呼吸商
糖	17.17	17.17	0.83	0.83	20.93	1.00
蛋白质	23.43	17.99	0.95	0.76	18.84	0.80
脂肪	39.8	39.8	2.03	1.43	19.67	0.71

第三节　部分锻炼项目的能量消耗

一、人体能量消耗的测量

人体能量消耗的测量方法主要有直接测热法和间接测热法。在日常生活工作中,可采用较为简便的"活动观察法"。另外,还可采用公式简易推算法来计算能量消耗。

(一)活动观察法

活动观察法是对调查对象进行 24h 的跟踪观察,详细计算各项活动的持续时间,参照各种动作能量消耗率,查算出一日的能量消耗,在此基础上再加上 15％ 的食物特殊动力作用所消耗的能量,就是一日的能量消耗量。计算一日能量消耗的平均值,可进行多日观察,然后根据各类活动在调查期间所占的时间比例,求出一日能量消耗的平均值,观察天数越多,代表性越强,偏差越小。

活动观察法虽简便易行(除秒表计时外,不需要其他设备),但要求被调查者密切配合,各项工作计时准确,偶有疏漏,便会影响计算结果,而且费时费力。

(二)公式简易推算法

公式简易推算法只需测定锻炼者或运动员的身高和体重,不需任何仪器,就可推算出人体运动时的能量消耗量。其具体公式为

能量消耗量＝(相对代谢率＋12)×(基础代谢率×体表面积÷60×运动时间)＝
$$(RMR+12)×BMR×BSA÷60×t(min)$$

其中,RMR 为相对代谢率,BMR 为基础代谢率,BSA 为体表面积,t 为时间。相对代谢率、基础代谢率、体表面积具体计算公式见本章第二节。

对于部分诸如步行、跑步、骑自行车等锻炼项目,以下依据美国运动医学会(ACSM)研究得到的各项目能量消耗简单的推算公式进行说明应用。其中,能量消耗总量包括净的运动氧耗量和维持基础代谢的氧耗量两部分。

二、步行的能量消耗

步行的能量消耗测量包括在水平面上步行、在斜坡面上步行以及对不同步速能量消耗的测量等。

(一)在水平面上步行能量消耗测量推算公式

当以 50～100m/min 的速度在水平面上步行时的能量消耗公式为

氧耗量＝$v×0.1$ mL·kg^{-1}·min^{-1}/(m·min^{-1})＋3.5 mL·kg^{-1}·min^{-1}

其中,v 为步速,单位为 m·min^{-1}。

(二)在斜坡面上步行能量消耗测量推算公式

在斜坡面上步行的氧耗量是水平面步行的氧耗量、垂直分量的氧耗量以及基础代谢氧耗量三部分的总和。研究已证明,以 1m/min 的速度进行垂直向上移动,其氧耗量为 1.8 mL·kg^{-1}·min^{-1}。垂直分量的计算是以坡度(以百分数表示)乘以移动速度(m/min)。

因此,在斜坡面上步行的氧耗量计算公式为:

$$氧耗量 = v_{水平} \times 0.1 \text{ mL} \cdot \text{kg}^{-1} \cdot \text{min}^{-1}/(\text{m} \cdot \text{min}^{-1}) + v_{垂直} \times$$
$$1.8 \text{ mL} \cdot \text{kg}^{-1} \cdot \text{min}^{-1}/(\text{m} \cdot \text{min}^{-1}) + 3.5 \text{ mL} \cdot \text{kg}^{-1} \cdot \text{min}^{-1}$$

其中，$v_{水平}$ 为水平分量速度，$v_{垂直}$ 为垂直分量速度，单位均为 $\text{m} \cdot \text{min}^{-1}$。

（三）不同速度步行时能量消耗

鉴于步行能量消耗推测公式适用范围在步行速度 $50 \sim 100\text{m/min}$ 的区间。超出该区间时，步行的氧耗量就会以曲线的方式增加。这是因为步行时不仅随速度的增加加大能耗，而且随着速度的增加能耗增加的速率也在加大的缘故。因此，可按照表 3-4 来估算步行锻炼能量消耗值。

需要提示的是无运动经历锻炼者可以通过较低的步行速度达到适当的运动量，而体质相对较好的人则可以通过提高速度来使能耗迅速增加，从而产生满意的锻炼效果。而当锻炼者的体重有所下降时，同样速度的步行能耗就降低，因此应以增加运动时间或者提高速度来弥补。

表 3-4　不同体重锻炼者在不同步行速度时的能量消耗表

单位：kJ/min

体重/kg	步行速度/(km·h⁻¹)						
	3	4	5	5.5	6.5	7	8
50.0	8.8	10.0	11.7	13.0	17.2	21.8	27.6
54.5	9.6	10.9	12.6	14.2	18.4	23.4	30.1
59.1	10.5	10.9	12.6	14.2	18.4	23.4	30.1
63.6	11.3	13.0	14.7	16.3	21.8	27.6	35.2
68.2	11.7	13.8	15.5	17.6	23.4	29.3	37.7
72.7	12.6	14.7	16.7	18.8	24.7	31.4	40.2
77.3	13.4	15.5	17.6	20.1	26.4	33.5	42.7
81.8	14.2	16.7	18.8	20.9	28.0	35.2	45.2
86.4	15.1	17.6	19.7	22.2	29.3	37.3	47.7
90.9	15.9	18.4	20.9	23.4	31.0	39.3	50.2
95.4	16.7	19.3	21.8	24.7	32.7	41.4	52.7
100	17.6	20.1	23.0	26.0	34.3	43.1	55.3

注：总能量消耗等于锻炼时间（min）与表中对应系数的乘积。

三、跑步的能量消耗

当跑步速度在 $130 \sim 350 \text{ m/min}$ 时，可以用美国运动医学会（ACSM）的推算公式来估计锻炼的氧耗量。

(一)水平面上跑步

在水平面上的跑步,其净氧耗量接近步行时的两倍。其推算公式:

氧耗量$=v\times0.2$ mL $\cdot$ kg^{-1} $\cdot$ min^{-1}/(m $\cdot$ min^{-1})$+3.5$ mL $\cdot$ kg^{-1} $\cdot$ min^{-1}

其中,v 为步速,单位为 m $\cdot$ min^{-1}。

需强调的是,该公式的适用对象是普通人群,训练有素的运动员在跑时与普通人相比,会出现能量节省化现象。

(二)在斜坡面上跑步

美国运动医学会基于上坡跑步的氧耗量大约是步行上坡的一半而得出上坡跑步的推算公式:

氧耗量$=v_{水平}\times0.2$ mL $\cdot$ kg^{-1} $\cdot$ min^{-1}/(m $\cdot$ min^{-1})$+v_{垂直}\times$

0.9 mL $\cdot$ kg^{-1} $\cdot$ min^{-1}/(m $\cdot$ min^{-1})$+3.5$ mL $\cdot$ kg^{-1} $\cdot$ min^{-1}

其中,$v_{水平}$ 为水平分量跑速,$v_{垂直}$ 为垂直分量跑速,单位均为 m $\cdot$ min^{-1},上坡跑的垂直分量跑速等于坡度乘以跑的速度。

上坡跑步较之步行上坡氧耗量减少是由于奔跑时的腾空动作在一定程度上抵消了上坡的负荷,从而使垂直工作的净氧耗量降低。不同坡度和不同跑速时的能量消耗值见表 3-5。

表 3-5　不同速度和坡度跑步时的能量消耗　　单位:kJ/min

坡度/(°)	跑步速度/(m $\cdot$ min^{-1})							
	80	107	134	161	188	215	241	268
0	23.4	29.7	36.4	42.7	49.0	55.7	62.0	68.2
1	24.3	31.0	37.7	44.4	51.1	57.8	64.5	71.2
2	25.1	32.2	38.9	46.0	53.2	60.3	67.0	74.1
3	26.0	33.1	41.6	47.7	55.3	62.4	69.5	77.0
4	26.8	34.3	41.9	49.8	57.3	64.9	72.4	80.0
5	27.6	35.6	43.5	51.5	59.4	67.4	74.9	82.9
6	28.5	36.8	44.8	53.2	61.1	69.5	77.4	85.4
7	29.3	37.7	46.0	54.8	63.2	71.6	80.0	88.3
8	30.1	38.9	47.7	56.5	65.3	74.1	82.5	91.3
9	31.0	40.2	49.0	58.2	67.4	76.6	85.0	94.2
10	31.8	41.4	50.7	59.9	69.5	78.7	87.9	97.1

(三)不同跑速的能量消耗

随着跑速的增加,能量消耗也接近线性增加。不同体重锻炼者不同跑速时的能量消耗见表 3-6。

表 3-6　不同体重锻炼者不同跑速时的能量消耗　　单位:kJ/min

体重/kg	跑步速度/(m·min⁻¹)							
	80	107	134	161	188	215	241	268
50.0	19.7	24.7	30.1	35.6	41.0	46.5	51.5	56.9
54.5	21.3	26.8	33.1	38.9	44.4	50.7	56.1	62.0
59.1	23.0	29.3	36.0	41.9	48.1	54.8	61.6	67.4
63.6	24.7	31.4	38.5	45.2	51.9	59.0	65.7	72.4
68.2	26.8	33.9	41.4	48.6	55.7	63.2	70.3	77.4
72.7	28.5	36.0	44.0	51.9	59.4	67.4	74.9	82.9
77.3	30.1	38.1	46.9	54.8	63.2	71.6	80.0	87.9
81.8	31.8	40.6	49.4	58.2	66.6	75.8	84.6	92.9
86.4	33.9	42.7	52.3	61.5	70.3	80.0	89.2	98.4
90.9	35.6	45.2	55.3	64.3	74.1	84.1	93.8	103.4
95.4	37.3	47.3	57.8	67.8	77.9	88.3	98.4	108.4
100	38.9	49.4	60.7	71.2	81.6	92.9	103.4	113.9

注:总能量消耗等于锻炼时间(min)与表中对应系数的乘积。

四、骑自行车能量消耗

由于骑自行车时人体没有直接接触地面,因此相对于跑步,骑自行车能够在完成同样能量消耗时使髋、膝、踝关节受到较少的损伤。骑自行车锻炼负荷主要是由轮子的阻力和蹬踏板的转速决定的,不同体型的人在骑自行车完成同样运动量的时候其氧耗量几乎相同。因此,完成相同运动量时体重较轻者的相对氧耗量或梅脱值更高。

研究认为,进行 1kPa·m(千帕米)负荷运动时的氧耗量为 1.8mL。在骑自行车时,克服自行车各部分的摩擦阻力还需要消耗一部分能量,大约为运动能耗的 10%,因此计为 0.2mL/(kPa·m)。故自行车测功计运动时对车轮施加 1kg 的阻力引起总的能量消耗计为 2.0mL/(kPa·m)。

在美国运动医学会的计算公式中,坐在自行车测功计上(即静息时)的氧耗量预设为 3.5mL/kg/min。当负荷量在 150~1 200kPa·m/min 时,通过负荷量估算氧耗量的公式如下:

氧耗量(mL/min)=负荷量(kPa·m/min)×2mL/(kPa·m)+3.5mL/kg/min×体重

或

氧耗量(mL/min)=负荷量(W)×12mL/W+3.5mL/kg/min×体重

第四节　人体消化系统和肝脏

一、人体的消化系统

消化系统由消化管和消化腺两大部分组成(见图3-6)。消化管主要包括口腔、咽、食管、胃、小肠(十二指肠、空肠、回肠)和大肠(盲肠、结肠、直肠)等。口腔到十二指肠的管道又称上消化道,空肠以下的管道又称下消化道,习惯上人们将食管至肛门的部分称为胃肠道。消化腺主要包括肝、胰和三对唾液腺(腮腺、下颌下腺、舌下腺)。

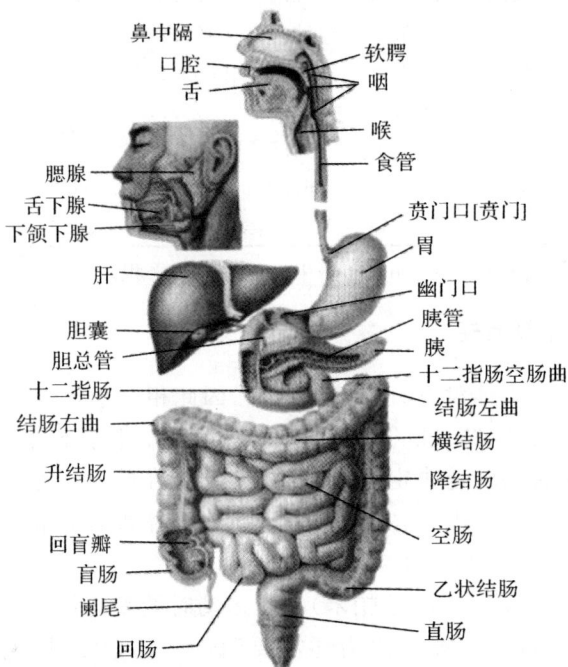

图3-6　人体消化系统

消化系统的主要功能是消化食物,即摄取和消化、吸收食物中的营养,为机体提供能量、构筑细胞和组织,最后排出食物残渣(粪便)。此外,口腔、咽等还与呼吸、发音和语言活动有关。

二、肝脏的功能

肝脏是人体内最大的腺体,也是人体新陈代谢的重要器官,是人体内的一个巨大的能源物质加工厂(见图 3-7)。肝脏的功能多样,除能分泌胆汁促进脂肪的消化吸收外,还具有参与多种物质的合成、分解与转化、解毒、吞噬防御以及胚胎时期造血等功能(见图 3-8)。

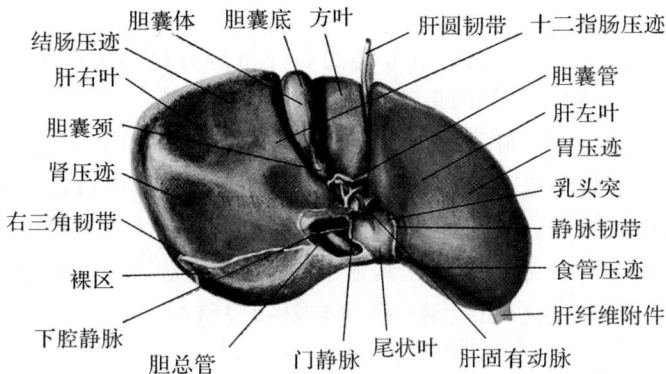

图 3-7 人体的肝脏下面观

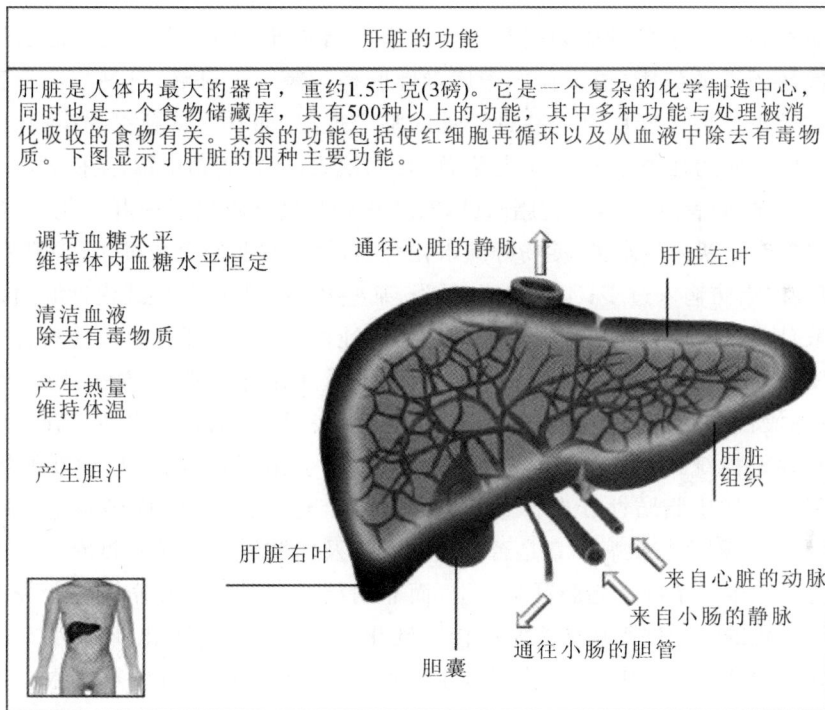

肝脏的功能

肝脏是人体内最大的器官, 重约1.5千克(3磅)。它是一个复杂的化学制造中心,同时也是一个食物储藏库,具有500种以上的功能, 其中多种功能与处理被消化吸收的食物有关。 其余的功能包括使红细胞再循环以及从血液中除去有毒物质。下图显示了肝脏的四种主要功能。

调节血糖水平
维持体内血糖水平恒定

清洁血液
除去有毒物质

产生热量
维持体温

产生胆汁

图 3-8 肝脏的功能示意图

(1)肝脏在糖类代谢中占有重要的地位,在肝脏中葡萄糖和糖原可以相互转化;从小肠吸收的其他单糖(如果糖、半乳糖等)可以转化为葡萄糖;脂肪和蛋白质代谢过程产生的某些非糖物质也可转化为糖类,其中最重要的是通过控制血糖和糖原间的转化,维持血糖含量的相对稳定。

(2)在脂类代谢中的作用:肝脏分泌的胆汁可以促进脂类的消化和吸收,此外肝脏还是合成磷脂、胆固醇等的重要场所。

(3)在蛋白质代谢中,肝脏对于蛋白质的分解和合成过程都起着重要的作用。人体的一般组织细胞都能合成自己的蛋白质,但肝脏除合成自己的蛋白质外还能合成大部分的血浆蛋白。据估计,肝脏合成的蛋白质总量占全身合成蛋白质总量的40%以上。肝脏中氨基酸代谢比其他组织活跃,这是因为肝脏中含有丰富的氨基酸代谢酶类,肝脏是蛋白质代谢中负责转氨和脱氨的器官。

三、肝脏的病变

(一)脂肪肝

脂肪肝是指由于各种原因引起的肝细胞内脂肪堆积过多的病变。脂肪性肝病正严重威胁国人的健康,成为仅次于病毒性肝炎的第二大肝病,已被公认为隐蔽性肝硬化的常见原因。脂肪肝是一种常见的临床现象,而非一种独立的疾病。

脂肪肝形成的几类原因:①酒是祸首,长期饮酒,导致酒精中毒,致使肝内脂肪氧化减少,慢性嗜酒者近60%发生脂肪肝,20%～30%最终将发展为肝硬化;②长期摄入高脂饮食或长期大量吃糖、淀粉等碳水化合物,使肝脏脂肪合成过多;③肥胖,缺乏运动,使肝内脂肪输入过多;④糖尿病、肝炎、某些药物引起的急性或慢性肝损害。

一般认为,脂肪肝有以下病变过程。①单纯性脂肪肝:肝脏的病变只表现为肝细胞的脂肪变性,根据肝细胞脂变范围将脂肪肝分为弥漫性脂肪肝、局灶性脂肪肝,以及弥漫性脂肪肝伴正常肝岛。②脂肪性肝炎:肝细胞脂肪变性基础上发生的肝细胞炎症。据统计,长期大量嗜酒者40%左右会出现这种情况,而非酒精性脂肪肝一般很少发生脂肪性肝炎。③脂肪性肝纤维化:在肝细胞周围发生了纤维化改变,纤维化的程度与致病因素是否持续存在以及脂肪肝的严重程度有关。酒精性肝纤维化可发生在单纯性脂肪肝基础上,而非酒精性则是发生在脂肪性肝炎的基础上。肝纤维化继续发展则病变为脂肪性肝硬化。④脂肪性肝硬化:脂肪肝病情逐渐发展到晚期的结果。近年来,随着酒精性肝病和非酒精性肝病的增多,脂肪性肝硬化已占到中国肝硬化病因的第二位(第一位是病毒性肝炎及肝硬化)。在酒精性肝炎中肝硬化的发生率为50%以上,少部分非酒精性脂肪肝也会发展成为肝硬化。

(二)肝硬化

肝硬化是一种常见的慢性肝病,可由一种或多种原因引起肝脏损害。肝脏呈进行性、弥漫性、纤维性病变。具体表现为肝细胞弥漫性变性坏死,继而出现纤维组织增生和肝细胞结节状再生,这三种改变反复交错进行,造成肝小叶结构和血液循环途径逐渐被改建,使肝变形、变硬而导致肝硬化。该病早期无明显症状,后期则出现一系列不同程度的门静脉高压和肝功能障碍,直至出现上消化道出血、肝性脑病等并发症死亡。

由于早期肝硬化在临床上无任何特异性的症状和体征,故其处于亚临床的病理变化阶段,但有部分病人可能全身会有如下症状:乏力、易疲倦、体力减退。少数病人可出现脸部色素沉着。另外,出现慢性消化不良病症也是早期肝硬化的预兆。慢性消化不良症状:食欲减退、腹胀或伴便秘、腹泻或肝区隐痛,劳累后明显。体征:少数病人可见蜘蛛痣,肝脏轻度到中度肿大,多见于酒精性肝硬化患者,一般无压痛。脾脏可正常或轻度肿大。上述临床表现常易与原有慢性肝病相混淆或不引起病人的重视。

(三)肝癌

肝癌是指发生于肝脏的恶性肿瘤,包括原发性肝癌和转移性肝癌两种,人们日常说的肝癌多指的是原发性肝癌。原发性肝癌是临床上最常见的恶性肿瘤之一,根据 2010 年统计,全世界每年新发肝癌患者约 60 万,居恶性肿瘤的第五位。原发性肝癌按细胞分型可分为肝细胞型肝癌、胆管细胞型肝癌及混合型肝癌。

总之,肝脏是人体重要的脏器。保护肝脏要从养肝、护肝做起。即使患有肝病,也不要滥用各种药物,这是因为肝脏是人体重要的转化毒素、排除废物的器官,滥用各类药物会进一步加重肝脏的转化和排毒负担,达不到治病的效果不说,反而对肝脏更加不利。预防和治疗肝病最重要的就是要注意饮食方面的营养均衡,淀粉类、豆乳类、肉禽类、蔬菜类等各方面营养一定要搭配合理,只有保证合理的膳食,才能充分保证人体营养的平衡,促进肝病的预防和恢复。

第四章　体育锻炼与身体成分

【内容提要】

随着现代社会生活水平及现代化程度的提高,营养过剩以及静态生活方式使肥胖急剧发展。肥胖是"现代文明病"的温床,作为影响肥胖的体育锻炼和营养两大因素又是分不开的,古语有三分练七分吃,这说明供给与消耗有着科学的关系。

本章全面介绍身体成分、体脂、科学营养相关理论,以求促进锻炼者自身的身体成分理论与实践水平,在体育锻炼定量消耗能量的基础上,科学锻炼,合理营养,保持适度的体重,最大限度预防过瘦或过胖体重的发生。

【关键词】

身体成分　体脂百分比　身体质量指数　脂肪　腰臀比　营养素　合理营养

每日频行,必身轻目明,筋节血脉调畅,饮食易消,无所雍滞。

——《养生要录》

第一节　身体成分概论

一、身体成分的概念及影响因素

(一)身体成分的概念

人体是由骨骼、关节、肌肉、韧带、脂肪等组织及内脏器官组成的。身体成分就是组成人体各组织、器官的总成分。体重是这些组织质量的总和。从健康的角度可以把体重分为脂肪体重(体脂)和去脂体重(瘦体重)。简要地说,身体成分是身体的脂肪与瘦体重的组合比例。体重中非脂肪的体重称为瘦体重。瘦体重包括了肌肉、骨骼、内脏、血液及皮肤等质量。

身体成分通常以体脂百分比表示,即身体脂肪质量占总体重的百分比。体脂百分比＝体脂质量/体重×100%。体脂百分比因年龄和性别而有所不同。研究表明,儿童少年体脂百分比较低,随着年龄的增长,体脂百分比有不同程度的提高。

新生儿约占体重的 10％；成年早期身材细长的男性占体重的 10％左右，而同样身材的女性则占体重的 15％左右；30 岁正常男性约占 15％，女性约占 22％。

(二)身体成分的影响因素

(1)性别、年龄：通常女性脂肪含量高于男性。成人、中年人比青少年和老人更易出现肥胖。随年龄增加瘦体重下降，而体脂增加。

(2)摄食成分和能量摄入量：高脂肪、高糖膳食以及过度进食可造成体重和体脂增加。

(3)安静代谢率和食物生热效率：安静代谢率低或摄入能量生热效率低容易发生肥胖。

(4)体力活动水平：体力活动水平低易导致肥胖。

(5)脂氧化：安静代谢时如果氧化糖供能的比例高，氧化脂肪供能的比例低，就容易导致体脂量和体重增加。

(6)脂蛋白酯酶活性：脂蛋白酯酶活性高，脂肪的合成过程就增强。有研究发现，肥胖者脂肪组织中脂蛋白酯酶活性高，降体重后仍保持高水平。这可能是一些肥胖者停止减肥后体重回升的原因之一。

(7)睡眠时间：正常人体重与睡眠时间呈正相关。

(8)社会和行为因素的差异：肥胖与家庭条件、社会经济地位、朋友范围、业余活动形式、看电视时间、抽烟习惯、酒精摄入量等有关。

(9)遗传基因：主要影响能量平衡，尤其影响能量消耗的方式、过剩能量以脂肪形式储存过程、脂和糖氧化的相对比例。

另外，身体过瘦的原因除遗传因素外，还与进食过少而导致营养不良、消化系统出现问题继而引起吸收能力欠佳、内分泌系统失调，最终导致食欲过低或脂肪在身体储存出现问题有关。因此，身体成分是由多种因素决定的。

二、身体成分的测量与评定

(一)身体成分的测量

随着现代科技的进步，测量身体成分的方法较多，其中水下称重法和皮褶厚度推算法是最常用的测量身体成分的方法。水下称重法精确但复杂。皮褶厚度推算法是通过测定皮褶厚度来推算体脂的含量，体脂可通过皮下脂肪来估计，该方法简便但精度较低。

1.水下称重法

(1)求出人体的身体密度：人体脂肪的密度大约为 0.9g/cm^3，非脂肪成分的密度为1.1g/cm^3。知道身体密度就能推算出体重中脂肪与瘦体重所占的比例,身体的密度是由体重与体积计算出来的。体积的测定方法采用水下体重称量法,根据阿基米德定律,测定受试者体重及水下体重,就能算出人的身体密度。但是,这种方法求得的体积是表面体积,因而要测定肺中的余气量作补充校正,将表面体积减去余气量,才能算出体积。用此法推算身体密度的公式:身体密度=体重/[(体重—水下体重)/测定水温下水的密度— 余气量],其中余气量(RV)是最大呼气后肺中残留的气量,可用肺活量(VC)来推算,成年男子:$RV=0.24 \times VC$,成年女子:$RV=0.28 \times VC$,青年男子:$RV=0.198 \times VC$,青年女子:$RV=0.259 \times VC$。

(2)根据身体密度求出体脂和瘦体重:身体密度推算脂肪百分比的公式较多,国际上比较公认和推广应用的是 Brozek 公式:脂肪百分比=(4.570/身体密度—4.142)×100%。再从求出的脂肪百分比推算脂肪量和瘦体重:脂肪量=体重×身体脂肪百分比。瘦体重=体重—脂肪量。

2.皮褶厚度推算法

测量皮褶厚度的仪器称皮褶测定仪(或皮褶厚度计),利用这种测量仪只是测量皮褶的厚度。最常用的简易测定法是测量身体两点(背部及上臂部)的皮褶厚度,背部测量部位在右肩胛骨下角的下方,上臂部测量右上臂肩峰点至桡骨头连线的中点肱三头肌肌腹处。将上述两点皮褶厚度(单位:mm)相加作为 x,然后按受试者年龄、性别查下表计算其身体密度(见表 4-1)。再依 Brozek 公式推算体脂百分比。

表 4-1 推测身体密度的回归方程式

年　龄	男　子	女　子
9～11 岁	$D=1.087\ 9-0.001\ 51x$	$D=1.079\ 4-0.001\ 42x$
12～14 岁	$D=1.086\ 8-0.001\ 33x$	$D=1.08\ 88-0.001\ 53x$
15～18 岁	$D=1.097\ 7-0.001\ 46x$	$D=1.093\ 1-0.001\ 60x$
成人	$D=1.091\ 3-0.001\ 16x$	$D=1.089\ 7-0.001\ 33x$

注:D 为身体密度。

(二)身体成分的评定

依据测定的体脂百分比,可通过一定的标准来评定身体成分(见表 4-2)。

表 4－2 体脂百分比评定标准

等 级	男性/(%)	女性/(%)
脂肪非常少:瘦	7.0～9.9	14.0～16.9
脂肪少:健美	10.0～12.9	17.0～19.9
脂肪适中:正常	13.0～16.9	20.0～23.9
脂肪略多:略肥	17.0～19.9	24.0～26.9
脂肪很多:肥胖	20.0～24.9	27.0～29.9
脂肪极多:巨肥	25.0 或以上	30.0 或以上

在实际评定中,依据身高、体重可以估算身体的充实程度。世界卫生组织计算标准体重的方法为,男性:(身高－80)×70%＝标准体重;女性:(身高－70)×60%＝标准体重(身高单位:cm,体重单位:kg)。标准体重正负 10% 为正常体重,标准体重正负 10%～20% 为体重过重或过轻,标准体重正负 20% 以上为肥胖或营养不良。

2008 年香港学者沈剑威、阮伯仁编著的《体适能基础理论》中,还基于骨骼类型,划分出不同骨骼类型人体的身高标准体重。具体方法:首先以惯用手的腕围(手腕最窄处的圆周长)测量值来决定骨骼类型(见表 4－3),然后在所属的骨骼类型栏内,依照性别与身高找出自己的理想体重范围(见表 4－4,表 4－5)。

表 4－3 不同骨骼类型人体的理想体重标准

	男 性	女 性
小骨骼型	16.5cm 以下	13.9cm 以下
中骨骼型	16.5～17.7cm	13.9～16.5cm
大骨骼型	17.7cm 以上	16.5cm 以上

表 4－4 不同骨骼类型男性理想体重标准

高度/m	小骨骼型/kg	中骨骼型/kg	大骨骼型/kg
1.625	54.9～58.5	57.6～63	61.2～68.9
1.650	56.2～60.3	59～64.9	62.6～70.8
1.675	58.1～62.1	60.8～66.7	61.4～73
1.700	59.9～64	63.6～68.9	66.7～75.3
1.725	617～65.8	64.4～70.8	68.5～77.1
1.750	63.5～68	66.2～72.6	70.3～78.9
1.775	65.3～69.9	68～74.8	72.1～81.2
1.800	67.1～71.7	69.9～77.1	74.4～83.5
1.825	68.9～73.5	71.7～79.1	70.8～85.7

表 4-5　不同骨骼类型女性理想体重标准

高度/m	小骨骼型/kg	中骨骼型/kg	大骨骼型/kg
1.500	44.9~48.5	47.2~52.6	50.8~58.1
1.525	46.3~49.9	48.5~54	52.2~59.4
1.550	47.6~51.3	49.9~55.3	53.5~60.8
1.575	49~52.6	51.3~57.2	54.9~62.6
1.600	50.3~54	52.6~59	56.7~64.4
1.625	57.7~55.8	54.4~61.2	53.5~66.2
1.650	53.5~57.6	56.2~63	60.3~68
1.675	55.3~59.4	58.1~64.9	62.1~69.9
1.700	57.2~61.2	59.9~66.7	64~71.1

另外,身体质量指数也是广泛应用于评价体重的指标。身体质量指数(BMI)=体重(kg)/身高^2(m^2)。成人的BMI数值评定标准为:男性BMI数值低于20为过轻,20~25为适中,26~30为过重,30~35为肥胖,高于35为非常肥胖。女性标准在男性基础上减1进行评定。

中国成年人身体质量指数标准见表4-6。

表 4-6　成年人身体质量指数标准

体重类型	身体质量指数(BMI)
轻体重	18.5以下
健康体重	18.5~24
超重	24~28
肥胖	28以上
理想	22

以上各种方法,都是以身高与体重的比例来衡量体重是否过轻或超重,但有些人士却不适用。例如,经常运动的人士,他们可能肌肉的比例较多、脂肪量很少,虽属于超重,但这是健康的;有些人士的身体质量指数或体重很理想,并无超重,但也

有可能是肌肉量远少于正常，而脂肪量却远超应有水平，虽体重理想，但却是肥胖。在脂肪与肌肉正常分布的情况下，理想体重对照表或身体质量指数都可应用。若遇上述两种情况，测量皮下脂肪的方法就较为准确。

三、体育锻炼对身体成分的影响

体育锻炼能使运动后一段时间内人体基础代谢率增高，长期、系统的体育锻炼可使饮食量增加，在锻炼过程中能增加热能消耗，从而影响身体成分。

体育锻炼能减少体脂，增加瘦体重，引起人体身体成分的变化。其中运动过程脂肪的利用受以下三种因素调节和控制：第一是运动负荷的强度和时间，高强度短时间运动时，脂肪一般都不能动用，脂肪的动用和释放有滞后时间，仅在小强度长时间的运动中动用。第二是个体训练状态，训练状态良好及训练适应后可增加对自由脂肪酸及酮体的氧化能力。第三是运动前数日内膳食中糖、脂肪的含量，如果运动前膳食中的糖比例高，则运动中肝糖原及肌糖原的供能比例相对增高。

第二节　体脂失调及控制

一、体脂失调的危害

人体的体脂应当维持在一个适度的比例，比例失调会对人体造成危害（见图4-1）。若实际体重比理想范围的下限低，便是过瘦。相反，比理想范围的上限高，便是超重。脂肪过少指储存脂肪低于必需脂肪的限度，一般男性必需脂肪是3％～5％，女性为10％～12％。长期节食、营养不良、患病会导致体内脂肪过少，进一步可能导致慢性饥饿或厌食症，最终造成营养不良、代谢紊乱和身体功能失调等，严重者可导致死亡。

体脂过高时，即当男性体脂百分比超过20％，女性超过28％（亚洲人）可以引起肥胖，并影响人体健康，使人体的工作能力降低，甚至缩短人的寿命。同时人易患以下疾病：动脉粥样硬化、高血压、冠心病、糖尿病、高脂血症、痛风、胆石症、骨关节病，同时潜伏着肺通气换气不良、抗感染能力下降的隐患。

二、脂肪的囤积部位及评价指标

人体全身都有脂肪组织，这些组织是由储存能量的脂肪细胞组成的，脂肪堆积的方式大致可分为两类：内脏堆积（脂肪附着在器官周围）和皮下堆积（80％的脂肪堆积于皮下）。而脂肪囤积的部位有常规和特殊两种（见图4-2）。

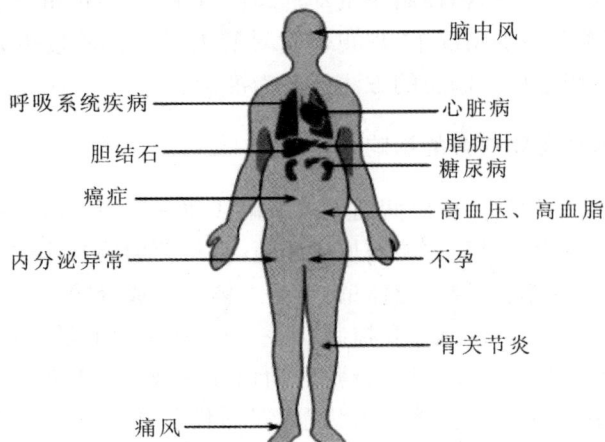

图 4-1　人体体脂失调易引起的病症

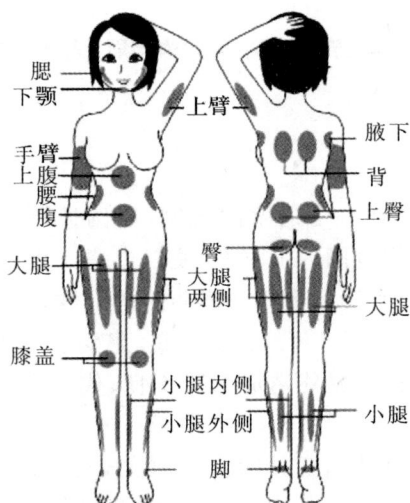

图 4-2　人体容易囤积脂肪的部位

(一)常规囤脂部位

女性:脂肪一般堆积在臀部和大腿,形成所谓的"梨形"体型。

男性:脂肪一般囤积于腹部,形成"苹果形"大肚。

这是两种主导的脂肪堆积形式,即无论在男性还是女性身上,都分别有可能形成"苹果形"或者"梨形"脂肪堆积结果。

(二)特殊囤脂部位

(1)膝盖:女性的双膝内侧往往是容易堆积脂肪的部位。

(2)上臂:对于女性,在上臂的中上部区域也是脂肪容易堆积的部位,常包括肱三头肌部位。

(3)腹部:在女性和男性身上都容易堆积脂肪的一个部位是肚脐周围的区域。这甚至也是那些苗条女性身上为数不多的藏有脂肪的地方之一。

(4)大腿内侧:大腿内侧囤积脂肪的情况在女性身上十分常见,有时也会发生在男性身上。而导致女性此处更易囤脂的原因在于女性盆骨的宽度较男性更大。

(5)大腿外侧:这个区域是最容易形成凹陷或者"棉絮"状脂肪团的地方,常被称为"马裤"。此处集中的脂肪常与大腿内侧和臀部的脂肪组织混合存在。

(6)臀部:假设臀部没有脂肪,那么人体坐下的时候一定不会舒服,因此脂肪在臀肌的折叠处囤积起来。如果臀部的大量脂肪被取掉,那么人体只能依靠适当的锻炼来预防臀部下垂到大腿现象的发生。

(7)下背部:这里的脂肪主要和臀部的脂肪合为一体。

(8)胸部:乳房组织由富含脂肪的胸腺组成。男性的胸部也有脂肪和萎缩的胸腺,即男性和女性都会在此处堆积脂肪。

一个具有参考价值的调查指出,脂肪的堆积部位因人种而异。例如,成年亚洲人比欧洲人种更倾向于内脏堆积脂肪或向心性肥胖。而地中海地区的女性则多为大腿外部肥胖。

(三)腰臀比

腰臀比(WHR)是腰围和臀围的比值,是判定中心性肥胖的重要指标。腰围是取被测者髂前上嵴和第十二肋骨下缘连线中点,水平位绕腹一周,皮尺应紧贴软组织,但不压迫,测量值精确到 0.1cm。臀围为经臀部最隆起部位测得身体水平周长。

腰臀比是预测肥胖的指标,其比值越小,说明越健康。腰臀比也是预测人体是否面临患心脏病风险的较佳方法,比目前普遍使用的测量身体质量指数(体重除以身高的平方)的方法要准确 3 倍。例如,一男子腰围为 79cm,臀围为 92cm,腰臀比＝79/92＝0.86。合理的腰臀比:男性为 0.85～0.90,女性为 0.75～0.80(见表 4-7)。

瑞典医学专家经 20 年调查 855 名男性,1 462 名女性,得出结论:无论男女,臀围明显大于腰围,不仅体态优美,且健康长寿,腰围明显大于臀围则危机四起。因为腹腔内脂肪细胞多比其他部位活跃,由于血流方向影响,会把甘油三酯和固醇带入血液,流经肝脏,肝脂遇到游离脂肪酸会加速产生低密脂蛋白胆固醇(坏固醇),

随血流进入全身动脉,易在血管壁沉积成脂质斑块,引起动脉粥样硬化、冠心病、高血压、中风等心血管疾病。研究还发现在相同条件下,肥胖女性比肥胖男性要长寿,因为女性身体是梨形,脂肪储存在较低部位,腰臀比变化不太大,而男性是堆积在腰腹处。另外 CT(Computer Tomography)检测女性腹腔脂肪主要在皮肤与肌壁之间,而男性脂肪则在肌壁下面包围着肠管和其他器官。

表 4 - 7　男性、女性不同腰臀比的患病危险

等级(患病的危险)	男	女
高危险	>1.0	>0.85
较高危险	0.90~1.0	0.80~0.85
较低危险	<0.90	<0.80

三、体重控制的方法和误区

(一)体重控制的方法

体重的控制主要是控制肥胖问题。适当控制饮食和进行体育锻炼是防治肥胖的最有效方法。

1. 控制饮食

预防发胖和减肥必须以控制饮食为主,肥胖与饮食有密切关系。不论胖瘦都要做到"三低",即饮食低脂肪、低糖和低盐,且要多吃水果和高纤维素的蔬菜,改掉临睡前吃点心及饭后立即睡觉的习惯。孕妇也应忌食量过多及营养过剩。妇女产后食欲好,消化吸收强,易造成营养过剩,要避免产后肥胖,也需合理膳食。儿童年幼不懂事,贪吃零食,再加上大人溺爱子女,怕营养不够,尽吃些高糖、高脂肪的饮食而发胖,因此少年儿童也必须合理饮食。为避免发胖还要适度饮酒和少喝咖啡之类的饮料。

2. 坚持体育锻炼

平时加强体育锻炼,以增加热量的消耗,并与控制饮食相配合是防治肥胖的好方法。一个体重正常的人,应每天通过一定量的体力活动,把摄入的热量全部消耗,做到收支平衡,这样才能防止发胖。而对一个肥胖者来说,每天消耗的热量要超过摄入的热量,做到入不敷出,这样才能减轻体重,达到减肥的目的。

从理论上说,在个人的日常生活中加入运动可以使其体重发生明显改变。若人体通过运动从每天摄入的热量中多消耗 418kJ 的热量,坚持 1 年可减少约 5kg 的脂肪。美国运动医学学会(ACSM)建议个人应通过进行运动和适当控制热量摄入相结合的方法减体重。虽然对运动减体重的效果一直有所争论,但运动和适当控制热量摄入相结合的方法在保持瘦体重和避免基础代谢率的过度降低方面显示出了良好的效果。试图减体重的个人应以中低强度进行运动并且运动时间应长到足以消耗掉大约 836～1 254kJ 的热量。

按照 ACSM 的建议,肥胖者的运动处方应开始于低强度的有氧运动。运动持续时间应长到足以消耗掉大约 200～300kJ 的热量。随着锻炼计划的进展,练习者的体质增强,就可以转入中等强度的运动,而热量消耗也随之增加。因为肥胖者的较大的体重给关节带来额外的压力,应选择低冲撞的运动形式,如游泳、步行、特别设计的有氧操等,来减少对关节可能带来的不利作用。

规律的体育锻炼不仅在生理方面具有益处,还有报道显示通过锻炼可以使心理状况得到改善,进行规律的体育锻炼会增强自尊心和自信心。随锻炼而产生的强壮有力的感觉将有助于个人建立健康的生活方式。

(二)控制体重的误区

1. 持续吃水果餐可瘦身

波士顿大学医学院的研究人员认为,虽然水果富含维生素和碳水化合物,但其营养成分较单一,尤其缺少必要的蛋白质。长期单一食用水果餐瘦身必然使身体中的蛋白质、矿物质等各项营养成分丢失,继而身体就会发出危险警报。久而久之,对身体有害无益。

2. 运动强度越大效果越好

瘦身人士的运动应遵循因人而异、循序渐进的原则。因人而异即针对不同的对象、不同的肥胖情况,应有针对性地采用不同的体育锻炼手段。循序渐进即逐步增加运动负荷的原则,有一定强度刺激才能使机体的适应性改变。运动量过小无锻炼作用,但过大的运动量会造成机体机能的破坏。在身体锻炼中不可采取"暴饮暴食"的方法,突然加大运动量或突然中断练习。只有掌握因人而异、循序渐进的原则,才能在最短的时间内收到最佳效果。

3. 每次慢跑 30min 能瘦身

这样瘦身并不科学。实践证明,只有运动持续时间超过 40min,人体内的脂肪才能被动员起来与糖原一起供能。随着运动时间的延长,脂肪供能的量可达总消耗量的 85%。可见,短于 40min 的运动无论强度大小,脂肪消耗均不明显。

4. 吃脂肪食物就会发胖

很少吃乳制品、高脂或低脂饮食的青少年,比适量脂肪饮食者更容易肥胖。在瘦身过程中,脂肪不总是充当反面角色。食用的脂肪不仅不会很快在体内转化为脂肪储存起来,反而脂肪的分解还能在一定程度上抑制脂肪在体内合成。研究人员推荐的最佳饮食包括适量脂肪、多吃水果、蔬菜和乳制品。

5.服瘦身药就能立竿见影

事实上瘦身并非一日之功，也绝不是吃几粒瘦身药就能达到目的的。瘦身药物可能有多种副作用，不同种类的药物，副作用各不相同。常用的食欲抑制剂可引起轻度失眠、口干、头晕、抑郁、乏力、便秘、恶心等。有的减肥药可能引起血压高和心动过速，还有的可能引起药物性肝损害。减少肠道脂肪吸收的药物可能引起腹泻、脂溶性维生素吸收不良等副作用。泻药可引起机体脱水，严重时还会导致电解质紊乱。更何况很多肥胖患者服用成分不明确的所谓瘦身偏方治疗肥胖症，危害就不言而喻。循序渐进，以饮食控制、合理运动为基础，按医嘱适当配合药物治疗的瘦身方法才是切实可行的。

6.吃辛辣食物可瘦身

吃辛辣食物的瘦身作用并非如想象的那么大。多吃辛辣食物反而对胃肠道功能有影响，增加对胃黏膜的刺激，容易引起胃出血。而且吃太多刺激性食物还会令皮肤变得粗糙，容易患暗疮。

7.多运动能消耗过量食物

事实证明，认为吃得多而增加运动量的人，最后的结果只能使体重增加。如果养成了习惯，结果只能有害无利。假如人体经常以延长锻炼时间作为过量饮食的借口，人体实际上已把自身置于过度训练的境地中，那么人的身体根本没有时间从过度训练的疲劳当中恢复过来。经常在一餐中过量进食的人，应在下一次有氧训练中稍稍增加强度，或者减少下一餐的热量摄入。

8.快速减肥

专业减肥医院会根据肥胖的不同程度选择健康的减肥速度，而单一追求速度会影响人的健康。

9.选择错误的减肥方法

(1)禁食减肥：不吃东西确实能减轻体重，但是会造微量元素等必需物质摄入量的不足，导致疾病的发生而影响身体的健康，禁食减掉的是水分而不是脂肪，体重很快会反弹。

(2)腹泻减肥：腹泻会有很多副作用，轻度的会产生头昏、乏力的症状，严重的造成脱水导致休克而危害人的生命。

(3)穿瘦身衣减肥：瘦身衣只能保持人体皮肤的弹性，只有从外观上起到一定的作用，而不能达到真正的减肥目的。长期使用会影响人体局部血液循环，从而导致其他病变。

(4)自购减肥药减肥：爱美人士一定要全面检查后在医生的指导下到正规的渠

道购买减肥产品,如果选择不当会达不到理想的效果甚至会影响身体的健康。

10. 错误的减肥观念

有些爱美女士认为越瘦越美,其实这种观点是错误的。世界美学大师达·芬奇认为皮肤光泽而有弹性,身体各部位的比例协调匀称、健康,没有其他疾病才是衡量美的标准。

第三节　体育锻炼与合理营养

一、营养素

摄取与利用食物的过程,称为营养。营养素是指能在体内消化吸收,具有供给热能、构成机体组织和调节生理功能,为机体进行正常物质代谢所必需的物质。营养素可分为两大类:三大营养素和微量营养素。三大营养素包括糖、脂肪、蛋白质,它们是构成机体组织和提供能量所必需的物质。微量营养素包括维生素、无机盐、水,它们的主要作用是维持、调节细胞功能。

(一)蛋白质

蛋白质是由碳、氢、氧、氮这 4 种元素组成的一种化学结构非常复杂的化合物。它是人体氮元素的唯一来源。构成蛋白质的基本单位是氨基酸。食物蛋白质中的氨基酸有 20 多种,可分为两类:①非必需氨基酸,它可在体内合成或由其他氨基酸转化,如甘氨酸、谷氨酸等。②必需氨基酸,在人体中不能合成或合成的速度不能满足机体的需要,必须每日从膳食中供给,否则就不能满足机体的氮平衡。对成年人,必需氨基酸有 8 种,即异亮氨酸、亮氨酸、赖氨酸、蛋氨酸、苯丙氨酸、色氨酸、苏氨酸、咔氨酸;对于儿童,组氨酸也是必需氨基酸。

必需氨基酸和非必需氨基酸都是人体所必需的,各有其生理意义,两者保持适当的比例才能提高利用率。作为人体三大能源物质之一,蛋白质具有构成机体组织、调节生理功能及供给热能等营养功用。

蛋白质的需要量与机体的活动强度、肌肉数量的多少、年龄及不同的生理状况等条件有关。人体所需蛋白质一般来源于动物性食物蛋白和植物性食物蛋白。动物性食物常指瘦肉、鱼类、奶类和蛋类等,属于优质蛋白质,其营养价值一般高于植物性食物,因此一般认为动物性食物营养好。植物性食物常指米、面、大豆、蔬菜等。除大豆、芝麻、葵花籽等是优质蛋白质外,其余均不属于优质蛋白质。植物性食物中,谷类虽然蛋白质含量不算高,但它是我国人民的主食,一日三餐 70% 的蛋白质来自谷类,不可忽视。

（二）脂肪

脂肪是由碳、氢、氧三种元素组成的，它由一个分子的甘油和三个分子的脂肪酸组成，故又称为甘油三酯。必需脂肪酸是指人体不能合成的一些不饱和脂肪酸，如亚油酸、亚麻油酸等，这些不饱和脂肪酸为人体所必需并必须由食物提供。

脂肪是高热能物质，1g 脂肪在体内氧化分解可产生 39.8kJ 热能。脂肪具有供给热能、组成机体的重要成分，促进脂溶性维生素的吸收和利用，增加食物的美味和饱腹感等营养功用。

受饮食习惯、经济条件和气候等影响，人体脂肪摄入量的变化范围很大。一般认为，每日膳食中摄入 50g 脂肪能基本满足人体的需要。即由脂肪供给的热能应占每日总热量的 17%～20%，不宜超过 30%。

脂肪按其食物来源可分为动物性脂肪和植物性脂肪。动物性脂肪是指由动物组织和动物资源离析出来的脂肪，主要含有饱和脂肪酸。饱和脂肪酸的熔点较高，一般呈固态，容易凝固、沉淀在血管壁上，可导致动脉硬化。动物脂肪中有较多的胆固醇，它在人体内有重要的生理作用，但中老年人血液中胆固醇过高时，容易患动脉硬化、高血压等疾病，因此中老年人应少吃动物性脂肪。供给机体脂肪的动物性食物主要有猪油、牛油、鱼油、奶油、蛋黄油等。

（三）糖

糖是由碳、氢、氧三种元素组成的有机物。它可分为单糖、双糖和多糖，除纤维素和果胶外，都可被人体吸收利用。所有的糖类都在消化道内被分解成单糖而被机体所吸收。

糖是热能最重要和经济的来源，1g 糖在体内氧化分解可产生 17.17kJ 的热能。较之于蛋白质、脂肪，糖具有易消化吸收、分解迅速、产热快等特点，糖在氧化时耗氧量少，在有氧或无氧条件下都能分解放出热能。短时间大强度运动时的热能，几乎全部由糖供给。糖分解的产物是水和二氧化碳，易被机体排出体外。另外，糖还是构成机体的重要物质，具有保护肝脏、维持中枢神经系统的功能、促进蛋白质的吸收和利用、维持心肌和骨骼肌的正常功能、维持肠道的正常功能及抗生酮等作用。

含糖食物来源很广，各种粮食、根茎类食物等都含有大量的淀粉和少量的单糖和双糖，蔬菜和水果除含有少量单糖外，还含纤维素和果胶。此外，食糖中的蔗糖是最普遍的食用糖。近年来，研究成果表明，肥胖、糖尿病、心血管疾病等都与蔗糖摄入过多有关。因此，蔗糖的摄入不应超过总热量的 10%。

(四)维生素

维生素是维持人体生命和正常人体生理功能不可缺少的一类营养素,按其溶解性质分为水溶性维生素和脂溶性维生素两大类。脂溶性维生素主要有维生素 A,D,E,K;水溶性维生素主要有维生素 B_1,B_2,C,PP。各种维生素在体内有其特殊功用(见表 4-8),总的说来都是调节物质代谢,保证生理功能,它们不是构成机体组织的原料,也不供给热能。

表 4-8　不同维生素生理功能与食物来源表

名　　称	生理功能	食物来源
维生素 A	合成视紫红质维持视力、维持上皮组织完整、促进生长发育	鱼肝油、肝、蛋黄、乳汁、绿色植物
维生素 D	促进磷、钙吸收,促进骨骼正常生长	鱼肝油、肝、蛋黄、牛奶、晒干菜
维生素 E	维持生殖机能、抗氧化作用、防止肌肉萎缩	植物油、蛋类、谷类
维生素 K	促进凝血酶原合成,与肝脏合成凝血因子 I、VII、IV、X 有关	肝、绿色蔬菜
维生素 B_1	促进糖的氧化、增进食欲	谷物外皮及胚芽、酵母、豆、瘦肉
维生素 B_2	参与生物氧化	肝、蛋黄、黄豆、绿色植物
维生素 B_6	参与蛋白质氨基酸代谢	谷类、酵母、豆类、肝、蛋黄

维生素 A,其具有维持正常视力、维持上皮组织的营养功用。缺乏维生素 A 会导致夜盲症或眼干燥症。一般成年人每天需要 1mg 维生素 A 或 6mg 胡萝卜素。含维生素 A 较多的食物有动物肝、肾、蛋黄、牛奶等。我国膳食中维生素含量一般较少,主要由红、黄或绿色水果中得到胡萝卜素,在体内转变为维生素 A。

维生素 D 对体内钙、磷代谢及骨骼的生长极为重要,它能促进钙在肠道的吸收,促进骨骼和牙齿的钙化及正常发育。缺乏维生素 D 的儿童可导致佝偻病,成年人导致骨质软化症。含维生素 D 最丰富的食物有动物肝脏、鱼肝油和禽蛋等。

维生素 E 具有维护细胞膜、促进生育、延缓衰老、提高氧的利用率、构成性激素的成分等营养功用。

维生素 B_1 具有辅助糖代谢、促进能量代谢、维护神经系统的机能、加强胃肠蠕动和消化液的分泌、减轻疲劳、提高运动能力和加速疲劳消除的作用。缺乏维生素 B_1 会患脚气病。

维生素 B_2 是体内酶的重要成分,参与组织的呼吸过程。它具有保护眼睛、皮肤、口、舌及神经系统的正常功能并参与蛋白质的代谢。

维生素 C 具有促进生物氧化、促进组织中胶原的形成、保持细胞的完整、促进创伤和骨折的愈合、增强机体的抵抗力、参与解毒、促进造血、提高 ATP 酶的活性、增强机体的应激能力等营养功用。

（五）无机盐

存在于人体中的多种元素，除碳、氢、氧、氮主要以有机化合物的形式出现外，其余各种元素，无论含量多少，均称为无机盐。重要的无机盐有钙、磷、铁、锌、氯化钠等。

钙是构成骨骼和牙齿的主要成分，具有维持神经肌肉的正常兴奋性、参与凝血过程的营养功用。奶及奶制品、蔬菜、水果、虾米等食物中含有丰富的钙。钙若与草酸结合则不能吸收，脂肪过多也妨碍钙的吸收。维生素 D 和蛋白质可以促进钙的吸收。

磷是构成骨骼和牙齿的组成物质，具有参与物质能量代谢、和脂肪合成磷脂、维持血液的酸碱平衡等营养功用。

铁参与氧的转运、交换和组织的呼吸过程。蛋白质和维生素 C 能促进铁的吸收，脂肪过多则影响铁的吸收。红色的肉类和蛋类是铁的理想来源。另外，菠菜、海产品等都含有较丰富的铁。

锌是很多金属酶的组成成分或酶的激活剂，具有协调葡萄糖在细胞膜上的转运、促进性器官的发育、促进正常分化和发育、促进食欲、保护视力等营养功用。人体缺锌时，儿童少年生长发育停滞或迟缓，少年期性器官发育幼稚化，出现伤口愈合不良和自发性味觉障碍等。

氯化钠是胃酸的主要成分，具有维持细胞外液的渗透压、参与维持体内酸碱平衡、加强神经肌肉的兴奋性、可增加食欲等营养功用，膳食中的氯化钠有调味的作用。

（六）水

水是人体最重要的组成成分，其含量占体重的 2/3。水是细胞与体液的重要成分；水能维持体内正常生理功能；水的比热高，可以保持一定体温；水是体腔、关节和肌肉的润滑剂。水具有维持脏器的形态和机能的功能。人体每日所吸收水分和排出水分几乎相等，称之为"水平衡"。体内的水主要来自饮用水、代谢水、食物水。

在体育锻炼中要合理补充水分。由于运动中大量的汗液流失，液体的补充就非常重要。在运动中的出汗量取决于环境的温度和湿度、运动的强度和类型以及个人特质。若水分损失大易造成脱水,会降低机体出汗的能力,降低肌肉的力量、耐力和协调性,从而使运动能力下降。脱水还会增加中暑的危险。因此,个人在运动前 2h 应饮用约 500mL 的水,在进行耐力运动前 15min 再喝 500mL 水。如果运动持续时间超过 1h 或更久,尤其是在湿热的环境中运动,那么在运动过程中补充水分非常重要。运动中补充饮料的原则是少量多次饮用(每 15～20min 饮用 150～300mL)。补充水分的类型一般以运动型饮料和碳酸型饮料为好。

二、合理营养

合理营养是指对人体提供符合卫生要求的平衡膳食,使膳食的质和量都能适应人体生理、生活、劳动以及一切活动的需要。

在现代社会里,饮食结构的科学合理是保障健康的重要手段。合理营养的关键在于"适度",主要通过平衡膳食来实现。所谓平衡膳食,是指膳食中所含的营养素种类齐全、数量充足、比例恰当,膳食中所供给的营养与机体的需要,两者保持平衡。平衡膳食不仅能满足机体的各种生理需要,也能预防多种疾病的发生,是人类最合理的膳食。平衡膳食应满足以下各项基本要求:碳水化合物、脂肪、蛋白质三者的比例恰当,足够的热能,能供给各种无机盐及足够的维生素、适量的植物纤维素。这就要求膳食中有足够量的谷类、豆类、蔬菜类、水果类、肉类、乳类、蛋类、鱼虾类及植物油。具体要求如下:

(1)食物多样、谷物为主:平衡膳食必须由多种食物组成,这样才能满足人体所需全部营养需要,达到合理营养、促进健康的目的。因此,提倡人人广泛食用多种食物。多种食物包括五大类:谷类及薯类,动物性食物,豆类及其制品,蔬菜及水果类,纯热能食物。

(2)多吃蔬菜、水果和薯类:含丰富蔬菜、水果和薯类的膳食,对保护心血管健康、增强抗病能力、减少发生眼干燥症和预防癌症方面起着十分重要的作用。

(3)常吃奶类、豆类及其制品:奶类除含有丰富的蛋白质和维生素外,含钙量较高,且利用率也很高,是天然钙质的极好来源。

(4)经常吃适量的鱼、禽、蛋、瘦肉,少吃肥肉和荤油。

根据合理营养原理,我国根据人体每天应吃的主要食物种类制定了平衡膳食宝塔(见图 4-3)。它共分为五层,宝塔各层面积不同,这在一定程度上反映出各类食物在膳食中的地位和应占比例。谷类食物位居底层,每人每天应吃 250～400g;蔬菜和水果占据第二层,每天应吃 300～500g 和 200～400g;鱼、禽、肉、蛋等动物性食物位居第三层,每天应吃 125～200g(鱼类 50g,畜、禽肉 50～100g,蛋类 25～50g);奶类和豆类食物合占第四层,每天应吃奶类及奶制品 300g,豆类及豆制品 50g；第五层塔尖是油脂类，每天不超过 25～30g。

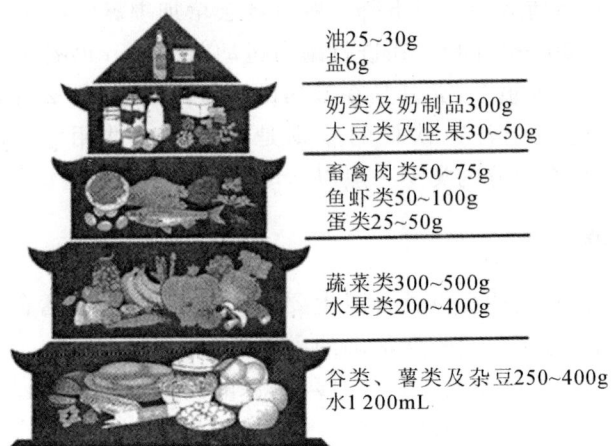

油25～30g
盐6g

奶类及奶制品300g
大豆类及坚果30～50g

畜禽肉类50～75g
鱼虾类50～100g
蛋类25～50g

蔬菜类300～500g
水果类200～400g

谷类、薯类及杂豆250～400g
水1 200mL

图 4-3　中国平衡膳食宝塔

三、体育锻炼与营养饮食

(一)体育锻炼的科学饮食

在进行体育锻炼时，要注意科学饮食。

(1)要选吃高纤维食物：纤维素有助于消化系统正常工作，高纤维饮食已被证明可降低血液中胆固醇，并且能预防癌症。粗纤维对人体生理功能极其重要。除了对人体新陈代谢有促进作用外，还可延长食物在胃中的滞留时间，消除人的饥饿感，有助于减肥。在肠内抑制食物扩散速度，使消化酶的作用减慢，降低机体多余糖和脂肪的代谢吸收，控制餐后血糖浓度，降低血脂等。同时水溶性纤维提供给人体极少的热量，不增加人体负担，这些都对健美有利。

(2)要遵照 1/3,2/3 的低脂原则：由 65％淀粉、25％蛋白质、10％脂肪组成的饮食比例，足以提供人体所需能量和足够的蛋白质以供肌肉的增长，同时又可尽量减少脂肪的摄取。也就是说，饮食最好以 2/3 为淀粉食物——谷麦、面食、米饭，其余 1/3 以鸡、鱼、瘦肉等蛋白食物为主。分餐而食，这种饮食方法很重要。

(3)要坚持少食多餐和营养套餐原则：每次只求吃得微饱，可以多餐。每进餐一次，人的身体代谢作用便有所增进，从而更快地产生热量。争取每日多餐确保能充分地摄取营养，且不影响机体整个机能状态，有助于维持体力、稳定情绪并使胃口不受影响。此外，当食物被咀嚼得很细时，表面积会增加，胃酸和酶可以有效地发挥作用,这样唾液和酶才能更好地消化糖类。早餐应是三餐中最丰富的一餐,晚餐可适量减少。清晨醒来,代谢作用最活跃,近傍晚时则变缓。晚餐所摄入的热量被人体转化成脂肪的可能性最大。营养套餐是指在配制各种营养素时,始终强调均衡营养,并利用营养素之间的协同互补,使营养物质起到 $1+1>2$ 的作用。例如,如果想补充铁,可以同时补充维生素 C 和蛋白质,因为这样可以促进机体对铁的吸收,预防贫血;如果要补钙,最好能够同时补充维生素 D,以便使钙离子转化后让肠道更容易吸收。

(二)体育锻炼后的营养补充

(1)速度性运动:速度性运动是典型的大强度运动,如短跑。快速跑时对神经过程的灵活性和协调性要求高,同时体内高度缺氧,故能量的主要来源是糖的无氧分解供应。在锻炼后膳食中应含有丰富的蛋白质、糖,还必须有足够的磷、维生素 B_1、维生素 C、铁,此外还应多吃蔬菜、水果等碱性食物,进一步调节体内酸碱平衡。

(2)耐力性运动:耐力性运动如长跑、超长跑、骑自行车等,运动强度较低,但持续时间长,运动所需总热量大,能量代谢以有氧供能为主。为了保证热能的来源充足,增强机体的摄氧能力,膳食中应含有较高的糖、维生素 B_1、维生素 C 以及铁、钾、钠、钙、镁等元素,并适量补充脂肪和蛋白质。

(3)力量性运动:力量性运动如举重、器械体操、投掷等,由于练习时消耗的能量较多,饮食的产热量也必须较高,故膳食中应有足够的糖、蛋白质和脂肪。特别是力量练习有利于肌肉质量与力量的增长,对蛋白质的需要量大于其他项目,供给量可达到每千克体重 2g。另外为了保证神经肌肉的正常功能,还要注意补充钠、钾、镁、钙等元素。

(4)灵巧性运动:灵巧性运动如体操、艺术体操等,这些运动动作复杂、多样,需要良好的协调性及灵巧性,对神经系统的要求较高。在食物中应含有丰富的磷及各种维生素。

(5)球类运动:球类运动对人体的要求较全面,对力量、速度、耐力、灵敏等素质均有较高的要求,对营养的要求也全面。膳食中糖、蛋白质、维生素 B_1、维生素 C、磷等一定要充足。

(6)游泳运动:游泳运动在水中进行,机体散热较多,膳食中除供给必需的糖和蛋白质外,还要求足够的脂肪和维生素 B_1、维生素 C、磷等。

四、特殊群体的营养饮食

(一)减肥者的营养饮食

对于计划减肥的人群,除了遵守合理营养以外,还要规划正餐和零食。

体重减轻并非朝夕之功，这需要付出很大的努力。在一个成功的减体重计划中，将饮食量限制在某一适当的水平是必须的。控制饮食很重要的一个实际问题是避免摄入高热量和高脂肪含量的食物，而应代之以低热量和低脂肪含量的食物。例如，以饮用1％的牛奶代替全脂奶，这样每杯可以少摄取209kJ的热量。

对膳食进行规划必不可少。一日三餐的安排可以参考《中国居民膳食指南及平衡膳食宝塔》和《中国居民膳食营养素参考摄入量》，以及《中国居民膳食指南》。值得注意的有以下几点：对于一般的工作人员，可购买一些富有营养、便于烹制、低热量和低脂肪含量的食品有助于准备三餐的饭食，特别是早餐。各种餐馆里的快餐往往脂肪和热量的含量相对较高，因此减体重者应尽量避免食用。预先计划和准备可以做到携带营养全面的、低脂肪和低热量的食物到工作岗位来作为午餐。当今，晚餐逐渐成为每日热量摄入的重要部分。一些白天限制饮食者在晚餐过度饮食并不罕见。因此应通过提前准备食物，增加蔬菜比例等方法来使晚餐合乎减体重的要求。

对零食加以考虑也是有必要的。正确的做法是不吃零食。但在两餐之间确实需要吃一些零食的话，也应注意满足低热量和低脂肪的要求，如选择新鲜水果、蔬菜、脱脂酸奶等。

（二）高脂血症人群的营养饮食

高脂血症人群血液中胆固醇和/或甘油三酯过高或高密度脂蛋白胆固醇过低，其血脂成分不合理已成为心血管疾患的首要危险因素之一。研究表明，合理饮食和适度运动都可以对改善血脂异常产生积极的作用。

高脂血症人群的饮食原则是"四低一高"，即低热量、低脂肪、低胆固醇、低糖、高纤维膳食。控制热量的摄入，每人每天的热量摄入应控制在1 229J/kg内，控制动物脂肪和胆固醇的摄入量也应十分严格，每人每天不宜超过300mg，尽量不吃或少吃动物内脏，蛋类每天不超过1个，应提倡吃含有花生油的植物油。宜多选用奶类、鱼类、豆类、瘦肉、海产品、蔬菜、水果等。食盐的摄入，每人每天应少于6g。

第五章 体育锻炼的医务监督与效果评定

【内容提要】

体育锻炼的目的在于促进健康,但盲目的锻炼可能会损害健康。因此,重视体育锻炼过程的医务监督和加强体育锻炼效果的科学评价是促进人体健康的重要方面。本章详细介绍体育锻炼过程中自我医务监督的方法,疲劳的机制及恢复手段,并对锻炼效果尤其是人体体质健康的科学评定进行重点介绍。

【关键词】

自我医务监督 疲劳 效果评定 体质健康 身体形态 身体机能 身体素质

运动太多和太少,同样地损伤体力;饮食过多与过少,同样地损伤健康;唯有适度可以产生、增进、保持体力和健康。

——亚里士多德

第一节 体育锻炼的医务监督与疲劳机制

一、体育锻炼的医务监督

(一)医务监督的概念及意义

医务监督是指以医学为内容,指导人们科学合理地进行体育锻炼,以促进练习者的身体发育,预防运动性疾病,增进健康的医疗手段。医务监督的内容主要包括体育锻炼及训练的场地、器材及体育活动参加者的健康、安全和运动能力等方面的医务监督问题。

医务监督主要研究人体对运动的适应能力和训练对机体的影响。运用运动病理生理学、运动卫生学和临床医学等方面的知识,对运动能够健康进行,对其功能状态进行医学评定,防治运动性伤病。根据运动生物属性学等知识,可以对运动员进行科学选材。

体育锻炼中实施医务监督,可以使体育活动参加者在体育运动过程中对自己身体的健康和功能状况进行自我观察,并为科学、合理地安排体育锻炼的内容、运动负荷提供重要的依据和参考。

鉴于锻炼医务监督的效益和便捷等原因,对于普通锻炼者而言,熟练掌握自我医务监督相关知识理论与实践是必要的。

(二)自我医务监督

自我医务监督,是指锻炼者在体育锻炼过程中,对自身生理机能和健康状况观察和评定的一种方法,是医务监督的组成部分,也是全面体格检查的一种补充。

自我医务监督的目的在于评价锻炼效果,调整锻炼计划,防止过度疲劳,更有利于健康水平的提高。经常科学地自我医务监督,有助于及时了解自己在锻炼过程中生理机能的变化状况,有助于预防过度疲劳,有助于调整锻炼计划和运动负荷,并为合理安排教学、训练内容和方法提供依据,也为医生体格检查提供参考。

二、自我医务监督的内容与评定

(一)自我医务监督的内容和方法

体育锻炼自我医务监督的内容主要包括主观感觉和客观检查两个方面。

1. 主观感觉

(1)身体感觉:正常时,自我感觉良好,身体无不适感觉。若运动中或运动后异常疲劳,有头昏、恶心、呕吐、全身无力、肌肉酸痛等不良反应时,说明身体状况较差。

(2)运动情绪:运动欲望。正常状态时人体精神饱满、精力充沛、自信心强。而身体状态较差时就会出现情绪低落、心情不佳、厌烦运动,甚至害怕锻炼等不良情绪。

(3)睡眠:良好的睡眠应是入睡快,睡眠深而少梦,晨醒后头脑清醒,精神状态好。如果入睡慢,容易做梦,睡中易醒,日间无力嗜睡,精力不集中,容易疲劳等,表明睡眠失常。

(4)食欲:参加体育锻炼能量消耗大,食欲会变得好起来,想进食且食量大。如果运动后不想进食,食量减少,表明运动量安排不当或身体健康状态不良。

(5)排汗、排尿量:出汗量如果和平时无明显差别,尿量应无大变化。当轻微活动就会大量出汗时,表明身体疲劳或某些功能不良,特别是有自汗和夜间盗汗现象时,表明身体极度疲劳或有其他疾病。

人的主观感觉是人体功能状况的直接反映。健康并能科学进行体育锻炼的人,总是精力充沛、心情愉快、睡眠正常、食欲良好。反之,则应调整自己体育锻炼的内容和方法。

人的主观感觉可以与心理指标结合,从而更好判断人体的疲劳程度。1961 年瑞典 Borg 教授根据心理学原理制订了一种受试者在运动时自己感觉和确认负荷量大小的 RPE(Ratings of Perceived Ecertion)"自认的疲劳分级表"。RPE 与心率之间的相关系数为 0.80～0.90。Borg 设计的表格,共分 6～20 级别,即根据负荷引起疲劳的程度,报出级别,记录在案(见表 5-1)。1980 年 Borg 又设计了新的评分标准,把原先的 6～20 级缩减为 0～10 级(见表 5-2)。

表 5-1 RPE"自认的疲劳分级表"

感觉	极轻微	轻微	中等	稍累	累	很累	非常累
分级	6,7,8	9,10	11,12	13,14	15,16	17,18	19,20

表 5-2 RPE"自认的疲劳分级表"(1980 年)

感觉	无	极弱	非常弱	弱	中	稍强	强	非常强	极强	最大
分级	0	0.5	1	2	3	4	5	6 7	8 9	10

2.客观检查

客观检查包括生理指标、运动成绩和其他伤病情况。生理指标包括脉搏、体重、肺活量。运动成绩包括身体素质和专项运动成绩等。

(1)脉搏:一般在早晨起床前测定晨醒后的脉搏。脉搏应平衡,锻炼一段时间后会稍有下降。如果出现晨脉增快,或有心律不齐症,可能与疲劳和过度训练有关,应注意观察。

(2)体重:进行耐力运动(中等运动强度)时,体重应该是平稳的。但在锻炼初期,由于水分和部分脂肪的丢失,体重可下降 2～3kg,以后因肌肉体积增加,体重还会稍回升而保持平衡。如果体重持续下降,表明有严重的疲劳或患有其他消耗性疾病。

(3)肺活量:有条件时,应在运动前做一次肺活量检查。参加有氧代谢运动后,肺活量会增加一些。如果持续下降则表明肺功能不良。

(4)血压、心电图:在有条件时,或某些患有心脑血管疾病者,要定期检查,并做运动前后对比的试验。

(5)锻炼情况及成绩:记录完成计划情况、训练量和测验成绩等。

每个人在锻炼后所呈现出的各种生理反应和自我感觉都是不同的。因此,每个人应根据自己表现出的不同状况,在综合分析的基础上,做出正确的判断,以便更科学地进行体育锻炼。

(二)自我医务监督的评定

根据自我监督表各项记录的检测数据,进行综合分析和判断。如果主观感觉中各栏目数值均正常,客观材料也都在正常值之内,运动成绩稳定或呈上升趋势,又无伤病,表明前一阶段体育锻炼的内容、方法和运动负荷是合理的;如果发现异常现象,应及时检查和分析原因,并在体育相关专业人士的指导下,及时调整锻炼的内容和运动负荷,必要时暂停锻炼或做进一步检查。

锻炼后的各种主观感觉和客观检测数据,有的指标属于"正常"或"增加",也有的指标属于"一般"或"保持",甚至有个别指标"下降"或"较差"。比如,脉搏随锻炼水平的提高可能变慢,如突然出现加速或过缓,则要查找原因。体重在锻炼初期略有下降,经过一定时期锻炼后,体重会有所增加。肺活量也随着锻炼水平的提高会有所增加,但在机能不良时,肺活量会持续下降。握力、背力有所增加。出汗多少则与气温、饮水量、锻炼程度及个人特点有关。在相同情况下,随着锻炼水平的提高,出汗量会逐渐减少。

因此,要在综合分析的基础上,抓住主要问题,做出科学判断。

三、疲劳的概念与消除

(一)疲劳的概念

疲劳是指由于锻炼活动使锻炼者的工作能力及身体机能暂时性降低的现象。一般来说,这是暂时性的,经过适当休息就可逐渐恢复。疲劳的出现警示人们,机体所承受的负荷已达到了相当大的程度。如果在主观上和客观上都有明显的疲劳感时,仍继续给予机体负荷,就可引起过度疲劳,导致机体的病理性损害。因此,疲劳是一种生理现象,归纳起来,有以下特征:由体力或脑力活动引起;全身或局部器官、细胞产生暂时性机能降低;这种机能降低现象是可逆的,经过休息可以消除;伴有主观上的疲劳感。

(二)疲劳的分类

疲劳大体上可分为肌肉疲劳、神经疲劳、内脏疲劳和心理疲劳四类。

肌肉疲劳时,肌力下降,肌肉收缩速度和放松速度减慢,收缩时间比正常时延长 4～5 倍,放松时间延长可达 12 倍,严重影响肌肉的快速、协调动作。肌肉出现僵硬、肿胀和疼痛,可能是由机械负荷使肌纤维发生细小损伤、乳酸等代谢产物的积累和水分的积蓄等多种因素引起的。

神经疲劳表现为大脑皮层功能下降,如反应迟钝、判断错误、注意力不集中、动作不协调等。此时,大脑皮层其他部位及皮层下中枢功能亢进,膝反射发生改变,脑干及小脑功能低下,动作协调性受到了破坏。

内脏疲劳多表现为呼吸和心脏的疲劳,呼吸肌疲劳使呼吸变浅变快,节律紊乱,气体交换能力下降。心脏疲劳时,心肌收缩力量下降,心输出量减少,心电图发生改变。

心理疲劳多表现为情绪不稳定,易怒或消沉,记忆力下降等。

总之,中枢神经系统的变化是产生疲劳的重要因素。同时,各内脏器官、肌肉和血液中所发生的一系列变化也促进疲劳的发生。疲劳的产生是多种因素综合作用所致。

(三)疲劳的消除方法

1.坚持合理的生活制度

合理的生活制度包括规定并遵守作息时间,保持良好的睡眠条件,注意饮食卫生,克服吸烟和饮酒等不良嗜好等。睡眠是消除疲劳的重要方法,青少年和成人每天分别要保证 9～10h 与 8h 的睡眠时间。

2.合理安排膳食

合理营养是消除疲劳或提高抗疲劳能力的重要手段。急性疲劳时,应注意补充能量和维生素,尤其是糖、维生素 C 和维生素 B。夏季或出汗较多时,应补充盐分与水。食品应富有营养、易于消化,并尽量多吃些新鲜蔬菜、水果等碱性食物。

3.物理疗法

运动后进行按摩、温水浴或局部热敷,可以促进全身或局部的血液循环,加强新陈代谢,加速致疲劳物质的排除。温水浴的水温以 42℃±2℃ 为适宜,沐浴时间一般为 10～15min,最长不超过 20min,每天不要超过两次。局部热敷的温度以 47～48℃ 为宜。在运动前,对负荷量较大的部位做 10min 的热敷,可推迟运动中出现疲劳的时间。

4.药物

除维生素 B_1,B_6 和 C 以外,中药黄芪、刺五加、参三七等,都具有调节中枢神经系统、扩张冠状动脉和补气壮筋的作用,对促进疲劳的消除也有一定的效果。

5.积极性休息

在大运动量的体育锻炼后,应在舒适、幽雅的环境中休息,例如在海滨公园内散步、听音乐、欣赏戏剧等,对消除因体力消耗和精神紧张所引起的疲劳,具有良好的作用。

6.心理恢复法

心理恢复法包括心理调整、自我暗示、放松训练和气功等手段,能减轻紧张情绪,放松肌肉,对消除疲劳和延迟疲劳的产生有良好的效果。

7.氧气及负离子吸入法

锻炼者在锻炼后,血液中有大量酸性代谢产物,吸氧可以促进乳酸继续氧化,对消除运动性疲劳,特别是无氧训练后的疲劳有一定效果。负离子有提高神经系统的兴奋性,加速组织氧化还原过程的作用,有助于消除机体运动后的疲劳。

四、体育锻炼中的保健按摩手法

体育锻炼中的保健按摩手法众多,主要包括摩擦、按压、揉搓、提拿、叩击、动摇关节等六大类。

(一)摩擦类手法

1.推法

四指并拢,紧贴于皮肤上,向上或向两边推挤肌肉。推法可分为平推法、直推法、旋推法、合推法等。现仅列举平推法,平推法又分为指平推法、掌平推法和肘平推法。

(1)指平推法:用拇指指面着力,其余四指分开助力,按经络循行或肌纤维平行方向推进。此法常用于肩背、胸腹、腰臀及四肢等部位。

(2)掌平推法:用手掌平伏在皮肤上,以掌根为重点,向一定方向推进,也可双手掌重叠向一定方向推进。此法常用于面积较大的部位。

(3)肘平推法:屈肘后用鹰嘴突部着力向一定方向推进。此法刺激力量强,仅适用于肌肉较丰厚发达的部位,如臀部、腰背脊柱两侧等部位。

在运用推法时,指、掌、肘要紧贴体表,用力要稳,速度要缓慢而均匀。此种手法可在人体各部位使用,能增强肌肉的兴奋性,促进血液循环,并有舒筋活络的作用。

2.擦法

用手掌的大鱼际、掌根或小鱼际附着在一定部位,进行直接来回摩擦,使之产生一定热量。本手法益气养血、活血通络、祛风除湿、温经散寒,具有良好的保健作用。

3.摩法

以掌面或指面附着于穴位表面,以腕关节连同前臂做顺时针或逆时针环形有节律的摩动。摩法又分为指摩法、掌摩法、掌根摩法等。

(1)指摩法:用食指、中指、无名指面附着于一定的部位上,以腕关节为中心,连同掌、指做节律性的环旋运动。

(2)掌摩法:用掌面附着于一定的部位上,以腕关节为中心,连同掌、指做节律性的环旋运动。

（3）掌指摩法：用掌根大、小鱼际等部位在身体上进行摩动，摩动时各指略微翘起，各指间和指掌关节稍稍屈曲，以腕力左右摆动；操作时可以两手交替进行。

在运用摩法时，要求肘关节自然屈曲、腕部放松，指掌自然伸直，动作要缓和而协调。频率为每分钟 120 次左右。本法刺激轻柔缓和，是胸腹、肋部常用的手法。若经常用摩法抚摩腹部及肋部，可使人气息通畅，起到宽胸理气、健脾和胃、增加食欲的作用。

（二）按压类手法

1. 按法

按法是以拇指或掌根等在一定的部位或穴位上逐渐向下用力按压，按而留之，不可呆板。这是一种诱导的手法，适用于全身各部位。临床上按法又分指按法、掌按法、屈肘按法等。

（1）指按法：接触面较小，刺激的强弱容易控制调节，不仅可开通闭塞、散寒止痛，而且能保健美容，是最常用的保健推拿手法之一。如果常按面部及眼部的穴位，既可美容，又可保护视力。

（2）掌按法：接触面较大，刺激也比较缓和，适用于治疗面积较大而较为平坦的部位，如腰背部、腹部等。

（3）屈肘按法：用屈肘时突出的鹰嘴部分按压体表，此法压力大，刺激强，故仅适用于肌肉发达、厚实的部位，如腰臀部等。

按法操作时着力部位要紧贴体表，不可移动，用力要由轻而重，不可用暴力猛然按压。按法常与揉法结合应用，组成"按揉"复合手法，即在按压力量达到一定深度时，再做小幅度的缓缓揉动，使手法刚中兼柔，既有力又柔和。

2. 点法

用拇指顶端，或中指、食指、拇指之中节，点按某一部位或穴位，具有开通闭塞、活血止痛、调整脏腑功能等作用，常用于治疗脘腹挛痛、腰腿疼痛等病症。

3. 掐法

用拇指或食指指甲，在一定穴位上反复掐按。常与揉法配合使用，如掐揉人中，须先掐后揉。本法有疏通经脉、镇静、安神、开窍的作用。

（三）揉搓类手法

1. 揉法

用手指螺纹面或掌面吸附于穴位上，做轻而缓和的回旋揉动。揉法又分为指揉法、鱼际揉法、掌揉法等。

(1)指揉法：用拇指、中指或食指、中指、无名指指面或指端轻按在某一穴位或部位上，做轻柔的小幅度环旋揉动。

(2)鱼际揉法：用手掌的大鱼际部分，吸附于一定的部位或穴位上，做轻轻的环旋揉动。

(3)掌揉法：用掌根部着力，手腕放松，以腕关节连同前臂做小幅度的回旋揉动。揉法是保健推拿的常用手法之一，具有宽胸理气、消积导滞、活血化瘀、消肿止痛的作用，适用于全身各部，如果揉按中腹部配合其他手法，对胃肠功能有良好的保健作用。

2.搓法

用双手的掌面或掌侧挟住一定部位，相对用力做快速搓揉，并同时做上下往返移动。本法具有调和气血、舒通经络、放松肌肉等作用，适用于四肢及肋部。使用此法时，两手用力要对称，搓动要快，移动要慢。

(四)提拿类手法

拿法，捏而提起谓之拿。此法是用大拇指和食、中指端拿于患部或穴位上进行对称用力，一松一紧地拿按。使用拿法时，腕部要放松灵活，用指面着力。动作要缓和而有连贯性，不可断断续续，用力要由轻到重，再由重到轻，不可突然用力。本法也是常用保健推拿手法之一，具有祛风散寒、舒筋通络、开窍止痛等作用，适用于颈项、肩部、四肢等部位或穴位，且常作为推拿的结束手法使用。

(五)叩击类手法

最常用的手法为击法。击法是用拳背、掌根、掌侧小鱼际、指尖或用桑枝棒叩击体表，可分为拳击法、小鱼际击法、指尖击法、棒击法等。

击法具有舒筋通络、调和气血的作用，使用时用力要快速而短暂，垂直叩打体表，在叩打体表时，不能有拖抽动作，速度要均匀而有节律。其中拳击法常用于腰背部；掌击法常用于头顶、腰臀及四肢部；掌侧击法常用于腰背及四肢部；指尖击法常用于头、面部、胸腹部；棒击法常用于头顶、腰背及四肢部。

(六)动摇关节类手法

抖法是本类手法的常用方法。抖法是指用双手握住患者的上肢或下肢远端，用微力做连续的小幅度上下连续颤动，使关节有松动感，可分上肢抖法和下肢抖法。此法具有疏松脉络、润滑关节的作用，常与搓法合用，作为结束手法，使患者有一种舒松的感觉。

在反复练习、掌握上述手法时，还应了解自我按摩保健的主要内容。

第二节 体育锻炼效果评定

定期评定体育锻炼的效果,是科学锻炼身体的重要措施之一。通过评定可以及时了解锻炼的效果,掌握身体发展、变化情况,从而使锻炼的计划和采用的方法更为合理与有效。鉴于体育锻炼的目的不同,其效果评定也不尽相同。如果体育锻炼的目的是技能提高,则其效果评定可参见各锻炼项目的技术评定内容。本节重点介绍体育锻炼对体质健康的效果评定。

一、体质健康锻炼效果的评定

对于绝大多数锻炼者而言,体育锻炼的目的主要是提高自身体质健康水平。体质的评定主要涵盖身体形态、身体机能、身体素质三个方面。

(一)身体形态的评定与测量

1.身体形态的评定

身体形态常用的评定指标有身高、体重、胸围等指标。其中,身高反映骨骼生长发育和纵向高度指标,虽然主要取决于遗传因素,但后天的生活环境、营养条件和体育锻炼等却产生着重要影响;体重反映人体骨骼、肌肉、皮下脂肪及内脏器官的发育状况和人体充实度,是评定营养与健康状况较为敏感的一项指标,也是评定体育锻炼效果的一项重要指标。关于身高、体重的内容可参见本书第四章相关内容。下列方程为湖北省体育科研所参照捷克的哈利晋克根据父母与子女身高的相关系数而总结的公式。它是通过对我国青少年的调查统计推算出来的,能较客观地反映我国青少年遗传规律的预测方法。

$$子身高(cm)＝56.699＋0.419×父高＋0.265×母高$$
$$女身高(cm)＝40.089＋0.306×父高＋0.431×母高$$

除身高、体重指标外,胸围也是反映人体身体形态水平的重要指标。一般而言,人体的胸围应是身高的一半。胸围与身高的关系指数(胸围－身高/2)可反映体型的匀称度及胸腔容积。指数小于零为不同程度的细长型,等于零为匀称型。发育正常的青少年,在17岁以后,其关系指数都应等于或稍大于零。

也有研究推崇对人体整体形态进行评定,将身高(cm)－体重(kg)－胸围(cm)所得作为指数,来评价人体整体形态的发育状况(见表5-3)。

表 5－3　人体整体形态指数评定表

指数	10 以下	11～20	21～25	26～36
状况	好	良	一般	差

2.身体形态的测量

(1)身高的测量。测试仪器:电子身高计。

测试方法:测试人员站在身高计左侧,打开电源开关,将水平压板移至挡板处,按"按键",使身高计进入工作状态,然后,将水平压板移至立柱的上端。受试者赤足,背向立柱站立在身高计的底板上,躯干自然挺直,头部正直,两眼平视前方。耳屏上缘与眼眶下缘最低点呈水平位。上肢自然下垂,两腿伸直。两足跟并拢,足尖分开约60°。足跟、骶骨部及两肩胛间与立柱相接触,成"三点一线"站立姿势。此时,测试人员单手将水平压板沿立柱向下滑动至受试者头顶,等显示屏上显示的数值稳定后,记录显示的数值。记录以厘米为单位,精确到小数点后1位。

测试注意事项:身高计应选择平坦地面,靠墙放置;测试人员移动水平压板时,必须手握"手柄";在测量过程中,不能随意按"按键"。如果已经按"按键",则必须将水平压板重新回到挡板处,再按"按键",使其重新进入工作状态;严格执行"三点靠立柱""两点呈水平"的测量要求;水平压板与头部接触时,松紧要适度,头发蓬松者要压实。妨碍测量的发辫、发结要放开,饰物要取下。

(2)体重的测量。测试仪器:电子体重计。

测试方法:测试人员打开电源开关,按"按键",显示屏上出现闪烁信号;定格在"0.0"时,表明体重计已进入工作状态。受试者穿短衣裤、赤脚,自然站立在体重计量盘的中央,保持身体平稳。等显示屏上显示的数值稳定后,记录显示的数值。记录以千克为单位,精确到小数点后1位。

注意事项:测量时,体重计应放置在平坦地面上;受试者应尽量减少着装;上、下体重计时,动作要轻缓。

(3)胸围的测量。测试仪器:尼龙带尺。

测试方法:受试者自然站立,双肩放松,两臂自然下垂,两脚分开与肩同宽,保持平静呼吸。测试人员面对受试者,将带尺上缘经背部肩胛下角下缘至胸前围绕一周。男性和未发育的女性,带尺下缘在胸前沿乳头上缘;已发育的女性,带尺放在乳头上方与第四肋骨平齐。带尺围绕胸部的松紧度应适宜(使皮肤不产生明显凹陷)。带尺上与"0"点相交的数值即为测量值。测试人员在受试者呼气末时读取数值,记录以厘米为单位,精确到小数点后1位。

注意事项:进行测量时,注意受试者姿势是否正确,如有低头、耸肩、挺胸、驼背等状况,要及时纠正;测试人员应严格控制带尺的松紧度;如触摸不到肩胛下角,可让受试者扩胸,待触摸清楚后,受试者应恢复正确测量姿势;如两侧肩胛下角高度不一致,以低侧为准。

(二)身体机能的评定与测量

1. 身体机能的评定

脉搏、肺活量、血压、台阶试验等指标是人体评定身体机能的常用指标。

(1)脉搏频率是评价心血管系统功能状况的重要指标。对脉搏频率的评价可以从以下几种状态进行:安静时脉搏、运动时脉搏、运动后的恢复脉搏。

安静时的脉搏:一般人为 75 次/min;运动员,特别是长期从事耐力项目训练的运动员为 40～50 次/min 或更少些。

运动时或运动后的即时脉搏:一般人可达到 160～170 次/min;运动员可达到 200 次/min 以上。

运动后的恢复脉搏:由运动停止的即时脉搏降低到运动前的脉搏水平,其恢复时间应不超过 5～6min;运动后的次日晨脉,波动次数应不超过通常晨脉的2次/min。

据此,有体育锻炼习惯与爱好的人,安静时的脉搏频率出现递减的趋势,剧烈运动后的即时脉搏频率出现递增趋势为正常、良好;运动后,由即时脉搏恢复到正常脉搏的时间有缩短趋势表明体育锻炼效果正常、良好。

运动负荷强度的大小,可采用运动时每分钟的平均脉搏除以安静时每分钟的脉搏,以其所得指数进行评价,见表 5-4。不同年龄人群从事不同运动强度体育锻炼时对应心率可以见表 5-5。

心率与脉搏略有区别,也是评定心血管机能的重要指标。心率是指单位时间内心脏搏动的次数,一般指每分钟的心跳次数。

心率可在以下方面评定心血管机能:①评定心脏功能和身体机能状况:通过比较定量负荷或最大负荷前后心率的变化及运动后心率的恢复过程,可衡量机体对运动负荷的适应水平,对心脏功能及身体机能状况做出恰当判断。②控制运动强度:心率和吸氧量呈线性关系,可用于控制运动强度,是运动训练、大众健身中控制运动强度的一个方便、有效的重要指标。③反映疲劳情况:身体状况良好时,基础心率随运动水平和健康状况的提高而平稳下降。若在排除其他影响因素时基础心率出现较大波动,则可能是运动量过大、身体疲劳所致。④反映训练水平:耐力项目和训练水平高的运动员安静心率较低,有的运动员安静心率可减慢到 30 多次/min。此外,心率还可作为诊断疾病的重要指标之一。具体内容详见本书体育

— 111 —

锻炼与运动处方相关章节。

表 5-4 强度指数评定表

强度	大	较大	中	小	较小
指数	2以上	1.8～2	1.5～1.8	1.2～1.5	1.2以下

表 5-5 不同年龄、心率和运动强度对照表　　　　　单位:次

心率 强度	年龄/岁						
	8～12	13～17	18～29	30～39	40～49	50～59	60以上
100%	195	190	190	185	175	165	155
90%	180	175	175	170	165	155	145
80%	170	165	165	160	150	145	135
70%	160	155	150	145	140	135	130
65%	150	150	140	140	135	130	125
60%	145	140	135	135	130	125	120
55%	140	135	130	130	120	120	115
50%	135	130	125	120	115	110	110
45%	130	125	120	115	110	105	105
40%	125	120	115	110	105	100	100

(2)肺活量是测试人体呼吸的最大通气能力,它的大小反映了肺的容积和肺的扩张能力包括胸廓的扩张能力,可以间接地反映人体的换气能力和运动潜能,是人体生长发育水平和体质状况的一项常用机能指标。评定时一般用肺活量体重指数。肺活量体重指数是人体自身的肺活量与体重的比值,即每千克体重肺活量的相对值来反映肺活量与体重的相关程度,主要用以对不同年龄、性别的个体与群体进行客观的定量比较分析(中小学男女生部分评分标准见表5-6和表5-7)。具体公式:

$$肺活量体重指数＝肺活量(mL)/体重(kg)$$

(3)安静时血压。血压是指心脏收缩时血液流经动脉管腔内对管壁产生的侧压力,是心室射血和外周阻力共同作用的结果。一般来说,收缩压主要反映心脏每搏输出量的大小,舒张压主要反映外周阻力的大小,而脉压差则反映动脉管壁的弹

性。为此,血压的测试是检查和评价血管系统功能的重要指标,是评价成年人体质状况和衡量健康水平的一个重要指标。正常的血压范围:低压 60～90mmHg(1mmHg＝0.133kPa),高压 95～140mmHg。一般情况,低压高出正常范围比高压高出正常范围对人体的影响更大。

表 5-6　中小学男生肺活量体重指数评分标准表

等级	得分	小学五、六年级	初中一年级	初中二年级	初中三年级	高中一年级	高中二年级	高中三年级
优秀	100	80	80	80	81	82	83	83
	98	79	79	79	80	81	82	82
	96	78	78	78	79	80	81	81
	94	76	76	77	78	79	80	80
	92	74	75	75	77	78	79	79
	90	73	73	74	76	76	77	78
良好	87	71	71	72	74	75	76	76
	84	69	69	70	72	73	74	74
	81	66	67	68	70	71	72	72
	78	63	64	65	67	68	69	70
	75	60	61	63	65	66	66	67
及格	72	58	59	61	63	64	65	65
	69	55	57	58	60	61	62	63
	66	53	54	55	57	59	59	60
	63	49	50	52	54	55	56	57
	60	45	47	48	50	52	53	53
不及格	50	44	46	47	49	51	51	52
	40	42	44	45	48	49	50	51
	30	40	43	44	46	48	48	49
	20	37	41	42	44	45	46	47
	10	35	38	40	42	43	44	45

表 5-7 中小学女生肺活量体重指数评分标准表

等级	得分	小学五、六年级	初中一年级	初中二年级	初中三年级	高中一年级	高中二年级	高中三年级
优秀	100	73	71	69	68	68	70	68
	98	72	70	68	67	67	69	67
	96	71	69	67	66	66	68	66
	94	70	68	66	65	65	67	65
	92	68	66	65	64	64	66	64
	90	67	65	63	63	63	64	63
良好	87	65	64	62	62	62	63	62
	84	63	61	60	60	60	61	60
	81	61	59	59	58	59	59	58
	78	58	56	56	56	56	57	56
	75	55	54	54	54	54	54	54
及格	72	53	52	52	52	52	52	52
	69	50	49	50	50	50	50	50
	66	47	47	47	47	47	47	48
	63	44	43	43	43	44	44	44
	60	40	40	40	40	41	41	41
不及格	50	39	39	39	39	40	40	40
	40	37	37	37	38	38	38	39
	30	36	36	36	36	37	37	38
	20	34	34	34	34	35	36	36
	10	32	32	32	33	34	34	35

注:表格中间数据为具体肺活量体重指数。

（4）台阶试验:反映人体心血管系统机能水平。具体内容详见本书第九章体育锻炼与耐力素质。

2.身体机能的测量

（1）脉搏的测量。测试仪器:秒表和医用听诊器。

测试方法:受试者静坐,右前臂平放在桌面上,掌心向上。测试人员坐在右侧,以食指、中指和无名指的指端触压受试者手腕部的桡动脉,测量脉搏。测量幼儿心率时,取平卧位,将听诊器的听诊头放置在心前区(左锁骨中线与第五肋间隙交界处)。测量脉搏前应先确定受试者为安静状态(即以 10s 为单位,连续测量三个 10s 的脉搏,若其中两次测量值相同并与另一次相差不超过一次时,即可认为受试者处于相对安静状态;否则应适当休息,直至符合要求),然后测量 30s 的脉搏,所得数值乘以 2 即为测量值。记录以次为单位。

注意事项:测试前 1～2h 内,受试者不要进行剧烈的身体活动;幼儿测试可于午睡后进行;成年人和老年人测试前,要静坐 10min 以上才能进行测试。

(2)肺活量的测量。测试仪器:电子肺活量计。

测试方法:使用电子肺活量计测试时,首先将肺活量计接上电源(可以用电池或用外接电源),按电源开关,显示屏上先闪耀"8888",后显示"0",表示仪器处于工作状态。测试时,受试者握外设手把,先将吹嘴装在外设的进气口,保持导压软管在外设上方的位置,头部略向后仰,尽力深吸气直至再不能吸气为止,然后将嘴对准吹嘴做中等速度的尽力深呼气,直到不能呼气为止。此时显示器上显示的数据即为肺活量值。测试两次,取最大值,记录以毫升为单位,不计小数。

注意事项:测试应使用一次性吹嘴,如果需重复使用时,必须严格消毒;测试前,测试人员应向受试者讲解测试要领,做示范演示,受试者可试吹一次;测试时,受试者呼气不可过猛,防止漏气,且必须保持导压软管在文氏管上方;受试者在呼气开始后至测试结束前不能吸气;测试人员要及时纠正受试者用鼻呼气的错误动作,如果无法纠正,可让受试者带上鼻夹或用手捏住鼻子,防止鼻呼气;下一次测试开始前,须使仪器回到"0"位。

(3)血压的测量。测试仪器:立柱式水银血压计、医用听诊器。

测试方法:受试者静坐,右臂自然前伸,平放在桌面,掌心向上。血压计"0"位与受试者心脏及右臂袖带应处于同一水平。测试人员捆扎袖带时,应平整、松紧适度,确保受试者肘窝部要充分暴露。测试人员摸准肱动脉的位置,将听诊器听诊头放置其上,使听诊头与皮肤密切接触,但不能用力紧压或塞在袖带下。然后打气入带,使水银柱急速上升,直到听不到肱动脉搏动声时,再升高 20～30mmHg。随后缓缓放气,当听到第一个脉跳声时,水银柱高度值即为收缩压;继续放气,脉跳声经过一系列变化,脉跳声消逝瞬间的水银柱高度值为舒张压。血压测试力求一次听准,否则重新测量。分别记录收缩压、舒张压,以毫米汞柱为单位。

注意事项:测试前 1～2h 内,受试者不要进行剧烈的身体活动;测试前受试者静坐 10～15min,稳定情绪,接受测试;测试前应检查血压计水银柱是否在"0"位,若不在"0"位应校正;应观察水银柱有无气泡,如有气泡应予排除;测试时,上衣袖口不应紧压上臂;袖带下缘应在肘窝上 2.5cm 处;需重测时,应等待血压计水银柱下降至"0"位后再进行;血压重测者,必须再休息 10～15min,之后方能进行;对血压持续超出正常范围者,要及时请现场医务人员观察其情况。

(三)身体素质的测量

1.力量素质指标

(1)握力。握力主要测试前臂及手部肌肉的力量。

测试仪器:电子握力计。

测试方法:测试前,受试者用有力手握住握力计内外握柄,另一只手转动握距调整轮,调到适宜的用力握距,准备测试。测试人员打开电源开关,显示屏上出现闪烁信号,最后定格在".0"数值上,表明握力计进入工作状态。测试时,受试者身体直立,两脚自然分开,与肩同宽,两臂斜下垂,掌心向内,用最大力紧握内外握柄。测试 2 次,记录最大值,以 kg 为单位,精确到小数点后 1 位。

注意事项:测试时,禁止摆臂、下蹲或将握力计接触身体;如果受试者不能确定有力手,左、右手可各测试 2 次,记录最大数值;每次测试前,须将握力计清空回零。

(2)引体向上。引体向上测试人体上肢及躯干部分肌群的力量水平。

测试器材:高单杠或高横杠若干,杠的粗细以受试者手能握住为准。

测试方法:受试者面向单杠,自然站立;向后摆动双臂、跳起,双手分开与肩同宽,正握杠,身体呈直臂悬垂姿势;待身体停止晃动后,两臂同时用力,向上引体(身体不得有任何附加动作);当下颌超过横杠上缘时,还原,呈直臂悬垂姿势,为完成 1 次。测试人员记录受试者完成的次数,以次为单位。

注意事项:若受试者身高较矮,不能自己跳起握杆时,测试人员可以提供帮助;测试时,受试者要保持身体挺直,不得屈膝、挺腹等;若借助身体摆动或其他附加动作完成引体时,该次不计数;测试时,应有相应的保护措施,防止伤害事故的发生。

(3)背肌力。测试腰背部肌肉的最大伸展力。

测试仪器:电子背力计。

测试方法:将背力计显示屏调至"0",受试者两脚尖分开约 15cm 直立在背力计的底盘上,两臂和两手伸直下垂于同侧大腿的前面,使背力计握柄与两手指尖接触,以此高度确定背力计拉杆的长度。测试时,受试者两腿伸直,上体略前倾(约30°),两臂伸直紧握把柄(手心向内),用最大力气向上拉。测试 2 次,记录最大值,以千克为单位,不计小数。

(4)纵跳。通过测试受试者的纵跳高度,反映下肢的弹跳力。

测试仪器:电子纵跳计。

测试方法:测试人员打开电源开关,按"按键"后,显示屏上出现闪烁信号,蜂鸣器发出声响,表明纵跳计进入工作状态。受试者踏上纵跳板,双足自然分开,呈直立姿势,准备测试。当看到显示屏上显示出"0.0"时,开始测试。受试者屈膝半蹲,双臂尽力后摆,然后向前上方快速摆臂,双腿同时发力,尽力垂直向上跳起。在受试者落回纵跳板后,显示屏显示出测试数值。测试 2 次,记录最大值,以厘米为单位,精确到小数点后 1 位。

注意事项:起跳时,受试者双腿不能移动或有垫步动作;起跳后至落地前,受试者不能出现屈髋、屈膝等动作;如果受试者没有落回到纵跳板上,测试失败,需重新测试;每次测试前,须待仪器自动清空回零或按"按键"清空回零。

(5)立定跳远。测试场地及器材:在平坦地面(地质不限)上画或设立起跳线(可用线绳或胶带),在起跳线前方要备有沙坑或软地面;以起跳线内缘为零点垂直拉一条长 1.5～2m 的带尺;直角尺 1 把。

测试方法:受试者两脚自然分开,站立在起跳线后,然后摆动双臂,双脚蹬地尽力向前跳。测试人员观察受试者双脚的着地点,用直角尺的一条直边与带尺重合。带尺上的数值即为测试结果。测试 2 次,测试人员记录最好成绩,以厘米为单位,不计小数。

注意事项:受试者起跳前,双脚均不能踩线、过线;犯规时成绩无效,继续测试直至取得成绩为止;起跳时,不能有垫跳、助跑、连跳等动作。

(6)俯卧撑(男)。间接评价受试者的肌肉持续工作能力。

测试场地及器材:平坦地面,软垫若干块。

测试方法:测试前,受试者双臂伸直,分开与肩同宽,手指向前,双手撑地,躯干伸直,两腿向后伸直。在听到测试人员发出"开始"口令后,受试者屈臂使身体平直下降至肩与肘处在同一水平面上,然后,将身体平直撑起,恢复到开始姿势。此时,为完成一次俯卧撑动作。受试者须连续不断地重复此动作,当受试者动作不能持续保持时,测试人员记录完成次数。以次为单位。

注意事项:测试时,受试者身体如果未保持平直或身体未下降至肩与肘处在同一水平面的情况时,该次俯卧撑动作不计数。

(7)1min 仰卧起坐(女)。仰卧起坐主要反映受试者腰腹部肌群力量。

测试场地及器材:软垫若干块(或代用品)、秒表。

测试方法:测试前,受试者两手手指交叉抱于脑后,两腿稍分开,屈膝呈 90°,仰卧于铺放平坦的软垫上。另一同伴压住受试者两侧踝关节处,固定下肢。在受试者听"开始"口令后,双手抱头、收腹使躯干完成坐起动作,双肘关节触及或超过双膝后,还原至开始姿势,为完成一次仰卧起坐动作。受试者须连续不断地重复此动作,持续运动 1min。测试人员在发出"开始"口令的同时,开表计时;并记录受试者在1min内完成仰卧起坐的次数。以次为单位。

注意事项:测试时,如果受试者借用肘部撑起或臀部上挺后下压的力量完成起坐,或双肘未触及或未超过双膝,该次仰卧起坐不计数;测试中,测试人员要随时向受试者报告已完成次数;受试者双脚必须放在垫子上,并由同伴固定。

2.速度素质指标

(1)选择反应时。测试和评价受试者的简单反应和综合反应能力。选择反应时反映人体从视觉上获得信息、传回大脑,经过综合处理后传到肌肉、由肌肉做出最后反应所需要的时间,可评价人体神经传导速度的快慢以及大脑处理信息的快慢。

测试仪器:电子反应时测试仪。

测试方法:测试人员打开电源开关,并确定测试仪进入工作状态。开始测试时,受试者五指并拢伸直,用中指远节按住"启动"键,当任意一个"信号"键发出信号时(声、光同时发出),用同一只手以最快速度按向该"信号"键;然后,再次按住"启动键",等待下一个信号的发出,每次测试须完成5个信号的应答。当所有"信号"键都同时发出声、光信号时,表示测试结束,显示屏上显示测试值。测试2次,记录最小值,精确到小数点后2位。以秒为单位。

注意事项:测试时,受试者不要用力拍击"信号"键;受试者按住"启动"键一直要等到"信号"键发出信号后,才能松手,否则,测试无法正常进行;按"启动"键开始下一次测试。

(2)50m跑。测量人体快速的位移能力。

测试场地及器材:在平坦的地面(地质不限)上画长50m、宽1.22m的直线跑道若干条。设一端为起点线,另一端为终点线。发令旗一面,发令哨一个,秒表若干块。

测试方法:受试者至少两人一组,采用站立式起跑;在听到起跑信号后,立即起跑,全力跑向终点线。发令员站在起点线的侧面,在发出起跑信号的同时,要挥动发令旗。计时员位于终点线的侧面,视发令旗挥动的同时,开表计时;当受试者胸部到达终点线的垂直面时停表。记录以秒为单位,保留小数点后1位。小数点后第二位数按非"0"进"1"的原则进位。

3.耐力素质指标

800m跑(女)、1 000m跑(男):测试学生耐力素质的发展水平,特别是心血管呼吸系统的机能及肌肉耐力。

测试场地及器材:400m,300m,200m田径场跑道,地质不限。也可使用其他不规则场地,但必须丈量准确,地面平坦。秒表若干块,使用前需要校正,要求同50m 跑测试。

测试方法:受试者至少两人一组进行测试,站立式起跑。在听到"跑"的口令后开始起跑。计时员看到旗动开表计时,当受试者的躯干部到达终点线垂直面时停表。以分、秒为单位记录测试成绩,不计小数。

4. 柔韧与平衡能力指标

(1)坐位体前屈。通过测试静止状态下躯干、腰、髋等关节可能达到的活动幅度,评价躯干、腰、髋部位关节、韧带和肌肉的伸展性和弹性。

测试仪器:电子坐位体前屈计。

测试方法:测试人员打开电源开关,将游标推到导轨近端,当显示屏上显示出"-20.0cm"或以下数值时,表明坐位体前屈计进入工作状态。受试者面向仪器坐在垫子上,双腿向前伸直;脚跟并拢,蹬在测试仪的挡板上,脚尖自然分开。测试人员调整导轨高度使受试者脚尖平齐游标下缘。测试时,受试者双手并拢,掌心向下平伸,膝关节伸直,上体前屈,用双手中指指尖推动游标平滑前进,直到不能推动为止。此时,显示屏上显示的数值即为测试值。测试 2 次,记录最大值,以厘米为单位,精确到小数点后 1 位。

注意事项:测试前,受试者应做好准备活动;测试时,受试者双臂不能突然前振,不能用单手前推游标,膝关节不能弯曲;每次测试前,测试人员都要将游标推到导轨近端位置;测试人员要正确填写受试者测试值的"+""-"号;如果受试者测试值小于"-20.0cm",按"-20.0cm"记录。

(2)闭眼单脚站立。测试意义:主要是用于检查人体平衡能力,也可以用于评价位置感觉、视觉和本体感觉之间的协调能力。

测试仪器:电子闭眼单脚站立测试仪。

测试方法:测试人员打开电源开关,按"按键"后,显示屏上出现闪烁信号,蜂鸣器发出声响,表明测试仪进入工作状态。受试者双脚依次踏上测试板,其中习惯支撑脚站在中间踏板上,另一只脚站在周边踏板上,显示屏上显示"0",同时蜂鸣器发出声响,受试者闭眼,抬起周边踏板上的脚时,蜂鸣器停止发声,测试仪开始计时。当受试者的支撑脚移动或抬起脚着地时,蜂鸣器发出声响,表明测试结束,显示屏上显示测试值。测试 2 次,记录最好成绩。记录以秒为单位,不计小数。

注意事项:测试前,双脚要依次踏上测试台,站稳后,方可进行测试;在测试过程中,受试者都不能睁眼;测试人员要注意保护受试者;每次测试前,须待仪器自动清空回零或按"按键"清空回零。

二、学生体育锻炼效果的评定

学生的体质健康水平,关系着民族的未来,因此科学进行体育锻炼,以科学指标监测锻炼效果是教育工作者尤其是体育工作者义不容辞的职责。2007 年教育部等部委下发执行《国家学生体质健康标准》,重新依据国际流行的身体健康素质评价体系对学生体育锻炼效果进行科学评测。

《国家学生体质健康标准》规定了从小学到大学学生体素健康测试与评价指标。评价具体方法:有的是直接利用测试值进行查表评分,如立定跳远;有的需要进行计算,如肺活量体重指数和握力体重指数;此外,身高标准体重是根据所测得的身高和体重查表进行评分。另外,评价指标和测试项目都是相对应的,要想选什么评价指标,就必须选测相应的测试项目;同样,测试了相应的项目,就要选评对应的指标。

(一)各级学生体质健康测试与评价指标

小学一、二年级的评价指标有三项:身高标准体重为必评指标;选评指标为两项,分别从坐位体前屈、投沙包中选评一项;从 50m 跑(或 25m×2 往返跑)、立定跳远、跳绳、踢毽子中选评一项。

小学三、四年级的评价指标有三项:身高标准体重为必评指标;选评指标为两项,分别从坐位体前屈、掷实心球、仰卧起坐中选评一项;从 50m 跑(或 25m×2 往返跑)、立定跳远、跳绳中选评一项。

小学五、六年级的评价指标有五项:身高标准体重、肺活量体重指数为必评指标;选评指标为三项,分别从 400m 跑(或 50m×8 往返跑)、台阶试验中选评一项;从坐位体前屈、掷实心球、仰卧起坐、握力中选评一项;从 50m 跑(或 25m×2 往返跑)、立定跳远、跳绳、篮球运球、足球颠球、排球垫球中选评一项。

初中、高中、大学各年级的评价指标有五项:身高标准体重、肺活量体重指数为必评指标;选评指标有三项,分别是从 1 000m 跑(男)、800m 跑(女)、台阶试验中选评一项;从坐位体前屈、掷实心球、仰卧起坐(女)、引体向上(男)、握力体重指数中选评一项;从 50m 跑、立定跳远、跳绳、篮球运球、足球运球、排球垫球中选评一项。

(二)各级学生体质健康评分表及使用方法

使用评分表对学生的测试结果进行评价可分为两个部分,第一部分是对各项测试结果分别评分,得出相应评价指标的得分和等级;第二部分是对每一个学生给出总的得分和等级。评价的具体方法为:首先按照年级、性别,找到对应的评分表,使用该表查出相应指标所处的档次及其得分,再依据每个项目具体系数计算实际得分,最后相加各项实际得分算出总得分,进行等级评定。

在测试评定过程中,学生可以了解自身在体质健康各个方面的具体情况和等级,以便根据自己的实际情况,进行有针对性的锻炼,从而不断提高每个学生的体质健康水平。如果想要对它进行总体评价,就需要对查出的分数进行下一步计算。

等级评价:总分90分(含)以上为优秀,总分75~89分为良好,总分60~74分为及格,总分59(含)以下为不及格。鉴于篇幅所限,本章仅列举大学生体质健康测试指标、分值比重及评分表(见表5-8至表5-12)。其他年级评分表参见《〈国家学生体质健康标准〉解读》一书。

表 5-8　《国家学生体质健康标准》大学生测试指标及分值比例

测试类别	测试要求	测试指标	评价指标	分值比例/(%)
身体形态	必测	身高 体重	身高标准体重	10
身体机能	必测	肺活量	肺活量体重指数	20
身体素质	选测一项	1 000m 跑(男) 800m 跑(女) 台阶试验	1 000m 跑(男) 800m 跑(女) 台阶试验	30
身体素质	选测一项	坐位体前屈 掷实心球 仰卧起坐(女) 引体向上(男) 握力	坐位体前屈 掷实心球 仰卧起坐(女) 引体向上(男) 握力体重指数	20
	选测一项	50 米跑 立定跳远 跳绳 篮球运球 足球运球 排球垫球	50 米跑 立定跳远 跳绳 篮球运球 足球运球 排球垫球	20

注:台阶试验为机能指标,鉴于与耐力素质选测,故放在一组。

表5-9　大学一年级至四年级男生身高标准体重评分表　　单位:kg

身高段/cm	营养不良	较低体重	正常体重	超重	肥胖
	50分	60分	100分	60分	50分
144.0～144.9	<41.5	41.5～46.3	46.4～51.9	52.0～53.7	≥53.8
145.0～145.9	<41.8	41.8～46.7	46.8～52.6	52.7～54.5	≥54.6
146.0～146.9	<42.1	42.1～47.1	47.2～53.1	53.2～55.1	≥55.2
147.0～147.9	<42.4	42.4～47.5	47.6～53.7	53.8～55.7	≥55.8
148.0～148.9	<42.6	42.6～47.9	48.0～54.2	54.3～56.3	≥56.4
149.0～149.9	<42.9	42.9～48.3	48.4～54.8	54.9～56.6	≥56.7
150.0～150.9	<43.2	43.2～48.8	48.9～55.4	55.5～57.6	≥57.7
151.0～151.9	<43.5	43.5～49.2	49.3～56.0	56.1～58.2	≥58.3
152.0～152.9	<43.9	43.9～49.7	49.8～56.5	56.6～58.7	≥58.8
153.0～153.9	<44.2	44.2～50.1	50.2～57.0	57.1～59.3	≥59.4
154.0～154.9	<44.7	44.7～50.6	50.7～57.5	57.6～59.8	≥59.9
155.0～155.9	<45.2	45.2～51.1	51.2～58.0	58.1～60.7	≥60.8
156.0～156.9	<45.6	45.6～51.6	51.7～58.7	58.8～61.0	≥61.1
157.0～157.9	<46.1	46.1～52.1	52.2～59.2	59.3～61.5	≥61.6
158.0～158.9	<46.6	46.6～52.6	52.7～59.8	59.9～62.2	≥62.3
159.0～159.9	<46.9	46.9～53.1	53.2～60.3	60.4～62.7	≥62.8
160.0～160.9	<47.4	47.4～53.6	53.7～60.9	61.0～63.4	≥63.5
161.0～161.9	<48.1	48.1～54.3	54.4～61.6	61.7～64.1	≥64.2
162.0～162.9	<48.5	48.5～54.8	54.9～62.2	62.3～64.8	≥64.9
163.0～163.9	<49.0	49.0～55.3	55.4～62.8	62.9～65.3	≥65.4
164.0～164.9	<49.5	49.5～55.9	56.0～63.4	63.5～65.9	≥66.0
165.0～165.9	<49.9	49.9～56.4	56.5～64.1	64.2～66.6	≥66.7
166.0～166.9	<50.4	50.4～56.9	57.0～64.6	64.7～67.0	≥67.1
167.0～167.9	<50.8	50.8～57.3	57.4～65.0	65.1～67.5	≥67.6
168.0～168.9	<51.1	51.1～57.7	57.8～65.5	65.6～68.1	≥68.2
169.0～169.9	<51.6	51.6～58.2	58.3～66.0	66.1～68.6	≥68.7
170.0～170.9	<52.1	52.1～58.7	58.8～66.5	66.6～69.1	≥69.2
171.0～171.9	<52.5	52.5～59.2	59.3～67.2	67.3～69.8	≥69.9

续 表

身高段/cm	营养不良	较低体重	正常体重	超重	肥胖
	50 分	60 分	100 分	60 分	50 分
172.0~172.9	<53.0	53.0~59.8	59.9~67.8	67.9~70.4	≥70.5
173.0~173.9	<53.5	53.5~60.3	60.4~68.4	68.5~71.1	≥71.2
174.0~174.9	<53.8	53.8~61.0	61.1~69.3	69.4~72.0	≥72.1
175.0~175.9	<54.5	54.5~61.5	61.6~69.9	70.0~72.7	≥72.8
176.0~176.9	<55.3	55.3~62.2	62.3~70.9	71.0~73.8	≥73.9
177.0~177.9	<55.8	55.8~62.7	62.8~71.6	71.7~74.5	≥74.6
178.0~178.9	<56.2	56.2~63.3	63.4~72.3	72.4~75.3	≥75.4
179.0~179.9	<56.7	56.7~63.8	63.9~72.8	72.9~75.8	≥75.9
180.0~180.9	<57.1	57.1~64.3	64.4~73.5	73.6~76.5	≥76.6
181.0~181.9	<57.7	57.7~64.9	65.0~74.2	74.3~77.3	≥77.4
182.0~182.9	<58.2	58.2~65.6	65.7~74.9	75.0~77.8	≥77.9
183.0~183.9	<58.8	58.8~66.2	66.3~75.7	75.8~78.8	≥78.9
184.0~184.9	<59.3	59.3~66.8	66.9~76.3	76.4~79.4	≥79.5
185.0~185.9	<59.9	59.9~67.4	67.5~77.0	77.1~80.2	≥80.3
186.0~186.9	<60.4	60.4~68.1	68.2~77.8	77.9~81.1	≥81.2
187.0~187.9	<60.9	60.9~68.7	68.8~78.6	78.7~81.9	≥82.0
188.0~188.9	<61.4	61.4~69.2	69.3~79.3	79.4~82.6	≥82.7
189.0~189.9	<61.8	61.8~69.8	69.9~79.9	80.0~83.2	≥83.3
190.0~190.9	<62.4	62.4~70.4	70.5~80.5	80.6~83.6	≥83.7

注:身高低于表中所列出的最低身高段的下限值时,身高每低 1cm,实测体重需加上 0.5kg,实测身高需加上 1cm,再查表确定分值。身高高于表中所列出的最高身高段时,身高每高 1cm,其实测体重需减去 0.9kg,实测身高需减去 1cm,再查表确定分值。

表 5-10 大学一年级至四年级女生身高标准体重评分表 单位:kg

身高段/cm	营养不良	较低体重	正常体重	超重	肥胖
	50 分	60 分	100 分	60 分	50 分
140.0~140.9	<36.5	36.5~42.4	42.5~50.6	50.7~53.3	≥53.4
141.0~141.9	<36.6	36.6~42.9	43.0~51.3	51.4~54.1	≥54.2
142.0~142.9	<36.8	36.8~43.2	43.3~51.9	52.0~54.7	≥54.8
143.0~143.9	<37.0	37.0~43.5	43.6~52.3	52.4~55.2	≥55.3
144.0~144.9	<37.2	37.2~43.7	43.8~52.7	52.8~55.6	≥55.7

续 表

身高段/cm	营养不良	较低体重	正常体重	超重	肥胖
	50 分	60 分	100 分	60 分	50 分
145.0～145.9	＜37.5	37.5～44.0	44.1～53.1	53.2～56.1	≥56.2
146.0～146.9	＜37.9	37.9～44.4	44.5～53.7	53.8～56.7	≥56.8
147.0～147.9	＜38.5	38.5～45.0	45.1～54.3	54.4～57.3	≥57.4
148.0～148.9	＜39.1	39.1～45.7	45.8～55.0	55.1～58.0	≥58.1
149.0～149.9	＜39.5	39.5～46.2	46.3～55.6	55.7～58.7	≥58.8
150.0～150.9	＜39.9	39.9～46.6	46.7～56.2	56.3～59.3	≥59.4
151.0～151.9	＜40.3	40.3～47.1	47.2～56.7	56.8～59.8	≥59.9
152.0～152.9	＜40.8	40.8～47.6	47.7～57.4	57.5～60.5	≥60.6
153.0～153.9	＜41.4	41.4～48.2	48.3～57.9	58.0～61.1	≥61.2
154.0～154.9	＜41.9	41.9～48.8	48.9～58.6	58.7～61.9	≥62.0
155.0～155.9	＜42.3	42.3～49.1	49.2～59.1	59.2～62.4	≥62.5
156.0～156.9	＜42.9	42.9～49.7	49.8～59.7	59.8～63.0	≥63.1
157.0～157.9	＜43.5	43.5～50.3	50.4～60.4	60.5～63.6	≥63.7
158.0～158.9	＜44.0	44.0～50.8	50.9～61.2	61.3～64.5	≥64.6
159.0～159.9	＜44.5	44.5～51.4	51.5～61.7	61.8～65.1	≥65.2
160.0～160.9	＜45.0	45.0～52.1	52.2～62.3	62.4～65.6	≥65.7
161.0～161.9	＜45.4	45.4～52.5	52.6～62.8	62.9～66.2	≥66.3
162.0～162.9	＜45.9	45.9～53.1	53.2～63.4	63.5～66.8	≥66.9
163.0～163.9	＜46.4	46.4～53.6	53.7～63.9	64.0～67.3	≥67.4
164.0～164.9	＜46.8	46.8～54.2	54.3～64.5	64.6～67.9	≥68.0
165.0～165.9	＜47.4	47.4～54.8	54.9～65.0	65.1～68.3	≥68.4
166.0～166.9	＜48.0	48.0～55.4	55.5～65.5	65.6～68.9	≥69.0
167.0～167.9	＜48.5	48.5～56.0	56.1～66.2	66.3～69.5	≥69.6
168.0～168.9	＜49.0	49.0～56.4	56.5～66.7	66.8～70.1	≥70.2
169.0～169.9	＜49.4	49.4～56.8	56.9～67.3	67.4～70.7	≥70.8
170.0～170.9	＜49.9	49.9～57.3	57.4～67.9	68.0～71.4	≥71.5
171.0～171.9	＜50.2	50.2～57.8	57.9～68.5	68.6～72.1	≥72.2
172.0～172.9	＜50.7	50.7～58.4	58.5～69.1	69.2～72.7	≥72.8
173.0～173.9	＜51.0	51.0～58.8	58.9～69.6	69.7～73.1	≥73.2
174.0～174.9	＜51.3	51.3～59.3	59.4～70.2	70.3～73.6	≥73.7
175.0～175.9	＜51.9	51.9～59.9	60.0～70.8	70.9～74.4	≥74.5

续　表

身高段/cm	营养不良	较低体重	正常体重	超重	肥胖
	50 分	60 分	100 分	60 分	50 分
176.0～176.9	＜52.4	52.4～60.4	60.5～71.5	71.6～75.1	≥75.2
177.0～177.9	＜52.8	52.8～61.0	61.1～72.1	72.2～75.7	≥75.8
178.0～178.9	＜53.2	53.2～61.5	61.6～72.6	72.7～76.2	≥76.3
179.0～179.9	＜53.6	53.6～62.0	62.1～73.2	73.3～76.7	≥76.8
180.0～180.9	＜54.1	54.1～62.5	62.6～73.7	73.8～77.0	≥77.1
181.0～181.9	＜54.5	54.5～63.1	63.2～74.3	74.4～77.8	≥77.9
182.0～182.9	＜55.1	55.1～63.8	63.9～75.0	75.1～79.4	≥79.5
183.0～183.9	＜55.6	55.6～64.5	64.6～75.7	75.8～80.4	≥80.5
184.0～184.9	＜56.1	56.1～65.3	65.4～76.6	76.7～81.2	≥81.3
185.0～185.9	＜56.8	56.8～66.1	66.2～77.5	77.6～82.4	≥82.5
186.0～186.9	＜57.3	57.3～66.9	67.0～78.6	78.7～83.3	≥83.4

注:身高低于表中所列出的最低身高段的下限值时,身高每低 1cm,实测体重需加上 0.5kg,实测身高需加上 1cm,再查表确定分值。身高高于表中所列出的最高身高段时,身高每高 1cm,其实测体重需减去 0.9kg,实测身高需减去 1cm,再查表确定分值。

表 5-11　大学男生评分标准

等级	单项得分	肺活量体重指数	1 000m	台阶试验	50m跑/s	立定跳远/m	实心球/m	握力体重指数	引体向上/次	坐位体前屈/cm	跳绳/(次·min⁻¹)	篮球运球/s	足球运球/s	排球垫球/次
优秀	100	84	3′27″	82	6.0	2.66	15.7	92	26	23.0	198	8.6	6.3	50
	98	83	3′28″	80	6.1	2.66	15.2	91	25	22.6	193	9.0	6.5	49
	96	82	3′31″	77	6.2	2.63	14.4	90	24	22.0	186	9.6	6.9	46
	94	81	3′33″	74	6.3	2.62	13.6	89	23	21.4	178	10.3	7.3	44
	92	80	3′35″	71	6.4	2.60	12.5	87	22	20.6	168	11.1	7.7	41
	90	78	3′39″	67	6.5	2.58	11.5	86	21	19.8	158	12.0	8.2	38

续 表

等级	单项得分	肺活量体重指数	1 000m	台阶试验	50m跑/s	立定跳远/m	实心球/m	握力体重指数	引体向上/次	坐位体前屈/cm	跳绳/(次·min⁻¹)	篮球运球/s	足球运球/s	排球垫球/次
良好	87	77	3'42"	65	6.6	2.56	11.3	84	20	18.9	152	12.4	8.5	37
	84	75	3'45"	63	6.8	2.52	10.9	81	19	17.5	144	12.9	8.9	34
	81	73	3'49"	60	7.0	2.48	10.5	79	18	16.2	136	13.5	9.3	32
	78	71	3'53"	57	7.3	2.43	10.0	75	17	14.3	124	14.3	9.9	29
	75	68	3'58"	53	7.5	2.38	9.5	72	16	12.5	113	15.0	10.4	26
及格	72	66	4'05"	52	7.6	2.35	9.3	70	15	11.3	108	15.6	10.7	25
	69	64	4'12"	51	7.7	2.31	8.9	66	14	9.5	101	16.6	11.2	23
	66	61	4'19"	50	7.8	2.26	8.5	63	13	7.8	94	17.5	11.7	21
	63	58	4'26"	48	8.0	2.20	8.0	59	12	5.4	85	18.8	12.3	18
	60	55	4'33"	46	8.1	2.14	7.5	54	11	3.0	75	20.0	12.9	15
不及格	50	54	4'40"	45	8.2	2.12	7.3	53	9	2.4	71	20.6	13.3	14
	40	52	4'47"	44	8.3	2.09	7.0	51	8	1.4	64	21.6	13.8	12
	30	51	4'54"	43	8.5	2.06	6.7	49	7	0.5	58	55.5	14.3	10
	20	49	5'01"	42	8.6	2.03	6.2	47	6	−0.8	49	23.8	15.0	8
	10	47	5'08"	40	8.8	1.99	5.8	44	5	−2.0	40	25.0	15.7	5

表 5 – 12　大学女生评分标准

等级	单项得分	肺活量体重指数	800m	台阶试验	50m跑/s	立定跳远/m	实心球/m	握力体重指数	仰卧起坐/(次·min⁻¹)	坐位体前屈/cm	跳绳/(次·min⁻¹)	篮球运球/s	足球运球/s	排球垫球/次
优秀	100	70	3'24"	78	7.2	2.07	8.6	74	52	21.1	190	11.2	7.3	46
	98	69	3'27"	75	7.3	2.06	8.5	73	51	20.8	184	11.5	7.8	44
	96	68	3'29"	72	7.4	2.05	8.4	72	50	20.3	175	12.0	8.6	41
	94	67	3'32"	69	7.5	2.03	8.2	71	49	19.8	166	12.6	9.4	38
	92	65	3'35"	64	7.7	2.01	8.0	69	47	19.2	154	13.3	10.5	34
	90	64	3'38"	60	7.8	1.99	7.8	67	45	18.6	142	14.0	11.5	30
良好	87	63	3'42"	59	7.9	1.97	7.7	66	44	17.7	137	14.6	11.9	29
	84	61	3'46"	57	8.0	1.93	7.6	63	43	16.3	130	15.6	12.5	27
	81	59	3'50"	55	8.2	1.89	7.5	61	42	15.0	122	16.5	13.2	25
	78	57	3'54"	52	8.3	1.84	7.4	58	40	13.1	112	17.8	14.0	23
	75	54	3'58"	49	8.5	1.79	7.2	55	38	11.3	102	19.0	14.9	20
及格	72	53	4'03"	48	8.6	1.76	7.1	53	37	10.1	98	19.8	15.6	19
	69	51	4'08"	47	8.7	1.72	7.0	50	35	8.3	92	20.9	16.7	17
	66	49	4'13"	46	8.8	1.69	6.8	48	33	6.5	86	22.0	17.8	15
	63	46	4'18"	44	8.9	1.63	6.6	44	31	4.1	78	23.5	19.3	13
	60	43	4'23"	42	9.0	1.58	6.4	40	28	1.7	70	25.0	20.8	10
不及格	50	42	4'30"	41	9.1	1.56	6.2	39	27	1.5	66	25.8	21.2	9
	40	41	4'37"	40	9.2	1.53	6.0	38	26	1.3	59	26.9	21.9	8
	30	39	4'44"	39	9.5	1.50	5.6	36	25	1.0	53	28.0	22.5	7
	20	37	4'51"	38	9.8	1.46	5.4	34	23	0.6	44	29.5	23.4	6
	10	35	5'00"	36	10.0	1.42	5.0	32	21	0.2	35	31.0	24.3	4

三、成年人体育锻炼效果的评定

我国成年人身处事业、家庭等负担繁重时期,较之于其他人群,工作压力大、没锻炼时间、没有锻炼场地、没有锻炼兴趣、家务重等状况,使成年人参加体育锻炼的比例大为降低。事实上,当成年人遇到超负荷的工作倍感压力时,体育锻炼通常是缓减压力最有效的方法。加强体育锻炼,科学监测锻炼效果对于成年人的体质健康具有更加特别的意义。我国制定的《国民体质测定标准》,分别对于不同人群体质进行科学监测。本书仅介绍《国民体质测定标准》(成年人部分),其他人群参看国家体育总局编印的《国民体质测定标准》(老年人部分)、《国民体质测定标准》(幼儿部分)。

《国民体质测定标准》(成年人部分)的适用对象为20~59周岁的中国成年人,按年龄、性别分组,每5岁为一组。男女共计16个组别。测试指标分为两个年龄群体,分别测量身高、体重、肺活量、台阶试验、握力、坐位体前屈等身体形态、机能、素质指标(见表5-13)。

《国民体质测定标准》(成年人部分)评定方法与标准:采用单项评分和综合评级进行评定。单项评分包括身高标准体重评分和其他单项指标评分,采用5分制。具体评分标准参见《国民体质测定标准》(成年人部分)及本书相关章节。综合评级是根据受试者各单项得分之和确定,共分四个等级:一级(优秀)、二级(良好)、三级(合格)、四级(不合格)。任意一项指标无分者,不进行综合评级(见表5-14)。

表5-13 《国民体质测定标准》(成年人部分)测试指标

类别	测试指标	
	20~39岁	40~59岁
身体形态	身高 体重	身高 体重
身体机能	肺活量 台阶试验	肺活量 台阶试验
身体素质	握力 俯卧撑(男) 1min仰卧起坐(女) 纵跳 坐位体前屈 选择反应时 闭眼单脚站立	握力 坐位体前屈 选择反应时 闭眼单脚站立

表 5 - 14　《国民体质测定标准》(成年人部分)测试综合评级标准

等级	得分	
	20～39 岁	40～59 岁
一级(优秀)	>33 分	>26 分
二级(良好)	30～33 分	24～26 分
三级(合格)	24～29 分	19～23 分
四级(不合格)	< 24 分	<19 分

四、评定体育锻炼效果的注意事项

1. 锻炼项目的特点

不同体育锻炼项目对身体机能的影响不同,在评定身体锻炼效果时应考虑到锻炼项目的特点。力量性运动项目主要是发展肌肉力量和肌肉体积,对心血管系统的影响不明显。长跑运动主要是发展心肺功能,运动后安静时可能出现心率下降的现象,而健美操运动后身体机能提高就可能并不出现安静时心率下降的现象。在评定锻炼效果时,应选择与体育运动形式相适应的、较敏感的生理指标。

2. 体育锻炼年限的特点

有的生理指标,经过短时期体育锻炼后就会发生较明显的变化,如肌肉力量;另有一些指标,需要经过长期锻炼才会出现变化,不要用短时间的运动效果评定。

3. 体育锻炼评定方法的一致性

在评定锻炼效果时,不同时期测定指标的方法要前后一致,这包括测定时间、运动负荷、测定部位等。只有测定方法统一,才能用于锻炼前后进行客观的比较,得出的结果才有意义。

4. 体育锻炼指标的变异性

一般来讲,任何生理指标,在锻炼的初期,提高都比较容易;而在提高到一定程度后,再继续提高就比较难;达到一定程度后,就不再继续提高。因此,不要误认为只有不断提高生理机能才证明锻炼效果好。保持已提高的生理机能,也是锻炼效果好的表现。

第六章　体育锻炼中运动伤病的预防与处理

【内容提要】

马雅可夫斯基说过，运动不能以损害健康为代价，任何体育运动都必须把安全放在第一位，这是对生命的尊重，也是一种责任。可见运动伤病是体育锻炼的大忌。本章系统介绍体育锻炼或比赛中运动损伤的产生原因、预防与康复，对出血、扭伤、关节脱位、骨折等急性运动损伤的现场处理以及部分慢性运动损伤做了重点介绍，对于体育锻炼中遇到的诸如腹痛、肌肉痉挛等运动性病症的症状、产生原因以及预防与处理也做了全面的介绍，旨在使锻炼者获得并树立预防为主、科学治疗、健康恢复的理念。

【关键词】

急性运动损伤　慢性运动损伤　运动性病症　骨折　运动性休克　运动中暑运动性疲劳　运动性腹痛　肌肉痉挛　低血糖症

运动的作用可以代替药物，但所有的药物都不能替代运动。

——蒂素

第一节　运动损伤的分类及预防

一、运动损伤的分类

运动损伤是指在体育运动过程中发生的各种损伤。

（1）按受伤的组织结构分类：皮肤损伤、肌肉肌腱损伤、关节软骨损伤、骨及骨骺损伤、滑囊损伤、神经损伤、血管损伤、内脏损伤等。

（2）按时间分类：新伤和旧伤。

（3）按损伤的病程分类：①急性损伤：直接或间接外力一次作用而致伤者，伤后症状迅速出现，病程一般较短。②慢性损伤：陈旧伤，急性损伤后因处理不当而致反复发作者；劳损伤，由于局部运动负荷量安排不当，长期负担过重超出了组织所能承受的能力,局部过劳致伤。症状出现缓慢,病程延续较长。

(4)按性质分类:①开放性损伤:伤后皮肤和黏膜的完整性遭到破坏,受伤组织有裂口与体表相通。如擦伤、刺伤、切伤、撕裂伤及开放性骨折等。②闭合性损伤:伤后皮肤或黏膜仍保持完整,无裂口与体表相通。例如挫伤、关节韧带扭伤、肌肉拉伤、闭合性骨折等。

(5)按程度分类:①轻度损伤:伤后锻炼者仍能按计划参加体育锻炼。②中度损伤:伤后不能按计划进行训练,需停止患部活动。③重伤:受伤后不能训练。

(6)按运动技术与训练的关系分类:①运动技术伤:与运动项目、技战术动作密切相关的损伤,如网球肘、投掷肘等,多为局部组织过劳。②非运动技术伤:多为运动中的意外伤。

二、运动损伤产生的原因

运动损伤重在防患于未然。由于造成或引起运动损伤的机制和原因十分复杂,虽然强调预防,但在日常锻炼中,人们仍难免发生不同程度的损伤。运动损伤往往是由复合的因素所造成的。从预防运动损伤的观点来看,运动损伤产生的原因包括内部和外部两方面因素。

(一)运动损伤产生的内部因素

运动损伤产生的内部因素包括身体条件、心理素质等。

身体条件为年龄、性别、体格、身体成分(肌肉量、脂肪量)、体力(肌力量,屈肌与伸肌的肌力比)、疾病、劳损、疲劳度、营养状况、关节可动域、身体柔软性等。其中身体状态不佳是发生运动损伤的原因。即在睡眠、休息不佳或伤病初愈阶段以及疲劳时肌肉力量、身体协调性显著性下降的情况下,参加剧烈运动或进行高难度动作时,就有可能发生损伤。因此,运动前一定要对自己的身体情况有所了解。

心理素质包括性格、紧张度、兴奋度、好胜心等方面。人的主观态度,尤其是青年人容易麻痹大意,易引起运动损伤。这是由于青少年的神经系统不同于成年人,大脑神经过程的兴奋和抑制不平衡,兴奋过程占优势并容易扩散,表现为活泼好动、精力充沛,加上缺乏经验,思想上容易麻痹大意,或情绪急躁、急于求成,忽视了循序渐进和量力而行的原则,这些往往是造成运动损伤的重要原因。

不做准备活动或准备活动不充分是造成运动损伤的另一个主要原因。热身活动的目的是克服人体机能惰性,增加肌肉、韧带的弹性和伸展性,使关节活动幅度加大。热身活动不当使身体伤害的风险增加。这种现象常见于球类比赛。鉴于没有做好准备活动的前提下就投入到比赛或大强度锻炼中,此时神经和肌肉的兴奋性较低,对较大的刺激反应迟钝,肌肉、韧带的力量较小,伸展性不够,关节活动的幅度不大,身体协调性差。在这种情况下最容易发生肌肉拉伤和关节扭伤,而且想象中的动作与实际的身体状况有一定的差距,损伤的出现在所难免。

(二)运动损伤产生的外部因素

运动损伤产生的外部因素包括方法因素和环境因素。

方法因素包括质的因素(指运动的项目和运动的程度)和量的因素(指运动强度、运动时间和运动频度)。运动的时间过长、强度过大、频率过快都会增加产生损伤的风险性,尤其是局部负荷过大,容易引起局部损伤。特别是长时间的运动,身体出汗较多,水分流失很大,汗液中挥发的盐也不少。失水使运动能力降低,如果不及时补充水分和 Na^+,K^+ 等电解质,将导致体内电解质平衡紊乱,引起肌肉兴奋性增加而发生肌肉痉挛,同时还会引起低血糖症。

环境因素包括自然环境和人工环境。自然环境指季节、气候、天气情况(晴雨、气温、湿度、风速等)、海拔高度等因素。高温潮湿易产生疲劳和中暑,低温潮湿易引起冻伤和肌肉韧带损伤。另外,在低温环境下如果呼吸方法不对,很容易患上刺激气管炎。

人工环境是指锻炼氛围、运动器械设备、周围环境、服装、防护器材、运动鞋、运动服务等因素。比赛中不遵守比赛规则,相互逗闹,动作粗野,故意犯规等,在篮球、足球运动等对抗项目中较为常见。运动场地及其设施不完善、运动时的服装和鞋袜不符合体育卫生要求等都可能成为运动损伤的原因。

三、运动损伤的预防与康复

(一)运动损伤的预防

根据运动损伤的产生原因,具体的预防措施包括以下方面:

(1)加强锻炼者预防运动损伤知识、意义的宣传教育。相关部门应加强全民健身的教育指导工作,让锻炼者从思想上高度重视运动损伤的预防,对预防的意义应有充分的认识。只有掌握运动损伤发生的规律,及时总结经验,才能最大限度地减少或避免运动损伤,从而保证体育锻炼者的身体健康。

(2)加强锻炼者锻炼过程的医务监督工作。锻炼者参加体育活动前应进行体格检查,进行机能评定;定期进行体格检查,决定能否参加训练和参加哪几项运动为好;检查内容,除一般健康与机能检查外,还应根据运动损伤的发生规律增加一些项目的检查;加强对锻炼者的自我监督意识和行为的培养与指导工作。

(3)认真做好准备活动。充分的准备活动对于锻炼者从事锻炼活动是十分必要的。准备活动可以提高中枢神经系统的兴奋性,克服机体机能活动的生理惰性,为正式锻炼做好准备。在进行准备活动时,既要保证躯干、肢体的大肌肉群和关节充分活动开,同时也要注意各个小关节的活动。

(4)合理安排锻炼计划。锻炼方法和运动技术要合理正确,科学地增加运动量。对于不同性别、年龄、水平及健康状况的人,锻炼时在运动量的安排上应因人而异、循序渐进。例如,年龄小的在锻炼内容上,应以全面身体锻炼为主,在运动量的安排上应考虑到他们的生理特点,与成年人比较起来锻炼时间要短些,强度、密度要小些,加强预防措施并增加一些应对紧急情况的处理预案。

(5)重视疲劳状态下的锻炼。在锻炼中,注意在练习间隔安排放松练习,以使每组练习后尽快消除肌肉疲劳,防止由于局部负担过重而出现的运动损伤,组与组之间的间隔放松也非常重要。由于各个项目锻炼内容不同,间隔放松的形式也应有所区别。例如,着重于上肢练习的项目,在间隔时可做些放松慢跑;着重于下肢的项目结束后,可以在垫子或草地上仰卧,将两腿举起抖动或做倒立。这样一方面可以促进血液的回流,改善血液的供给,另外也能使活动肢体中已疲劳的神经细胞加深抑制,得到休息,这对于消除疲劳及防止运动损伤有着积极意义。

在体育锻炼中应排除场地、器械、天气等因素的不利影响,同时还要提高锻炼者的身体素质和运动技术水平,加强锻炼者保护与自我保护的意识。

(二)运动损伤的康复训练

运动损伤后的康复训练是一项细致、复杂、严肃的工作,需注意以下几方面的问题:

(1)尽量保持全身和未伤部位的训练,例如一侧肢体受伤时练习对侧肢体,上肢受伤练习下肢,立位练习有限制可进行坐位或卧位练习等。这样可以避免伤后机能状态和健康情况下降,保持一定的训练水平。对未伤部位的训练,应注意负荷量要适当,不要单纯以加大未伤部位的训练量来代替已伤部位的负荷。

(2)已伤部位要合理安排锻炼内容和负担量,安排时要注意个别对待,循序渐进和分期进行。

急性损伤早期,伤区暂不活动,以免再度出血,增加肿胀和疼痛。一旦症状有所减轻,就应及早开始活动,进行功能锻炼。待基本痊愈后,才能进行正常的训练。一般来说,急性软组织损伤在伤后24h或48h以后即可开始进行活动。轻伤、不肿者,可提早进行活动;损伤较重、肿胀和出血明显者,则可晚些进行活动。

对慢性损伤和劳损进行合理的伤后训练是最适宜的。在安排训练时,首先要弄清损伤的性质与程度、受伤原理、局部组织的解剖结构特点和弱点,然后考虑局部负担量。康复训练的形式和内容,要循序渐进,从对伤情影响较轻的动作开始,逐步到专项训练。进入专项训练后,也要循序渐进,并应穿插具有一定强度的功能练习。运动量的大小,以练习后症状无明显疼痛,经一晚休息后原有症状不加重为宜。一般5～6d后,若无不良反应,运动量才可以加大。

(3)功能锻炼。功能锻炼主要是加强伤部有关肌肉的力量练习和关节功能练习,其目的在于发展伤部周围肌肉的负担能力,提高组织结构的适应性,恢复关节、肌肉的正常功能。

在力量练习的内容安排上,不但要锻炼原动肌,也要锻炼对抗肌;不但要锻炼大肌肉群,也不能忽视有关小肌肉群的锻炼。在练习方式上,可采用静力性练习与动力性练习相结合,力量性练习与柔韧性练习相结合的方式。一般以静力性练习开始,然后逐步结合动力性练习。先进行不负重的练习,再逐渐增加负重练习。

(4)加强伤后训练的医务监督。每次训练前要做好准备活动,伤部应使用保护支持带。经常注意伤部反应,及时调整运动量和训练内容。训练前后应开展自我按摩和相互按摩,以预防运动损伤的发生。

第二节　运动损伤的处理

一、急性运动损伤的处理

(一)急性运动损伤的现场急救

急性运动损伤包括窒息、心搏骤停、创伤、出血、热应激、休克、骨折、脱位、挫伤等,急性运动损伤的现场急救是十分重要的。

现场急救与处理的基本原则:急救要视生命支持为第一位,帮助患者减轻痛苦,消除心理恐惧等,为进一步治疗损伤打下良好基础。

(1)检查现场:尽快排除外界可能对受伤者乃至救援人员继续造成伤害的因素,或尽快使受伤者脱离可能继续受伤的环境。

(2)初步检查:检查受伤者的意识是否清楚及"ABC",即气道(Airway)、呼吸(Breathing)、循环(Circulation)。

(3)通知急救中心:打电话给急救中心,报告初步检查情况。若无心跳、呼吸,则进行胸外心脏按压、人工呼吸。

(4)进一步检查:对伤者系统地进行进一步的检查。

(二)开放性损伤急救处理

受伤部位皮肤的完整性遭到破坏,称为开放性损伤。

根据皮下与深部组织与体外环境相通的程度,可以将开放性损伤分成以下几类:

(1)擦伤:摔倒时,皮肤擦过粗糙面可造成典型的擦伤,皮肤的表皮真皮层破坏,创面往往面积较大,有散而小的出血点,皮肤有擦痕。

(2)裂伤:皮肤受到钝力直接打击,出现不规则的皮肤裂口,可直达深筋膜浅面,严重者可引起肌肉组织挫伤或断裂、出血。

(3)割伤:快速运动的肢体遇到锐利的物体,造成皮肤和皮下软组织或黏膜裂开。这种伤口边缘较裂伤整齐,腕和手指部割伤常可累及深部的肌腱、血管、神经,出血较多。

(4)刺伤:如击剑运动护身以外部位被剑击中,伤口不大但有时却很深,深部重要器官组织也可能被刺伤,异物折断于伤口内很常见。

(5)开放性骨折和关节损伤:这是一种严重创伤,外力可来自直接或间接暴力。如果骨折端裸露于体外环境中,多为粉碎性骨折,范围也较大,易受到污染。一旦发生感染,不仅影响到骨的愈合,也影响到其他软组织的修复。

(6)撕脱伤和挤压伤:这是比较特殊的损伤,前者既可指关节韧带、肌腱起止点从骨端附着处断裂,多为闭合性扭伤,也可指皮肤被外力撕脱的开放性损伤。挤压伤也如此。

锻炼者或运动员一旦发生开放性损伤,首先要保持冷静,创面用无菌消毒敷料覆盖,加压包扎止血。若为开放性骨折,就地取材,采用硬板或棍棒将伤肢暂时固定,避免移动时加重损伤,下肢骨折也可利用健康肢体与受伤肢体捆绑在一起固定,立即送往医疗单位做进一步处理。

开放性损伤的治疗原则:阻止感染的发生,损伤深部组织的修复,损伤组织的早期重建,创口的闭合,骨关节和韧带的修复,感染创口的处理。

(三)出血的急救处理

运动中出血是常见现象,根据损伤部位的不同,出血可分为外出血和内出血。内出血是指血管破裂后血液流向组织间、胸腹腔、胃肠道等部位,不易被发现,尤其是肝脾破裂引起的出血。通常所谈的出血是指外出血,处理的常用方法为压迫法。

压迫法是处理外出血最重要、最有效且极简单的方法,是在出血点上直接加压。除大动脉破裂者外,出血点加压法可使血管闭塞,发生防御性血栓或血块。压迫时用手指或包扎皆可。重要的压迫止血点有6个:①颞动脉压迫法:用一指于耳垂前一指宽处压迫。②颌外动脉压迫法:为眼、颌上、面部止血用。止血时,可压迫下颌骨水平枝的后1/3处。③颈总动脉压迫法:颈部、口部或咽喉之创伤出血,可以压颈总动脉止血,在甲状软骨外处压迫。④锁骨下动脉压迫法:可使臂的上部及肩部止血,压迫锁骨上窝。⑤肱动脉压迫法:压迫时用手的三指在二头肌内侧向肱骨压迫,即可以使前臂止血。⑥股动脉压迫法:压迫时用整个手掌压迫腹股沟。

对于不同血管类型的出血,要采取不同的急救处理办法(见表6-1)。另外,无论是内出血还是外出血,失血过多,容易导致休克。此时,伤员表现为烦躁、焦虑、眩晕、皮肤湿冷、口干舌燥、脉搏快而弱、血压明显下降,严重者可出现昏迷,甚至死亡。处理时除及时止血外宜用平卧位,下肢略抬高,呼吸困难者应采用半躺姿势,松开衣领和腰带,注意保暖。如果伤者神志清醒,可适当补充液体,如较淡的糖盐水,但昏迷者禁用。

表6-1　不同血管类型出血的急救处理

损伤血管类型	出血特点	急救处理
动脉	血色鲜红,血液大量涌出	用消毒布直接压紧伤口;压迫近心端的浅表供血动脉;用止血带结扎近心端的肢体;防止休克;及时转入医院治疗
静脉	血色深红,血液慢慢渗出	用消毒布直接压紧伤口;加压包扎,抬高肢体
毛细血管	血色红,慢慢渗出	无危险性,压迫止血

(四)闭合性软组织急性损伤的处理

受伤部位的皮肤黏膜保持完整,深层组织没有裸露的损伤称为闭合性损伤,如挫伤是体表受到钝性暴力或重力打击,造成皮下软组织损伤。临床上早期伤处肿胀,局部压痛,稍后皮肤青紫,皮下淤血,严重者可有肌肉组织损伤和深部血肿。发生扭伤时,关节超过正常范围的异常活动可造成关节附近韧带与关节囊的损伤。部分闭合性软组织急性损伤的症状与处理见表6-2。

表6-2　闭合性软组织急性损伤的症状与处理

损伤类型	症状	现场处理
扭伤:韧带断裂	轻度损伤:组织发生轻微断裂;活动范围受阻;轻微疼痛;没有肿胀	保护、休息、冰敷、加压、抬高患肢 冰敷时间:15～20min
拉伤:肌肉或肌腱断裂	中度损伤:部分组织断裂;功能受阻;痛感明显;肌肉痉挛;如果不及时处理可能会出现淤青	频度:中度和严重损伤每隔1h冰敷一次;轻度损伤中出现疼痛时可再次冰敷,冰敷持续时间根据损伤程度选择24～48h;中轻度肌肉拉伤可适当做一些力所能及的拉伸运动
挫伤:皮下软组织受到撞击产生青肿	组织严重断裂:一触即痛;立刻不能动弹;出现青肿和肌肉痉挛;有明显变形	

闭合性软组织急性损伤处理采用"大米(RICE)原则"，具体包括下面四个步骤：

(1)RICE 的第一个字母 R 代表 Rest(休息)，要求伤者停止受伤部位的运动，好好休息可以促进损伤较快地复原。

(2)第二个字母 I 代表 Ice(冰敷)，这个环节非常重要，冰敷袋置于受伤部位，受伤后 48h 内，每隔 2～3h 冰敷 15～20min。冰敷时，皮肤的感觉有四个阶段：冷→疼痛→灼热→麻木，当变成麻木时就可以移开冰敷袋。

(3)第三个字母 C 代表 Compression(压迫)，压迫使受伤区域的肿胀减小，可以用弹性绷带包扎受伤部位，如足、踝、膝、大腿等部位，来减少内部出血。

(4)最后一个字母 E 代表 Elevation(抬高)，抬高伤部加上冰敷与压迫，减少血液循环至伤部，避免肿胀。伤处应高于心脏部位，且尽可能在伤后 24h 内一直抬高伤部。当怀疑有骨折时，应先固定在夹板后再抬高。

(五)关节脱位的急救处理

1.关节脱位的概念与分类

关节脱位又叫脱臼，是指组成关节各骨的关节面失去正常的对合关系。脱位可分为先天性、外伤性、病理性和习惯性脱位四种。如果按脱位程度来分，可分为半脱位和全脱位。前者关节面部分错位，后者是关节面完全脱离原来位置。由于暴力作用引起的关节脱臼，可伴有关节囊撕裂，关节周围的软组织损伤，严重时还可伤及神经或伴有骨折。运动中发生的关节脱位，一般是由间接外力所致，如摔倒时手撑地可引起肘关节脱位或肩关节脱位。

2.关节脱位的征象

受伤关节疼痛、压痛和肿胀，主要是由于关节脱位时伴有软组织的损伤、出血或周围神经受牵扯而引起。

关节功能丧失，受伤的关节完全不能活动。

畸形，关节脱位后，肢体的轴线发生变化，整个肢体常呈一种特殊的姿势，与健康一侧不相对称，如肩关节前脱位时的"方肩"畸形，有的可伴有肢体的缩短。

另外通过 X 线检查，可明确脱位的情况及有无骨折发生。

3.关节脱位的处理

没有整复技术时，不可随意做整复手术，以免加重损伤。此时应立即用夹板和绷带在脱位所形成的姿势下固定伤肢，保持伤员安静，尽快送医院处理。

肩、肘关节脱位时的固定方法：

(1)肩关节脱位时，取三角巾两条，分别折成宽带，一条悬挂前臂，一条绕过伤肢上臂，于肩侧腋下缚结。

（2）肘关节脱位时，用铁丝夹板弯成合适的角度，置于肘后，用绷带缠稳，再用小悬臂带挂起前臂。如果无铁丝夹板，可直接用大悬臂带包扎固定。

（六）骨折的急救处理

1.骨折的概念及产生原因

骨或骨小梁的连续性发生断裂，即为骨折。骨折一般分为三类：①闭合性骨折：骨折处皮肤完整，骨折端不与外界相通；②开放性骨折：骨折端穿破皮肤，直接与外界相通，这种骨折容易感染，发生骨髓炎与败血症；③复杂性骨折：骨折后，锐利的骨断端刺伤了主要的组织与器官，可发生严重的并发症。造成骨折的主要原因：

（1）直接暴力：骨折发生在暴力直接作用的部位。如足球运动中，运动员的胫骨受到对方足踢而发生胫骨骨折。

（2）间接暴力：骨折发生在接触暴力较远的部位。如摔倒时手撑地而发生锁骨骨折。

（3）强烈的肌肉收缩：如提起杠铃时突然的翻腕动作，因前臂屈肌强烈收缩发生肱骨内上髁撕脱骨折。

（4）应力性骨折：由于骨膜反复受到牵拉，或骨质长期受到较大支撑面的反作用力而引起，如长跑运动员下肢及体操运动员上肢的应力性骨折（疲劳性骨折）。

2.骨折的征象

骨折发生时可有响声，伤部疼痛剧烈，肿胀明显，常伴有骨折肢体的畸形。在儿童期容易发生骨骺损伤，其性质与骨折相同。主要征象：

（1）疼痛：骨折当时疼痛较轻，稍停即加重，常可引起休克。

（2）肿胀及皮下淤血：由于软组织损伤和血管破裂，局部可出现肿胀，皮下淤血。

（3）功能丧失：骨完全断裂，失去杠杆和支持作用，加上疼痛，功能因而丧失。

（4）畸形：骨折处于外力和肌肉痉挛，断端可发生移位，与对侧相比，可有成角、旋转或变短等畸形。

（5）压痛和震痛：骨折处有明显压痛，有时在远离骨折处轻轻震动或捶击，骨折处也可出现疼痛。

（6）假关节活动及骨擦音：完全骨折时局部可出现类似关节的活动，移动时可产生骨摩擦音。

3.骨折的临时固定

当怀疑骨折时，最好的办法是去医院拍 X 光片。如果明确伤者的肢体发生骨折，应用夹板作临时固定后，送医院做进一步处理，不要试图复位。

　　骨折时,用夹板、绷带把折断的部位固定,包扎起来,使伤部不再活动,称为临时固定。骨折临时固定的目的是限制骨折断端的活动,避免断端损伤周围血管、神经和其他组织,减轻伤员的疼痛,同时便于转送医院。

　　在做临时固定前,应先观察有无危及伤员生命的因素存在,如大出血等,首先进行处理。在用夹板时,要注意在夹板与肢体的骨突之间加衬垫物,避免长时间压迫引起组织缺血坏死。在处理的整个过程中应尽力减少伤肢的移动,以免骨折周围的血管、神经等重要组织的损害。

　　4.骨折临时固定的方法

　　不同部位发生的骨折,应采用对应的固定方法(见表6-3)。

表6-3　不同部位骨折的固定方法

骨折部位		固定方法
上肢	锁骨	用三条三角巾折成宽带,两条做成环套于肩,另一条在背部将两环拉紧打结;为避免腋下组织受压,应在此放置棉垫等松软物;最后以小悬臂带将伤侧患肢挂起
	肱骨	取一合适夹板,置于伤肢外侧(最好内侧同时置放一块),用叠成带状的三角巾固定骨折的上下两端,再用小悬臂带将前臂吊起,最后用三角巾把伤肢绑在躯干上加以固定
	前臂	伤员前臂的掌背侧各放一块夹板,用三角巾宽带绑扎固定后以大悬臂带悬挂胸前
下肢	股骨	用三角巾5～8条,折叠成宽带,分段放好;取长夹板两块,分别置于伤肢的外侧和内侧;外侧夹板自腋下至中下足底;内侧夹板自腹股沟至足底。放好后用上述宽条固定夹板,在外侧作结
	小腿	夹板两块,一块在外侧,自大腿中部至足部,另一块在内侧,自腹股沟至足部,然后用宽带4～5条分段固定
	髌骨	先缓缓将小腿伸直,在腿后放一夹板,其长度自大腿至足跟,用三条三角巾宽带,分别于膝上、膝下和踝部固定
	足骨	除去鞋,在小腿后面放一直角形夹板,然后用宽带固定膝下、踝上和足部
脊柱		搬运胸腰椎骨折病人时,必须由3～4人同时托住头、肩、臀和下肢,把伤员身体平托起来,放上平板担架,最好使伤员俯卧搬运;绝对不能抱头、抬脚,以免脊柱极度弯曲,加重对脊髓的压迫和损伤
颈椎		由三人搬运,其中一人专管头部的牵拉固定,使头部与身体成直线位置不摇动,将伤员仰放在硬板床上;在颈下放一小垫,不用枕头,头颈两侧用砂袋或衣服垫好,防止头部左右摇动

(七)运动性休克的急救处理

1.运动性休克

休克是机体由于有效循环血量明显减少而引起的一种危重病症。对休克要积极预防,遇到休克要正确及时地进行处理。运动中损伤引起的休克有以下几种:

(1)失血性休克:多见于内脏器官破裂、严重的骨折等。由于失血过多,导致血量减少,影响正常的血液循环。

(2)创伤性休克:由于腹部、头部受到暴力撞击,脊髓损伤、严重的骨折等所致。因为剧烈的疼痛,使机体血管紧张度调节机能改变,大量毛细血管扩张,造成血液在毛细血管内淤积,引起血液循环血量不足,导致休克。

(3)心源性休克:在参加过于剧烈的运动,导致负担量超过心脏承受能力时,引起急性心功能衰竭而发生。

(4)另外在跑步中还会出现"重力性休克"。"重力性休克"指疾跑后立即站立不动而引起的晕厥或休克症状,有的甚至发生猝死。因为突然停止运动,下肢毛细血管和静脉失去肌肉收缩时的节律性挤压作用,加上血液本身的重力,使血液大量积聚在下肢血管中而使得回流心脏的血液显著减少,导致心脏输出血液相应减少,血压下降,血液不易压向头部,使脑部发生暂时性贫血而晕倒。这种现象因与血液重力作用有关,因此有"重力性休克"之称。

研究发现,剧烈长跑后骤然停止时,血压急剧下降,心跳加快,血液中去甲肾上腺素浓度为正常时的10倍,肾上腺素浓度为正常时的3倍。本来,心跳加快,去甲肾上腺素和肾上腺素增加是机体为恢复血压而反射性释放的,但是如此大量的应激激素会导致冠状动脉痉挛和致命性心律失常而猝死。因此,剧烈长跑后切记骤然停止坐下来,而是要慢跑或慢走,并适度调整呼吸深度。

2.运动性休克的征象与处理

病人一般表现为虚弱,表情淡漠,反应迟钝,面色苍白或发绀,四肢厥冷,脉搏细速,尿量减少和血压下降等(收缩压降至80mmHg以下,脉压小于20mmHg)。休克严重时可昏迷,甚至死亡。部分病人在休克初期血压可正常或略高,但过后必将出现血压特别是脉压的降低,不能因暂时的血压正常而忽视了休克的存在。

急救处理:使患者安静平卧或低脚高仰卧位(呼吸困难者不宜采用),保暖,但不要过热,以免皮肤血管扩张,影响生命器官的血液灌注量和增加氧的消耗。保持呼吸道通畅。昏迷患者,头应侧偏,并将舌牵出口外,必要时可给氧或施行人工呼吸。可针刺或按摩人中、百会、涌泉、内关、合谷等穴。针刺时宜用强刺激手法。对骨折处应进行必要的急救固定,如果有伤处出血,应及时采用适当的方法止血,疑有内脏出血者应迅速送医院抢救。疼痛剧烈时应给镇痛剂和镇静剂,以减轻伤员痛苦,防止加重休克。

休克是严重而危险的病理状态,在急救的同时,应迅速请医生或及时送医院治疗。

(八)心脏停止的急救处理

心跳停止,必然伴随呼吸停止,故在胸外心脏按压的同时,要施行人工呼吸。

1. 胸外心脏按压

胸外心脏按压是发生心搏骤停时,借助外力挤压心脏和胸腔排送血液,以形成暂时的人工循环的方法。有效的心脏按压和口对口人工呼吸能使生命的重要器官,其中最重要的是大脑,在相当长的时间内不致发生不可逆性改变。赢得这一段时间,便有可能争取到更完善的复苏条件,显著提高病人成活的可能性。但是应注意,对于心包填塞、张力性气胸、新患的肋骨骨折以及心瓣膜置换的病人,不应采用胸外心脏按压。

心脏按压具体操作:

(1)叩击心前区促使心脏复跳:一旦发现病人心搏骤停,立即使病人仰卧于坚硬的木板或水泥地面上,绝不可在柔软有弹性的床上进行心前区叩击和胸外心脏按压。去除伤者过厚的衣物,救护者右手握拳,拳心向下,快速从 20~30cm 的高度猛击患者心前区胸骨体下 1/3 处,连续叩击 2~3 次,若病人颈动脉出现搏动,说明心脏复苏有效。若无效,则立即进行胸外心脏按压。

(2)胸外心脏按压:使病人仰卧于硬木板上,救助者跪在患者身旁,用一手手掌根部放在患者胸骨体的中下 1/3 交界处,另一手重叠于前一手的手背上,两肘伸直,借助操作者的体重、肘及臂力,快速、有节奏地垂直向下按压病人胸骨,施压的力量应足以使胸骨下沉 3~4cm,然后迅速解除重压,使其胸骨靠弹性自行复位,如此反复进行,每分钟 80 次左右。

在胸外心脏按压的整个过程中必须注意:①按压位置必须准确,手掌不能离开病人胸壁,以保证动作的连贯性和弹性。②按压的力量大小应依伤员的身体、胸廓情况而定。身强力壮、胸肌发达者按压力量可适当增大;对于呼吸、心跳停止的儿童用双指按压的力度即可;老年人骨质较脆,一旦用力过大容易导致骨折发生,按压时要倍加小心。③每次向下按压时间较短,只占一个按压周期的 1/3,放松时间应占 2/3。④有呼吸停止者应同时进行人工呼吸,否则单纯心脏按压很难奏效;按压有效时必须坚持不懈,决不可半途而废。

2. 人工呼吸

人工呼吸系借人工方法来维持机体的气体交换,以改善缺氧状态,并排出二氧化碳,为自主呼吸的恢复创造条件。

由于呼吸停止与心搏骤停互相影响,互为因果的关系,人工呼吸和胸外心脏按压常同时进行。如果只有一名救助者,既进行胸外心脏按压又需实施人工呼吸,其操作要领:

先清理口腔内异物,左手抬起患者下颌,右手捏住患者鼻孔,深吸入一口气后,向患者口内连续快速吹气两次,打开气道。照旧用双指在颈动脉处测试脉搏,若无心跳则心脏按压每分钟80次,每间隔15次加入一次人工呼吸。

如果有两名救助者进行心肺复苏抢救,则可一人进行口对口人工呼吸,每分钟12次。另一人做胸外心脏按压,每分钟60次。心脏按压与人工呼吸的比例为5∶1,即每5次胸外心脏按压后加入一次人工呼吸。操作时由实施胸外心脏按压者数口诀:1,2,3,……当按摩者数到第4下时,负责人工呼吸者开始深呼吸,在按摩者数完第5下,正值按摩者松手时,人工呼吸者立即捏住患者鼻孔并向口内吹气一次,如此反复进行。在对病人实施心肺复苏的同时,应快速请医生前来救助,或边抢救边向医院转运。

进行心肺复苏急救时,应沉着、冷静、迅速,急救一经开始,就要连续进行,不能间断,一直做到伤员恢复自主呼吸心跳或确定死亡为止。

(九)运动中暑的急救处理与预防

中暑又称热损伤。在正常情况下,身体的产热量与散热量保持相对平衡,体温维持在37℃左右,产热多时,通过传导、辐射、对流和蒸发而散热。当气温高于35℃时,蒸发散热成为身体主要的散热方式。由于出汗增加,机体丢失大量水分和盐分,容易引起脱水、电解质紊乱。运动时身体产热量增加,要求更多地散热以保持热平衡,当高温环境超过身体的调节能力时,就会蓄积热量,使体温升高,从而导致高热症。各种类型中暑的产生原因、症状及急救处理方法见表6-4。

表6-4　中暑的产生原因、症状及急救处理

类型	原因	主要表现	急救处理
轻症中暑		头昏;胸闷;心悸;出汗;四肢无力;口渴;恶心;体温正常或略升高	脱离热环境,到阴凉通风处休息,服十滴水等药
中暑衰竭型	在湿热环境条件下运动,导致体液和盐分大量丢失而引起的虚脱	大量排汗;皮肤湿冷;体温正常或微高;脸色苍白;眩晕;脉搏快而弱;呼吸表浅;血压下降;恶心;头痛;甚至昏迷	脱离热环境,移到通风处;平卧位,慢慢把脚抬高;强制补水;观测体温和血压的变化;及时就医

续 表

类型	原因	主要表现	急救处理
中暑高热型	衰竭型的后期发展阶段,汗腺泌汗功能关闭以保持耗竭的体液水平	不排汗;面色潮红;皮肤干燥;体温常在40℃以上;脉搏快而强;呼吸困难;重者可发生抽搐和昏迷	脱离热环境,马上送医院;用冰袋敷头部、腋下、腹股沟;全身可用酒精擦浴或冷水冲
中暑痉挛	大量出汗的同时伴有大量失盐	轻者见于小腿肌肉痉挛,重者可发生躯干肌的痉挛	按摩痉挛的肌肉(四肢肌),慢慢牵拉;补水、补盐
日射病	头部受烈日直接照射,受热过多,头部温度可高达40℃	剧烈头痛;恶心呕吐;烦躁不安或昏睡,体温升高不显著	脱离热环境,平卧;冰敷头颈部;严重者送医院治疗

中暑的预防应从以下几方面做起:

(1)在炎热季节安排好练习时间。每小时的活动中至少安排10min休息时间,多安排早晚活动,延长午休时间,保证充足的睡眠,避免在一天中最热时间(10:00—16:00)活动。

(2)安排好活动期间的营养和供水,适当增加蛋白质的供给量,设法提高食欲。多吃新鲜的水果和蔬菜,通过电解质饮料、菜汤或咸菜等方式补充无机盐。

(3)加强个人防护。在烈日下运动应戴有遮阳帽,穿浅色、宽敞、通气性良好的运动服;室内应有良好的通风、降温设备,室内活动人数不宜过多;平时注意在较热的环境中活动,逐步提高机体的耐热能力。

(4)加强医务监督。当运动中出现先兆中暑的症状时,应立即停止运动,到阴凉通风的地方休息,并给予清凉饮料和解暑药物。对于耐热能力较差、身体疲劳、饮水不足、饥饿或失眠的人,此时不宜参加体育活动。

活动时必备防暑药物,如人丹、解暑片等,并可选用薄荷、乌梅、荷叶等制成的饮料。

二、慢性运动损伤的处理

长期剧烈的运动可能引起部分组织的过劳性损伤或部分急性损伤未得到及时

恰当的治疗,两者均可造成局部组织的慢性损伤。慢性损伤常有一个长期积累的过程,早期症状轻微,对人体不产生明显的不利影响,常不被重视而失去早期治疗的机会,致使病情变得比较严重,影响治疗效果。

慢性损伤的病理变化主要是变性和增生。由于伤部长期代谢障碍而引起组织形态和功能上的改变,伤员自觉酸胀、疼痛、活动不便、局部发凉等。

慢性损伤的处理原则主要是改善伤部血液循环,促进组织的新陈代谢,合理安排局部运动量。治疗方法与急性损伤的中后期大致相同,但特别注意功能锻炼。在各种疗法中以按摩、针灸、理疗、局部注射肾上腺皮质激素等效果较好。各种常见慢性损伤的原因、病状和治疗措施见表6-5。

表6-5 常见慢性损伤的原因、症状和治疗措施

慢性损伤类别	原 因	症 状	治疗措施
滑囊炎(位于肌肉或肌腱与骨突之间的滑囊出现炎症)	急性:多由直接暴力或过度运动引起;慢性:多为关节动作过度,反复摩擦所致	急性期疼痛剧烈并有滑囊肿胀;局部有压痛	休息;用中药外敷;症状严重时可由医生处理
腱鞘炎(包绕在肌腱周围的鞘状纤维组织发炎)	关节活动引起肌腱在腱鞘内反复滑动摩擦,造成腱鞘的炎症	肌腱局部疼痛肿胀,并有放射痛;屈伸关节时可有弹响;严重时影响关节活动	休息;热敷;按摩;症状明显时可由医生作鞘内注射;关节活动障碍时可手术
肱骨外上髁炎(又称网球肘,指附着于肱骨外上髁的肌肉或肌腱出现炎症)	打网球时与反手击球时前臂外旋状态下伸腕、伸肘动作有关	肘外侧肿胀疼痛,并向上下放射;肘在伸展部位时中指用力伸展会疼痛;使劲抓握东西时疼痛	休息;按摩;热疗;运动后冰敷
肱骨内上髁炎(指附着于肱骨内上髁的肌肉或肌腱出现炎症)	过多的屈腕、屈指和内旋前臂动作。多发于羽毛球运动	肘内侧疼;掰手腕时内上髁处疼痛加重	休息;运动前要热疗,运动后冰敷;按摩;使用弹力绷带和护肘;严重时看医生

续　表

慢性损伤类别	原　因	症　状	治疗措施
腰背筋膜炎（腰肌劳损）	腰部急性损伤后遗症；姿势不端正或长时间保持某种姿势使腰背肌紧张；腰部长期超负荷工作；脊柱畸形	腰背疼痛，弯腰时尤甚；腰部活动受限；腰背肌僵硬，有压痛点（疼痛明显，位置固定）	理疗；按摩；热疗；冰敷；加强背肌力量和柔韧性练习
伸膝筋膜炎和张腱末端病（股四头肌远端与髌骨之间腱组织的炎症）	由跳跃等长期的膝关节伸屈运动引起	伸膝时膝前疼痛，半蹲时最明显；髌骨周缘和髌骨下端有固定性压痛	站桩、直腿抬高练习增强股四头肌力量；指刮髌骨边缘；热疗；理疗；中药熏洗；局部封闭
髌骨软骨病（髌骨软骨面股肌软骨的炎症）	膝关节活动时，髌骨软骨与股骨彼此摩擦、挤压造成髌骨和股骨的软骨面发生损伤	膝软无力；膝痛，半蹲时加重；伸膝将髌骨推向一侧，用指尖顶压软骨面，疼痛明显	
髌腱末端病（髌骨下方肌腱的炎症）	长期反复大力伸膝	髌尖部持续性钝痛；膝软无力；半蹲时髌尖疼痛加剧	局部制动；用指甲搔刮肿胀的腱末端；热疗；局部封闭
疲劳性骨膜炎（因肌腱、韧带的牵拉引起的骨膜炎症）	过多用脚尖跑、后蹬跑、高抬腿跑或跳跃练习；场地过硬	运动后小腿疼痛；炎症区有轻度水肿；局部皮肤发红，有灼热感；做后蹬动作时疼痛加重	减少活动和支撑；弹性绷带包扎；热疗；运动后可用冰敷；避免在坚硬的路面上跑步
疲劳性骨折	疲劳性骨膜炎恶化的结果	长期疼痛、痛点固定、久治不愈	X线检查；停止训练，固定4～6周
跖腱膜损伤（足底深筋膜损伤）	长时间站立、行走或负重；足尖蹬地起跳或着地	足底中部疼痛不适，脚尖不能着地，靠足跟跛行；足心和脚后跟压痛明显	制动、休息；热敷；中药浸泡；理疗；因脚底皮厚，治疗时间应适当延长

第三节　运动性病症的预防与处理

运动性病症是指因锻炼或训练安排不当,或由于锻炼、比赛时的运动负荷过大而造成的身体机能的下降或功能的紊乱,以及由此而出现的各种疾病和症状。

一、运动性疲劳

(一)运动性疲劳的概念

参加体育锻炼或训练和比赛,到一定程度的时候,人体就会产生工作能力暂时降低的现象,这种现象称为运动性疲劳。1982 年第五届国际运动生物化学学术会议把运动性疲劳定义为"机体生理过程不能持续其机能在某一特定水平上或各器官不能维持预定的运动强度"。

疲劳时人体工作能力下降,经过一段时间休息,工作能力又会恢复。只要不是过度疲劳,并不损害人体的健康。因此,运动性疲劳是一种生理现象,对人体来说又是一种保护机制。但是,如果人体经常处于疲劳状态,前一次运动产生的疲劳还未消除,而新的疲劳又产生了,疲劳就可能积累,久之就会产生过度疲劳,影响运动员的身体健康和运动能力。如果运动后能采取一些措施,就能及时消除疲劳,使体力很快得到恢复,消耗的能量物质得到及时的补充甚至达到超量恢复,就有助于训练水平的不断提高。

(二)运动性疲劳的原因与防治

运动性疲劳可分为中枢疲劳和外周疲劳两种类型。中枢疲劳是由于运动神经中枢紊乱,造成运动神经兴奋性下降的现象;外周疲劳主要表现为肌肉疲劳,即肌力下降。

对于运动性疲劳产生的原因,归纳起来主要有①运动时机体内能量物质(三磷腺苷、磷酸肌酸和糖原)消耗过多;②肌肉活动时释放出来的酸性物质,如乳酸、二氧化碳和丙酮酸等来不及清除,在体内积累过多;③体内各种物质失去平衡造成机体内环境稳定性失调;④中枢神经系统因高度紧张的精神活动而造成的功能下降。

在体育锻炼或训练中练习方法不正确、不循序渐进系统训练、运动量过大、训练时间过长、休息不充分等都是造成运动性疲劳的原因。因此,锻炼者一定要合理安排锻炼时间与锻炼计划,注意劳逸结合,逐步进行系统全面的训练和锻炼。

二、运动性腹痛

(一)运动性腹痛的症状

腹痛是人体在运动时常见的症状,可由多种原因引起,并时常在运动过程中或运动结束时发生。腹痛的性质因腹痛原因的不同而异。直接由运动引起的,多为钝痛、胀痛。腹腔脏器有病变者,则多为锐痛、牵扯痛、钻顶样痛及阵发性绞痛等。

运动性腹痛的发生和运动有直接关系,疼痛程度和运动量大小、运动强度密切相关。在小运动量和低强度运动时,腹痛往往不明显,而当运动量和运动强度增加时,腹痛则随之而加剧。部分人仅在比赛时出现疼痛,减慢比赛速度、减小强度或深呼吸或按压腹部,疼痛可减轻。除腹部疼痛外,一般不伴随其他特异性症状。

腹痛的部位,视病变脏器所在之处而不同。肝脏淤血肿胀,胆道疾病为右上腹痛;脾脏淤血肿大为左上腹痛;胃痉挛、急慢性胃炎、胃十二指肠溃疡多为中上腹痛;阑尾炎、髂腰肌痉挛时右下腹痛;宿便刺激引起肠痉挛为左下腹痛;呼吸肌痉挛则季肋部痛。

(二)运动性腹痛的原因

运动性腹痛的发生与锻炼者的身体机能状况,锻炼、训练水平,运动前准备活动等因素有关。有关发病机理主要有以下几个方面:

1.肝脾淤血

肝脾淤血的发生原因主要是人体准备活动不够,心机能水平低下以及运动中呼吸动作的协调性较差等。

运动前的准备活动不够,影响了全身各系统器官的机能活动,使之无法承担运动时所应承担的较大运动负荷,尤其是循环系统功能的低下,心肌收缩力较弱,使静脉回心血量减少,腔静脉压增高,从而造成肝脾淤血肿胀,结果增加了肝脾被膜张力,使被膜上的神经受到牵扯而产生上腹部疼痛。

运动中呼吸动作的不协调,呼吸急促而表浅,可使胸膜腔内压上升,影响腔静脉回流,同样可造成肝脾淤血。

2.胃肠道痉挛或胃肠功能紊乱

运动时胃肠道痉挛,使胃肠壁及肠系膜上的神经受到牵扯而产生腹痛。凡饭后过早参加运动,运动前吃得过饱、喝得过多、空腹运动以及运动前吃了易产气或难消化的食物,都可能因机械刺激胃肠道引起腹痛。

同时,运动时尤其在剧烈运动时,大量血液从腹腔内转移到了骨骼肌,导致胃肠道缺血、缺氧,加上代谢产物的刺激,更容易引起胃肠道的痉挛和功能紊乱。

3.呼吸肌痉挛

运动过程中若未能注意调整好呼吸节奏,呼吸急促、表浅,可使得肋间肌、膈肌等呼吸肌收缩活动紊乱,严重者出现痉挛性收缩,进而引起腹痛。此外,准备活动的不充分或不做准备活动,也会影响呼吸肌的活动机能状态,造成呼吸肌缺氧,从而使腹痛加剧。由此产生的腹痛,当呼吸加深时,疼痛明显。

4. 腹腔脏器病变

常见的病毒性肝炎、胆道疾病、消化道溃疡、消化道炎症及胸部病变等是运动中腹痛的潜在因素,运动可使病变器官受到牵扯、震动等刺激而诱发腹痛。

(三)运动性腹痛的处理与预防

出现运动性腹痛时,应减慢运动速度,降低运动强度,并做深呼吸,调整呼吸节奏,用手按住疼痛部位,或弯腰慢跑一段距离。胃肠道痉挛引起的腹痛可饮些热水缓解疼痛。如果症状无改善,就应停止运动,点按足三里、内关、大肠俞等穴位。若无效,应请医生处理。

加强全面训练,以提高人体生理机能。遵守训练的科学原则,循序渐进地增加运动量。合理安排膳食,运动前不宜饱餐或过多饮水。运动前做好充分的准备活动。运动中注意呼吸节奏,注意呼吸和动作的协调性。中长跑中要合理分配速度。对各种疾病引起的腹痛,应积极治疗原发病,同时在医生的指导下进行体育活动。

三、肌肉痉挛

(一)肌肉痉挛的概念与产生的原因

肌肉痉挛也称为抽筋,是肌肉不自主的强直收缩。运动过程中肌肉痉挛最易发生在小腿腓肠肌,其次为足底部的屈趾、屈拇肌。低温刺激、电解质大量流失与肌肉收缩频率过快引起舒缩失调等是造成肌肉痉挛的主要原因。

1. 低温刺激

在未做准备活动或准备活动不充分的情况下,在低温环境中锻炼,肌肉可因低温寒冷的刺激而兴奋性增高,以至引起肌肉强直性收缩,发生痉挛。多见于游泳时受到冷水刺激,以及冬季户外活动时受到冷空气的刺激。

2. 电解质的过多流失

维持肌肉的应激性是电解质的主要生理功能之一。体内电解质的平衡维持了正常的肌肉兴奋性。在运动中大量出汗,如高温环境中运动或长时间剧烈运动或运动员急性减体重,使体内的电解质(Ca^{2+},Na^+,Cl^-)随汗液大量流失,造成体内电解质平衡失调,肌肉兴奋性增高而发生肌肉痉挛。

3. 肌肉的收缩频率过快

紧张激烈的运动,肌肉呈连续过快地收缩而放松不够(放松时间过短),可破坏肌肉收缩、舒张的协调性,使肌肉发生强直收缩引起痉挛,如在短跑、自行车运动中常可出现这种情况。

(二)肌肉痉挛的处理与预防

处理方法:牵引痉挛的肌肉是常用的缓解办法。例如,小腿腓肠肌痉挛时,可取坐位或仰卧位,伸直膝关节,缓慢用力地将足部背伸;屈拇、屈趾肌痉挛时,则将足和足趾用力背伸。牵引过程中注意用力宜缓,切忌暴力,以防肌肉拉伤。同时,可配合局部按摩(如按压、揉、揉捏)、点穴(如承山、委中)等措施,有助于痉挛的迅速缓解。

在游泳时若发生了肌肉痉挛,首先自己不要惊慌,可先深吸一口气后仰浮于水面,然后采用同样方法对痉挛的肌肉进行牵引。例如,腓肠肌、足趾痉挛时,用同侧手掌压在痉挛侧髌骨上,另一侧手握住痉挛侧足趾,在促使膝关节伸直的同时,缓慢用力向身体方向拉,可连续重复。大腿肌肉痉挛时,可先弯曲痉挛侧膝关节,然后双手抱住小腿用力使之向大腿靠近,再用力向前伸直。上肢肌肉痉挛,可做反复用力屈伸肘关节及用力握拳、张开等动作。待肌肉的痉挛得以缓解后,不要再继续游泳,应上岸休息,并注意保暖、对症治疗。如果自己未能掌握自救方法,应立即呼救。

预防措施:平时要加强身体锻炼,提高机体抵抗力和对低温环境的适应能力;冬季运动注意防寒、保暖;夏季运动注意及时补充水、盐、维生素 B_1;运动前做好准备活动,游泳时若水温较低,时间不要过长;对容易发生痉挛的肌肉,可在运动前适当按摩;疲劳或饥饿时,不宜进行剧烈运动,特别是游泳。

四、低血糖症

(一)低血糖症的概念与发病机理

血糖是葡萄糖在体内的运输形式,亦是细胞,尤其是脑细胞能量的主要来源。正常生理情况下的空腹血糖浓度是相对恒定的,一般维持在 3.89～6.11mmol/L。若血糖浓度低于 3.5mmol/L,便会出现一系列症状,称低血糖症。当血糖浓度低于 0.64mmol/L 时会出现深度昏迷,称之为低血糖性休克。

低血糖症发病机理:长时间的剧烈运动消耗了体内的大量血糖。运动强度是影响运动中糖利用的主要因素之一。随着运动强度的加大,机体所需要的能量增加,进入肌细胞的葡萄糖量亦增加,因而提高了糖氧化速度;运动前食物摄入不足,体内糖原储存不足,运动中又没有及时补充糖的消耗;训练或比赛前补充了大量血糖,随着大量的葡萄糖在短时间内进入血液,使血糖浓度迅速提高,刺激了胰岛素分泌量的增加,很快便引起了血糖浓度的下降,出现"回跃性低血糖症";精神过于紧张,强烈的情绪波动以及患病、饥饿等情况,干扰了中枢神经系统糖代谢调节机制,使迷走神经易于兴奋,刺激胰岛素的分泌量增加,导致了低血糖发生。

(二)低血糖症的症状与体征

低血糖症是一个综合征,虽病因不同,但存在共同的临床症状。当发生低血糖时,首先出现交感神经过度兴奋或脑功能障碍的症状。这是由于中枢神经系统的糖原储备极少,并呈结合状态,不利于进行氧化利用,脑细胞需直接从血糖不断取得营养,获得能量,因此大脑对低血糖极为敏感。症状轻者,有明显的饥饿感及头晕、眼花、面色苍白、出冷汗、心慌、乏力等症状。严重者神志模糊,思维、语言迟钝,步态不稳,视物不清,甚至出现精神错乱、狂躁易怒、肌肉颤动,以至昏迷。体检时可见脉搏细速、呼吸短促、瞳孔扩大、四肢湿冷,血糖浓度下降至 2.5mmol/L。

（三）低血糖症的处理与预防原则

低血糖症确诊后,轻者平卧休息,口服温热糖水或少量含糖流质饮食,症状短时间便可消除。症状较重或出现昏迷者,应迅速静脉注射 50％葡萄糖 40mL～100mL,一般即可纠正低血糖,消除症状。若病情仍不缓解,可继续予以 5％～10％葡萄糖液静脉点滴,同时点掐人中、涌泉、合谷等穴,配合双下肢按摩,并迅速请医生前来处理。

平时训练水平低、缺乏锻炼、身体机能差及空腹饥饿者,不可参加长时间的剧烈运动,如马拉松、自行车、长距离跑等项目。运动或比赛前要进食一定量的高糖饮食,在长时间运动过程中还需适量补充含糖饮料。儿童少年运动员由于体内肌糖原、肝糖原储备较少,加之代谢旺盛,运动前和运动中尤应加强补充血糖,以防止低血糖症的发生。

五、过度紧张

过度紧张是指人们在锻炼、训练或比赛时,运动负荷超出了机体所能承受的能力而引起的急性病理现象。该运动急性病的主要对象是运动员以及对锻炼效果有较高要求或心理素质较差的锻炼者。

（一）过度紧张的发病原因与症状

1.发病原因

引起过度紧张的主要原因是训练水平较差的锻炼者的生理机能状态不良,因而多发生在缺少锻炼、比赛经验不足及因故长期中断训练或患病的运动员中,当他们过于勉强去完成机体难以承受的剧烈运动或比赛时,就有可能发生过度紧张。

2.症状与体征

（1）急性胃肠功能紊乱:急性胃肠功能紊乱是过度紧张中最常见的症状。运动员多在剧烈运动后短时间内出现恶心、呕吐、头痛、头晕、面色苍白等症状,呈衰弱无欲状态。体检腹部有轻压痛,脉搏可稍加快,血压大多正常。

（2）急性心功能不全和心肌损伤:主要表现为运动后出现头晕、眼花、面色苍白或发绀、呼吸困难,呈被迫端坐呼吸,阵发性咳嗽,并咯出粉红色泡沫样痰以及胸痛、右季肋部疼痛,甚至意识丧失等症状。体检可见脉率增快且细弱或节律不齐,两肺有湿性罗音及哮鸣音,血压下降等。极少数人可在出现上述症状后的 24h 内死亡,称之为运动猝死。

(3)脑血管痉挛:运动中发生的脑血管痉挛,可造成脑部缺血、缺氧,使运动员在运动后突然发生肢体麻木、动作不灵活或僵硬,同时伴有头痛、恶心、呕吐等症状。

(4)晕厥:晕厥是由于脑部暂时性供血不足而引起的突然的、短暂的意识丧失。多是因局部血管因素造成了普遍的暂时性脑缺血并伴有脑干网状结构血流的减少所致。表现为头昏、眼花、面色苍白、全身乏力、出冷汗,进而出现意识丧失。一般数秒钟内便可恢复,少数人在数小时后清醒。其他异常体征不明显。

(二)过度紧张的处理与预防

病情较轻者,只要保持安静平卧位,注意保暖,并予以必要的对症处理,口服镇静剂,吃容易消化的食物等。对于心功能不全的患者,应保持安静,取端坐位,给氧吸入及点掐内关、足三里穴;有昏迷者可加点人中、百会、涌泉等穴;若发生呼吸、心搏骤停,必须立即就地进行人工呼吸和胸外心脏按压,同时速请医生以做进一步处理;出现晕厥的病人,要平卧休息,保暖防寒,松解束带及领、袖,给氧吸入,或点掐人中、百会、涌泉等穴,并注意保持呼吸道通畅,神志不清者严禁进食,意识不能迅速恢复者应立即送医院处理。

过度紧张的预防,首先在于加强体育锻炼,提高身体素质和机能水平。其次,在训练和比赛中,应结合身体实际情况量力而行。患病期间,可暂停训练,积极治疗并注意休息。伤病初愈者,要注意逐渐增加运动量。

六、冻伤

运动中的冻伤以局部冻伤为常见,多发生在手、脚、耳郭、鼻尖等处,主要见于冬季运动项目,如滑冰、滑雪、冰球、登山等。

(一)冻伤的病因与症状

冻伤的主要原因是外界温度过低,机体长时间受寒冷刺激。除此之外和潮湿、风大、机体抵抗力降低、局部静止不动及体温调节功能障碍等因素有关。

症状与体征:开始时,损害多为局部性红斑或青紫色肿块,触之冰冷、压之褪色。此时如果注意保暖,损害可数日消退。重者肿胀加剧,出现大小不等的水疱,内含淡黄色或血性浆液。疱破后形成糜烂溃疡,有渗液或结黑色血痂,愈后遗留瘢痕或暂时性色素沉着。早期有麻木感,以后有痒、胀和灼热感,气温回暖后尤甚,有溃疡时则感疼痛。其病程缓慢,可绵延数周至数月,气候转暖可自愈,次年冬季常再发。

(二)冻伤的处理与预防

冻伤的处理原则是消炎、止痒、促进血液循环。对冻伤部位进行保暖,用温水湿敷,做轻按摩。患处用冻疮软膏揉捻,有溃疡时外用 5％硼酸水洗。严重病变应送医院治疗。

预防原则:坚持冬季户外身体锻炼,清早要用冷水洗手洗脸,揩干按摩,这既可增强耐寒力,又可改善肢体血液循环。手足易受冻部位可在每天入睡前用热水浸泡。寒冷季节注意保暖,保持衣服鞋袜干燥、温暖、大小合适,运动后及时更换湿衣服。保证身体蛋白质和脂肪的正常需要。对从事冰雪运动和登山运动的运动员,应格外重视防寒设备和服装。

第七章　体育锻炼的运动处方

【内容提要】

治疗疾病需要医生诊断开具医疗处方,提高体质健康同样也需要运动专家或依据相关运动处方理论知识为锻炼者提供科学的运动处方。本章介绍运动处方的概念、作用、内容及制订原则与程序,就运动处方实施过程中时间选择、自然条件利用、运动场地与装备做了详细的说明。对于孕妇,颈椎病、高血压、糖尿病、骨质疏松、冠心病等患者以及不同年龄的特殊群体的运动处方也进行了简要的介绍,以此使锻炼者掌握运动处方理论,提高锻炼身体技巧,有针对地科学提高体质健康水平。

【关键词】

运动处方　运动时间　运动强度　运动频次　运动场地　运动禁忌症　孕妇颈椎病　高血压　糖尿病　骨质疏松　冠心病　腰肌劳损

体育者,人类自养生之道,是身体平均发达,而有规则次序之可言者也。

——毛泽东

第一节　运动处方的概念与制订

一、运动处方的概念与分类

(一)运动处方的概念

运动处方是指针对个人的身体状况,采用处方的形式规定健身者锻炼的内容和运动量的方法。运动处方是 20 世纪 50 年代美国生理学家卡波维奇曾提出过的概念。1960 年日本猪饲道夫教授首先使用运动处方这一术语。1969 年世界卫生组织使用了运动处方术语,从而在世界上得到确认。

我国学者对运动处方的定义:对体育锻炼者或病人,根据医学检查资料(包括运动试验及体力测验),按其健康、体力以及心血管功能状况,结合生活环境条件和运动爱好等个体特点,用处方的形式规定适当的运动种类、时间及频率,并指出运动中的注意事项,以便有计划地经常性锻炼,达到健身或治病的目的,即为运动处方(刘纪清、李国兰,《实用运动处方》,1991年)。通俗地讲,运动处方类似医生给病人开的医疗处方,由医生或体育工作者给锻炼者按其年龄、性别、健康状况、身体锻炼经历和心肺或运动器官的机能水平等,用处方的形式,规定适当的运动内容、锻炼方法和运动量的大小就是运动处方。

体育中采用的运动处方的定义,是以身体练习为手段(含意念性练习),为改进、完善、提高、增强身体某一部分或某一些器官的功能而有针对性地实施的系列练习方法。

(二)运动处方的分类

运动处方根据运动的目的、对象、形式,可以分为不同的类型。

运动处方根据运动的目的和对象不同可分为竞技训练运动处方、预防保健运动处方和临床治疗运动处方三类。①竞技训练运动处方:竞技训练运动处方的对象是运动员,以达到提高身体素质和运动技术水平为目的。②预防保健运动处方:预防保健运动处方的对象是健康人和中老年人,以达到增强体质、提高健康水平为目的。③临床治疗运动处方:临床治疗运动处方的对象是成人病患者,以治疗疾病、提高康复医疗效果为目的。

运动处方根据运动的形式、运动的目的可以分为耐力性运动处方、柔韧性运动处方和力量性运动处方三类。以有氧运动为主的耐力性运动项目,如步行、慢跑、游泳、自行车、上下楼梯、有氧操、跳绳、划船等,能有效增强人体的心血管系统机能,减少人体多余的脂肪。以各类伸展性运动为主的运动项目,如拳、操等,能有效保持人体的柔韧性,在强度和运动量足够的情况下也能达到有氧运动效果。以力量练习为主的肌肉锻炼,是保持和提高人体运动系统能力的主要手段之一。

二、运动处方的作用和特点

(一)运动处方的作用

(1)增进身体健康:其一是预防疾病,特别是"文明病";其二是改善身体状态,提高对环境的适应能力。

(2)提高身体机能:通过运动处方可以指导锻炼,人体可加强肌肉力量、耐力、爆发力、身体的灵敏性、技巧性、平衡性、柔韧性等素质和运动能力。

(3)治疗疾病:把运动当作康复疗法的一种手段,严格地按处方进行,可以大大提高运动中的安全感,尽可能少地出现意外危险。

(二)运动处方的特点

(1)科学性强:运动处方制订者应具备专业的科学健身指导知识。科学合理的运动不但能增强体质,还能对人体疾病起到辅助治疗作用。运动处方的组成要完整,注重身体检查,以免带病、带伤运动而造成不必要的伤害。

(2)针对性强:每个人的身体状况千差万别,正如每个人都有适合自己的不同颜色、款式的服饰一样,运动处方也因人而异,需要"对症下药"。制订运动处方时,一是要考虑运动条件,即运动的可操作性;二是要考虑锻炼者运动的可操作性和自身的工作性质,即有完成运动的可行性。

(3)可调性强:运动处方制订出来后并不是一成不变的,要根据锻炼后的效果不断进行调整,力争使运动处方的内容与机体状态保持最佳配合。

(4)生活化:制订的运动处方应抓住生活、工作中的点滴时间。注重空隙锻炼时间的有效积累,每日仍可达到一定量的运动,并可使健身最大程度地贴近生活,成为人们生活中的一种习惯。

三、运动处方的制订

(一)运动处方的制订原则

运动处方的制订一般要遵守以下原则:

1.区别对待

由于每一位锻炼者的身体条件各不相同,不可能预先准备好适应各种情况的处方。即使可能,而个人的身体或客观条件也经常变化。因此,运动处方的制订,必须针对每一个人的具体情况,因人制宜,区别对待。

2.以体力为基础

在制订运动处方时,必须注意到体力(全身耐力)的差别比性别和年龄的差别更为重要。因此,制订运动处方应以体力为基础。

3.限定安全界限和有效界限

为了增加健身和康复的效果,运动处方的制订必须限定安全界限和有效界限(界限的划定应根据身体检查的不同情况而定)。安全界限指锻炼者在保证不会出现意外事故的情况下,所能承受的最大运动强度或运动量。有效界限指达到最低锻炼效果的最小运动强度或运动量。安全界限和有效界限之间,就是运动处方最安全而有效的范围。在这个范围内,运动强度、时间和频率等越高,效果就越显著。

4.便于修改调整

运动处方应用于多数人时,有的人适应,也有人可能不适应。即使是根据检查结果开列的处方,也不一定在任何时间、任何地点都最适合。因此,对于初定的处方在施行过程中,要进行一次或数次的调整,使之成为符合自己条件的运动处方。一张安全、有效、愉快的运动处方,是在实践过程中制订出来的。

5.持之以恒和渐进性原则

制订运动处方,目的是增强体质,提高健康水平,因而除考虑安全和效果外,还要注意个人兴趣。从生理学的角度看,虽然是科学、有效的运动,如果锻炼者不爱好则难以持久,不能持久也就不能得到真正的效果;人体对反复持续的运动有一个适应过程,体质的增强则建立在适应能力逐渐提高的基础上。运动处方的制订,在持之以恒的同时,还要兼顾渐进性原则。

(二)运动处方的制订程序

1.健康诊断

了解锻炼者的一般身体发育、伤病情况和健康状况,有无禁忌症,以确定是否是健身运动的适应者。

2.机能与体能测定

检测和评定锻炼者对运动负荷的承受能力。以心肺功能为主,进行安静和运动状态下的生理功能检测,主要有心率、血压、肺活量等指标。进行力量、耐力、速度和灵敏的身体素质检测,从中判定锻炼者的运动能力和生理机能的状况。

3.确定运动目标

通过有目的的锻炼可以达到预期的效果。由于各人的情况千差万别,运动处方的目的可以分为健身性、娱乐性、减肥性、治疗性等多种类型。

4.选择运动项目

在运动处方中,为锻炼者提供最合适的运动项目关系到锻炼的有效性和持久性。选择运动项目,要考虑运动的目的,是健身还是治疗;要考虑运动条件,如场地器材、余暇时间、气候等;还要结合体育兴趣爱好等。一般体育锻炼采用的是有氧运动方式,包括步行、慢跑、游泳、爬楼梯、骑自行车、健身操、太极拳、球类等。具体选择哪些运动项目,要根据个人爱好、身体条件、经济条件、现实的可能性等来决定。

现代运动处方的运动形式包括三类。第一类:有氧耐力运动项目,如步行、慢跑、速度游戏、游泳、骑自行车、滑冰、越野滑雪、划船、跳绳、上楼梯及功率车、跑台运动等。第二类:伸展运动及健身操,如广播体操、气功、武术、舞蹈及各类医疗体操和矫正体操等。第三类:力量性锻炼,如自由负重练习、部分健美操等。

5.制订运动处方

确定锻炼的运动强度、时间和频次。运动强度是运动时的剧烈程度。运动时间是指一次锻炼的持续时间,它与运动强度紧密相关。强度大,时间应稍短,强度小,时间应稍长。有氧锻炼一般在 30min 左右就可以达到较好的效果。运动频度是指每周的锻炼次数。一般认为 1 周运动 3 次以上对身体的锻炼效果才明显。

6.实践与修正

在制订好运动处方后要遵照处方进行锻炼,以达到锻炼目的。由于个体差异,在实行运动处方的过程中,可能会有不合适的地方,应在实践中及时检查和修正,以保证锻炼效果。

(三)运动处方的内容

完整的运动处方应当包括 5 项基本内容:

(1)适合于不同种运动处方的锻炼内容、方法,如为增强心肺功能,多采用大肌肉群参加的有氧练习,为增强肌肉力量,采用抗阻练习等。锻炼内容推荐以下项目(可依个人喜好选择):步行、慢跑、走跑交替、游泳、骑自行车、跳绳、爬楼梯、乒乓球、羽毛球、太极拳、跳舞、体操以及室内功率自行车、跑台等。

(2)锻炼时应当达到和保持的运动强度。运动强度是指单位时间内的运动量,即:运动强度＝运动量 / 运动时间。运动强度是设计运动处方中最困难的部分,它是运动处方要素中最重要的一个因素,也是运动处方定量化与科学性的核心问题。因此需要有适当的监测来确定运动强度是否适宜,可根据训练时的心率、能量代谢当量、主观感觉程度、最大吸氧量储备百分比进行定量化,其中心率是最为常用的有效指标。如以心率衡量学校体育课运动量的大小,一般认为,心率为 120 次/min 以下的运动量为小;心率为 120～150 次/min 的运动量为中等;心率为 150～180 次/min 或超过 180 次/min 的运动量为大。另外,力量练习的负荷量、走和跑时适当的速度和坡度、踏蹬功率车的阻力等也属于运动强度的范畴。

测量运动强度的简单办法:测量运动后 10s 脉搏乘以 6,就是 1min 的运动强度。在实际锻炼中可用靶心率来控制适宜运动强度:以本人最高心率的 70%～85% 的强度作为标准。靶心率＝(220－年龄)×(70%～85%)。如 20 岁的靶心率是 140～170(min/次)。最适宜运动心率,计算公式:最大心率＝220－年龄,心率储备＝最大心率－安静心率,最适宜运动心率＝心率储备×75%＋安静心率。

一般认为超强运动无益于身体健康,而适度的靶心率强度运动,对人体健康会产生良好影响。

(3)锻炼的持续时间。锻炼的持续时间即每次运动应持续多长时间。以健身为目的的运动,中老年人应选择强度小而时间长的运动方法。而对于少年来说,时间短、强度大的方法,则效果更好。从运动生理来说,5min 是全身耐力运动所需的最短时间,是坚持正常工作人的最大限度时间,每次进行 20～60min 的耐力性运动是比较适宜的。因此,包括准备活动及整理活动在内,每次运动至少需要 30min。

(4)每周锻炼的次数,又称为锻炼频率,即一周锻炼几次。每周锻炼 3～4 次是最适宜的频率。每周至少不能少于 2 次。两次运动的间隔不宜超过 3 天。

(5)锻炼的循序渐进,如开始阶段、提高阶段和保持阶段的运动处方应当如何逐步提高。

此外,还应说明锻炼时的注意事项等。

第二节　运动处方的实施

一、运动处方的实施过程

在运动处方的实施过程中,应注意每一次锻炼课的安排、运动量的监控及医务监督。

锻炼课的安排:在运动处方的实施过程中,每一次锻炼课都应包括三个部分,即准备活动部分、基本部分和整理活动部分。其中准备活动部分的主要作用是使身体逐渐从安静状态进入工作(运动)状态,逐渐适应运动强度较大的锻炼部分的运动,避免出现心血管、呼吸等内脏器官系统突然承受较大运动负荷而引起的意外,避免肌肉、韧带、关节等运动器官的损伤。在运动处方的实施中,准备活动部分常采用运动强度小的有氧运动和伸展性体操,如步行、慢跑、徒手操、太极拳等。准备活动部分的时间,可根据不同的锻炼阶段有所变化。①在锻炼的早期阶段,准备活动的时间可为 10～15min;在锻炼的中后期准备活动的时间可减少为 5～10min。②基本部分是运动处方的主要内容,是达到康复或健身目的的主要途径。运动处方基本部分的运动内容、运动强度、运动时间等,应按照具体运动处方的规定实施。③整理活动部分:每一次按运动处方进行锻炼时,都应安排一定内容和时间的整理活动。整理活动的主要作用是避免出现因突然停止运动而引起的心血管系统、呼吸系统、植物性神经系统的症状,如头晕、恶心、重力性休克等。常用的整理活动有散步、放松体操、自我按摩等。整理活动的时间一般为 5min 左右。

在运动处方的实施过程中,应注意加强对运动强度的监控,应对一般的健康人进行自我监督,对治疗性运动处方的实施应进行医务监督。

二、运动处方中运动时间的选择

运动在时间的选择上是很有讲究的。一般来说,早晨空气清新,此时锻炼不仅可以提高人体的肺活量,增强胸肌力量,而且对调节呼吸系统的功能也大有益处。患有呼吸道疾病的人选择在清晨锻炼比较有好处。下午是强化体力的好时机,特别是黄昏时分,人体肌肉的承受力比其他时间高,视、听等感觉也最为敏感,而心跳频率及血压值也较低且平稳,此时锻炼能够很好地适应因运动所引起的心跳加快和血压上升现象。而在晚上锻炼后,微微的身体疲劳感有助于睡眠。但锻炼须在睡前 3h 进行,运动强度不宜过大,否则会因为神经系统过度兴奋而导致失眠。

　　然而有些时间段进行体育锻炼却不利于身体健康,如果此时段强行为之,反而对身体健康有害。

　　(1)进餐后:此时较多的血液流向胃肠道,以帮助食物消化吸收。该时段大强度的体育锻炼会妨碍食物的消化,时间一长会导致疾病;体弱者进餐后血压会降低,被称为进餐后低血压,外出活动容易跌倒;患有肝、胆疾病的人此时锻炼还会加重病情。因此,饭后轻微活动有益于胃肠的蠕动,一般建议最好静坐或半卧,30min 后再到户外活动。如果体育锻炼的强度较为剧烈,则需要在饭后 1h 后进行。

　　(2)饮酒后:酒中的酒精很快被消化道吸收入血液中,并进入脑、心、肝等器官,此时运动,将加重这些器官的负担。与餐后运动相比,酒后运动对人体产生的消极影响更大。

　　(3)情绪不好:运动不仅是身体的锻炼,也是心理的锻炼。当人处于生气、悲伤状态时,最好不要到运动场上去发泄。运动医学专家的解释:人的情绪直接影响人体机能的正常发挥,进而影响心脏、心血管及其他器官。因此不良情绪会抵消运动带给身体的健康效果,甚至产生负面影响。

三、运动处方中运动场地与服装的选择

(一)运动场地的选择

　　运动场地和设施对提高运动效果、运动成绩以及预防意外事故是至关重要的。在运动过程中时刻伴随着多种危险因素,例如,运动场所狭小时,常发生碰伤事故;路面不平则是导致骨折、扭挫等外伤的直接原因;长期在硬路面上进行运动可引起下肢关节的慢性劳损;运动用具使用不当或用具藏有安全隐患时也容易发生事故。为了更好地保证运动效果,防止体育锻炼中的意外事故发生,在进行锻炼时应该选择在安全的运动场所和完善的运动设施处进行。我国目前的体育设施及公园、健身中心等与西方经济发达国家相比,仍有不小差距,锻炼者能选择利用的完善运动设施及场地目前尚不充足。因此,每个人都应根据自己周围的具体情况而做出合理的选择。

由于运动时通过呼吸从外界摄入大量的新鲜氧气,以满足运动健康的需求,所以运动场地选择以平坦开阔、空气清新的公园、沙滩、体育场等处为优。以下地方或环境尽量避开:

(1)高楼大厦周围。由于楼房林立,楼群之间往往容易形成忽强忽弱的风,称之为高楼风,容易使人受凉感冒。此外,楼群之间也非安全之地,楼上坠落的物体可威胁到锻炼者的安全。

(2)空气污染区域。如工业区,化学气味较浓的场所,烟囱、餐馆附近等,有害气体与浮尘污染空气的情况十分严重。在这些地方,吸入有害物质增加,运动不但无益甚至有损健康。

(3)电磁波干扰严重的区域。诸如高压线、变电站、广播电视发射塔、卫星通信及导航系统附近,都不同程度地存在着电磁波辐射,并形成一种"无形烟雾",对人体健康极为不利。

(4)交通要道及交叉路口附近。这些地方的空气中含有大量微尘,微尘混杂着多种有害物质。运动时吸入肺部的有害物质增加,可诱发哮喘发作,还会"株连"心、肝、肾等器官,甚至引起癌症,危害可想而知。

(5)雾天环境锻炼。雾天,污染物与空气中的水汽相结合,将变得不易扩散与沉降,这使得污染物大部分聚集在人们经常活动的高度。而且,一些有害物质与水汽结合,会变得毒性更大,如二氧化硫变成硫酸或亚硫化物,氯气水解为氯化氢或次氯酸,氟化物水解为氟化氢。因此,雾天空气的污染比平时要严重得多。另外还有一个需要强调的原因,那就是组成雾气的颗粒很容易被人吸入,并容易在人体内滞留,而锻炼身体时吸入空气的量比平时多很多,这更加剧了有害物质对人体的损害程度。因此,雾天不宜锻炼身体。

(二)体育锻炼服装的选择

体育锻炼者在对自己周围环境等具体情况做出合理选择的同时,锻炼时的运动服装和运动鞋等装备也应符合各项目运动的要求。合适的运动服装和运动鞋是防止运动损伤的前提,不应当轻视。因此,运动锻炼时,最好能穿运动服和运动鞋,这样既舒适轻便,有利于做各式动作,又能增加动作美感和自我保护作用。

运动服:要选择宽松、柔软、弹性好的运动衣,还要选择色彩明快、吸水性好的服装。冬、夏装应区别开来,冬季天气寒冷,要穿质地厚的运动衣,以利于运动和保温;夏季炎热,可穿轻而薄或半袖的运动衣,以便于散发热量,如果直射日光强时还应戴帽子,并注意尽量减少皮肤的暴露。总之,运动服装要根据天气变化选择使用,最大限度避免中暑、感冒及紫外线照射等危害身体的现象发生。

运动鞋:从事慢跑的人,对于运动鞋的选择非常重要,运动鞋质地的好坏,尺寸是否合适,直接影响足部及下肢关节的健康。良好的运动鞋应具备透气性好、鞋面舒适贴脚以及鞋底有弹性等特点。透气性不好的鞋,容易使细菌生存,诱发各种脚气病。鞋里面要平滑柔软,脚趾应有足够的伸展空间,避免脚部与鞋帮产生摩擦,以免跑步时脚部被挤压而受伤。鞋底要有一定的厚度,有较好的弹性,无弹性的运动鞋容易造成下肢关节疼痛。另外,鞋还要轻,结实耐用,鞋底落地时稳定性要好。有脚气、脚癣的人,还应注意穿棉线袜,鞋垫要保持干净,经常翻晒。

第三节　特殊群体体育锻炼的运动处方

一、体育锻炼中的运动禁忌症

合理的体育锻炼可以提高机体的免疫能力,达到防病治病的目的,但在机体患有某些疾病的情况下,体育锻炼应加以严格控制,甚至禁忌。体育锻炼本身是一种应激,人在生病的时候,机体常常受到极度应激,此时若再增加负荷就可能导致进一步的机能衰退,使病情进一步恶化,有时甚至引起死亡。因此,在患病的情况下,体育锻炼需要控制和禁忌。

一般而言,急性病或者慢性病急性发作是参加体育活动的绝对禁忌症。不稳定性心绞痛病人也不能参加运动,这是因为冠心病是 30 岁以上人群发生运动猝死的主要原因。70 岁以上的老人,在参加运动时要特别当心,尤其不宜参加竞技性很强的运动。大多数的慢性病患者在疾病得到控制的情况下,可以参加体育活动。高血压病人,只有定期服药、血压控制在正常水平时,才能参加体育运动。糖尿病患者,只有血糖控制在正常水平时才能参加锻炼,而且活动时要随身携带糖果,尽可能与他人结伴锻炼,以防止低血糖的发生。冠心病人在确保心绞痛不发作的条件下或经过介入性治疗后,在医生的指导下,才可以参加运动。

二、青少年的运动处方

(一)青少年生长发育规律

与成人相比较,青少年尚处于生长发育阶段,因此在制订运动计划之前,必须全面了解人体的生长发育规律,了解青少年的身体形态、机能与素质特点,有针对性地制订锻炼计划,从而实施科学的运动处方。较之于成人,青少年在机能评定的指标和评价系统方面不完全相同。

青少年与成人相似的指标:最大摄氧量($V_{O_2 max}$,单位 mL·kg^{-1}·min^{-1})、磷酸肌酸。

青少年比成人相对较差的指标：糖酵解供能能力、通过蒸发散热的能力、对环境的适应能力、运动中的能量节省化。

青少年比成人相对较好的指标：摄氧能力稳定状态。

(二)青少年运动处方的制订

在掌握青少年生长发育规律基础上科学制订青少年运动处方，其主要内容包括以下两个方面：

1.心肺功能的锻炼

鉴于青少年处于生长发育期，因此，青少年体育锻炼不能仅仅关注最大摄氧量的提高，而是更应关注青少年的全面健康。在进行心肺功能锻炼时采用的锻炼方法应该丰富多样。比如个人运动(如自行车、跑步等)、集体运动(如篮球、足球)、双人运动(如网球、乒乓球)、娱乐活动(如徒步旅行)。同时，学校、家长和社会都应该给青少年提供一些运动的机会和场所，并提供一些健康教育和运动技能学习的机会。

2.肌肉力量和肌肉耐力素质的提高

青少年肌肉力量和肌肉耐力的提高可以通过参加科学系统的力量训练来实现。由于青少年的身体形态、生理机能和心理等方面都还不成熟，因此在力量和耐力训练中要注意采取以下措施：①指导人员要监督训练。②教授正确的推举动作和呼吸要求，防止憋气。③训练中要强调在肌肉的控制下推举，避免使用蛮劲。④每次做1~2组练习，每组包含8~10个不同的练习。⑤训练频度以每周两次为宜。⑥不要采用8RM(Repetetion Maximum，最大重复次)以上的负荷；第一次增加负荷时应该先增加重复次数，然后再增加负荷。⑦训练中要避免出现肌肉疲劳，防止骨和关节损伤。

三、中老年的运动处方

(一)中年人运动处方

1.中年人的生理生活特点

中年人的生理特点：心跳逐渐减弱，30岁心脏每分输出量为3.4L，40岁降为3.2L，血管开始脂化，斑块沉积在血管壁上，血流减慢。肺通气肺活量减少，胃黏膜变薄，肾脏膀胱储备下降，夜尿；神经精神减弱，骨质密度开始下降，易患腰腿痛。

中年是"病机四伏"时期，身兼工作、家庭重担，自己容易对身体健康漠视或没有时间锻炼，加上自己认为身体健康状况根基厚、精力旺盛，造成有些中年人烟、酒无度，生活作息不规律，因此易引起"英年早逝"。

　　因此,中年人需要重视健康投资(体育锻炼),加强自我保健。另外,中年人还要懂得相关医学保健知识,养成科学饮食、积极参加体育锻炼、戒烟限酒、生活作息规律等习惯,以保持和促进身体健康水平。

　　2. 中年人运动处方

　　体育锻炼是中年人健康最好的医药,每周应安排 3～5 次,每次锻炼时间安排 20～60min(如早上锻炼 30min),运动强度保持最大心率 70%～85%。即 30～39 岁:140～165 次/min;40～49 岁:120～146 次/min;50～59 岁:118～139 次/min。中年人一般不超过 160 次/min。

　　中年人体育锻炼的方式是要能使整个身体都参加运动的项目,不宜采用局限于某一肢体或器官、局部负担很重的运动。运动的速度和力量要适宜,不能要求过高。对身体内部引起的变化不能太剧烈。要限制强度过大、速度过快的活动。适合中年人体育锻炼的项目,包括散步、跑步、游泳、骑自行车、划船、溜冰、滑雪、八段锦、五禽戏、广播操、球类游戏、爬山、远足等项目。

(二)老年人运动处方

　　1. 老年人的生理特点

　　老年人生理变化特点:人体 40～64 岁为渐衰期,65 岁起进入衰老期。个体差异很小。老年人视力减退,老花眼与白内障患者增多。听觉出现障碍,脑老化萎缩,肺功能下降,心脏机能减退,血压容易升高。消化功能下降,常饮酒和低蛋白易引起脂肪肝。骨质疏松加剧(女性比男性多 8 倍),易骨折,皮肤皱纹增多,弹性下降。身体抵抗力减退,容易疲劳,恢复慢。

　　基于老年人生理特点,在制订运动处方时树立以下锻炼思想:改变"为时已晚"的错误思想,何时觉悟何时锻炼,力求尽早觉悟。在锻炼时积极自觉、沉稳、毅力有恒。同时要个别对待,自监自控,适宜负荷,全面锻炼,安全第一,循序渐进。另外在锻炼的各个阶段都要严格检查、关注身体变化,做好准备和整理活动。老年人的运动处方要个别对待,选择老年人自己喜爱的运动,并合理安排运动量。

　　2. 老年人运动处方制订

　　老年人较年轻人的体质和生理功能弱化,对自然环境的适应能力降低,因此,老年人必须树立为健康长寿而进行体育锻炼的理念。在参加体育锻炼之前,要求做一次全面的医学检查,然后选择适合自己的锻炼方法和项目。具体要求为,老年人进行体育锻炼应坚持"四要""四不要"的原则。

　　"四要"原则:①要因人而异、量力而行。根据自身的情况,选择适合自己的运动项目,以参加动作缓慢、速度均匀、呼吸自然、费力不大的体育项目为宜。②要循序渐进、逐步提高,体育锻炼不能急于求成,必须逐步增加运动量。③要持之以恒、细水长流。体育锻炼最重要的就是坚持不懈,只有这样方能奏效。④要注意安全。运动前要做好准备工作,还应注意周围的环境安全,以免身体受到伤害。

"四不要"原则:①不要过度进行力量性锻炼。随着年龄的增长,老年人会出现运动器官萎缩、韧带弹性减弱、骨质疏松、关节活动范围减小等情况,若进行较重的力量性锻炼,容易造成骨骼变形,轻则损伤关节和韧带,重则骨折成疾。②不要进行闭气锻炼。老年人呼吸肌的力量较弱,肺泡的弹性也相应降低,若锻炼时用力闭气,就容易损坏呼吸肌、导致肺泡破裂,引起肺支气管咯血现象。因此,进行任何体育锻炼时都必须配合有节奏的自然呼吸。③不要进行速度锻炼。老年人的心脏收缩力量减弱,血管壁的弹性降低,管腔变窄,血流阻力增大,若再进行快速度的锻炼,将使心脏更加不堪承受。如果原来患有高血压和心脏病,此时更容易促使脉搏和血压骤然猛升,以致造成死亡事故。④不要在比赛中争强好胜。因为在比赛争胜的过程中,会促使当事者神经中枢兴奋,引起血压和心率剧增,以致产生严重后果。

在运动处方实施时,还要注意锻炼环境等方面变化以选择正确的锻炼方式。在盛夏气温很高、空气流通差或大雾大风情况下,或在冬季地面有积雪结冰的条件下,都不宜进行户外锻炼,可适当增加室内活动;在运动中如果感到气力不支或某一部分不适或某些部位疼痛,要主动缓下来,或者给以间歇休息,甚至停止锻炼。在身体各种内脏疾病发作阶段或体温升高时不可进行锻炼,各种传染性疾病未愈或身体某一部分外伤未愈均应停止锻炼;老年人在体育锻炼过程中不宜大量饮水,特别是清凉饮料,避免胃肠骤然受到冷凉刺激引起痉挛;在锻炼内容上,老年人应该以心肺锻炼、腿部锻炼、椎体锻炼为主,以改善老年人心肺耐力、腿部功能、中枢神经系统的功能。

四、孕妇的运动处方

(一)孕妇从事体育锻炼的意义

适度的运动不但对孕妇有益,同时也能减少胎儿分娩时的危险。在怀孕期间经常做规律的运动,不但能预防孕妇体能的消退,而且能减少疲劳,同时由于运动的效果可以维持肌肉的力量,促使生产更为顺利,帮助孕妇产后恢复,保持良好的体能与身材。但在给孕妇制订运动处方前,要首先征求妇科医生的建议,因为并不是所有的孕妇都能从事体育锻炼。

(二)适合孕妇体育锻炼的运动项目

选择运动形式时要鉴别哪些是适合孕妇进行体育锻炼的项目。一般认为,适合孕妇的锻炼项目应该是一些非竞技性的、不需要器具或特别设施、不必花费太多费用的运动。

（1）太极拳：太极拳要求人的精神处于放松和虚灵状态，动作柔和、气脉连贯，又比较轻松，没有突兀和剧烈的硬性动作，追求身体内气血的和畅融通，很适合孕妇锻炼，也对孕妇、胎儿极为有利。中国古代胎教注重的就是孕妇气血的融合畅通，认为这样对胎儿成长是有益的。

（2）跳舞：专家认为慢步交谊舞是孕妇的一项很好活动，有利于身心的调节和健康，并且整个孕期孕妇都可以跳舞，只是注意不要过于劳累。跳舞场所如果空气不好最好不要参与，孕妇如果觉得身体不适也最好不要跳，也不要跳迪斯科等活动量大的舞蹈。

（3）广播操：广播操可以活动全身关节肌肉，锻炼比较全面，又不是特别剧烈，3个月以后的孕妇可以经常做，只是有些高举的动作、扭腰下腰的动作、跳跃的动作、转身的动作不做或者做得幅度小一些，不要用力过猛，不必过于追求动作到位与否，一般以孕妇不感到勉强、难受、过于疲劳为好。

（4）适当家务劳动：孕妇在家里适度做家务是可以的，如擦桌子、洗菜、刷碗，步行买菜或做饭菜，用手搓洗衣服、织毛衣、扫地，走路、骑车或坐公共汽车上班都是有益的。在农村的孕妇仍可参加不重的田间劳动，手脚经常活动，筋骨会更有活力、更结实，身体会更好，胎儿也会从中受益。实践证明，经常活动的母亲生的孩子远比不活动或少活动的母亲生的孩子更有活力、更健康。

（5）游泳：国外专家一直鼓励孕妇游泳，认为游泳是一项有利于孕妇舒展身体的全身运动。需要注意的是水温要合适，太凉最好不要下水，以免引起孕妇腿部肌肉痉挛。泳姿最好选择仰泳，游泳的动作要轻柔缓慢，不要太猛，并且要适可而止，避免过度疲劳。

（6）散步：孕妇产前经常做力所能及的活动，对于分娩将大有帮助。身体沉重的孕妇最适宜的运动莫过于散步。散步给孕妇带来很多益处。孕妇肌肉的力量得到锻炼而加强，还可帮助骨盆运动，有助于产妇分娩时减轻疼痛。散步可改善孕妇脚部的血液循环，促进全身的血液循环，使胎儿血液供应更充足，有利胎儿健康发育。孕妇通过散步，可刺激脚下的诸多穴位，因此可调理脏腑功能，可使孕妇健力祛病。散步可以安定神经系统，增加肺部换气功能，帮助消化、吸收和排泄。

每天早晨或傍晚的一定时间，孕妇最好能到户外散步，呼吸新鲜空气，这样利于孕晚期的胎儿肉体、骨骼的迅速增长，需氧量也会大增。孕妇每天有一定户外活动，不仅有利于胎儿养成好的生活习惯，也有助于胎儿的生命力和灵性。可以肯定的是，注重户外活动的孕妇更易拥有活泼健康的孩子。孕妇如果热爱活动、积极进行户外锻炼,胎儿也会养成锻炼的好习惯,出生后会比较喜欢活动、喜欢户外、喜欢新鲜空气,利于给胎儿奠定一个良好的生活习惯。

值得注意的是,散步锻炼不宜在饭后马上进行,更不能选择在雨后、雪后锻炼,以免路滑,发生危险。散步时步履宜和缓,心里不慌,脚步不乱,从容地行走。做到形劳而不倦,汗出而微见,气粗而不喘。这样有利于气血畅达,百脉流通,内外调和。散步行走,地点选在庭院花木丛中,或在房前屋后青草绿叶之中,唯求空气清新,千万不要到车辆多的地方散步。

五、骨质疏松患者的运动处方

从相关研究看,预防、延缓骨质疏松的最好办法之一就是进行适度的体育锻炼,只要使全身的骨骼都受到足够的张力和拉力,对于预防、治疗骨质疏松病症都是有效的。

预防、治疗骨质疏松病症的运动项目应选择动作变换较多,可以运动全身的项目进行锻炼,如跑步、网球、太极拳、门球等;也可以根据自己的爱好,选择舞蹈、气功、广播体操等。要坚持进行锻炼,这样不仅使人感到心情愉快、精神爽朗,而且骨质坚硬,不易骨折,身体更健康。

预防治疗骨质疏松的患者进行体育锻炼时还应注意不要选择技术难度较大、力量要求大、速度快的运动。即使是较理想的运动项目也包含一些力量、难度较大的动作,应适当降低动作难度或变换其他简单动作来避免完成这些动作。例如太极拳是较为理想的项目,练习过程中要求半蹲位,标准的动作要求下肢有很强的力量,这对部分中老年人来说可能就过量了,因而练习时要依据自己身体状况,只需比直立时稍蹲即可。

运动强度与时间:所选择的运动项目或动作的强度和难度宜小,每天练习以感到稍有疲劳为度,休息后次日可完全恢复。每次运动的时间与其他处方相似,为15～40min,可选择在任何时间里进行练习。每天可进行1～2次集中练习。也可以依个人兴趣,随意安排。

骨质疏松患者在进行体育锻炼时注意保持心情开朗,保持良好的精神状态。不要在生气或是考虑别的事情时练习。如果遇到难度或强度较大的动作,可自行降低难度和强度来完成。

六、颈椎病患者的运动处方

颈椎病是中老年常见疾病之一。轻者仅在颈后、肩部有不适或轻度疼痛,或颈项部活动不利;稍重者可伴有手指麻木、头晕、耳鸣、视物不清、心悸、恶心呕吐等;

重者则可出现步履不稳,甚至肢体功能丧失;只要坚持按处方进行运动,颈椎病一般不会发生。

通过绕旋颈部的锻炼,增强头颈部肌力和动脉的柔性是不可取的。根据老人机体的生理特点,剧烈绕旋头部会使大脑的血流减少,出现头痛、头晕等症状。如果老人患有重度动脉硬化,剧烈扭旋头部会酿成血管破裂的脑出血意外事故。

颈椎病患者一般采用的锻炼方式为:①头颈左右转动,做时伴随深呼吸。吸气时头向左转(约 90°),呼气时还原;吸气时头向右转(90°),呼气时还原,反复做 6 次。②前屈后伸,做时伴随深呼吸。吸气时颈部前屈,下颌接近胸骨柄上缘;呼气时,颈部后伸至最大限度,反复做 6 次。③侧屈:吸气时头向左屈,呼气时头还原。接着吸气时头向右屈,呼气时头还原,反复做 6 次。④伸展:吸气时头颈伸向左前方,呼气时头还原。接着吸气时头颈伸向右前方,呼气时原,反复做 6 次。锻炼时注意头颈两侧旋转幅度和前屈后仰动作宜小于 180°,并且每绕旋一次间隔 2～3s,可达到舒筋活络、活血化淤的效果。

颈椎病患者的自我运动,一定要遵照以上动作要领有规律地进行,切不可头、颈部做无规律的乱转乱晃,且用力要缓慢,不可过猛。老年人还应降低动作幅度、速度和绕旋力度,以免造成不适和损伤颈椎。

七、腰肌劳损患者的运动处方

腰肌劳损的主要症状是腰部酸困和疼痛,腰痛较重者常伴有腰肌紧张性痉挛,腰部活动性受限,弯腰困难。严重者可影响日常工作和生活。实践证明,运动疗法对腰肌劳损的治疗有较好的效果。经常采用的腰肌锻炼运动处方为:

(1)仰卧保健法:患者取仰卧位,首先双脚、双肘和头部五点,支撑于床上,将腰、背、臀和下肢用力挺起稍离开床面,维持至感到疲劳时,再恢复平静的仰卧位休息。按此法反复进行 10min 左右,每天早晚各锻炼一次。

(2)俯卧保健法:患者采取俯卧位,将双上肢反放在背后,然后用力将头胸部和双腿用力挺起离开床面,肘和膝关节保持伸直,使身体呈反弓形,坚持至稍感疲劳为止。依此法反复锻炼 10min 左右,每天早晚各一次。如果长期坚持锻炼,可预防和治疗腰肌劳损和低头综合征的发生和发展。

(3)腰背部叩击按摩保健法:患者采用端坐位,先用左手握空拳,用左拳在左侧腰部自上而下。轻轻叩击 10min 后,再用左手掌上下按摩或揉搓 5min 左右,一日两次。然后依照同样手法用右手进行运动。如果患者感到按摩部位有灼热感,则效果更好,运动后自觉舒服无比。此运动法能促使腰部血液循环,解除腰肌的痉挛和疲劳,对防治中老年性腰肌劳损效果良好。

(4)腰部前屈后伸及回旋运动:①前屈后伸运动:两足分开与肩同宽站立,两手叉腰,做好预备姿势。然后做腰部充分前屈和后伸各 4 次,运动时要尽量使腰部肌肉放松。②回旋运动:姿势同腰部前屈后伸运动。腰部做顺时针及逆时针方向旋转各一次,然后由慢到快,顺、逆时针方向交替回旋各 8 次。

(5)利用器械的腰肌劳损锻炼法:使用伸腰训练器可锻炼腰腹肌肉,增强腰部柔韧性。方法:双手抓住伸腰训练器的两侧把手,腰部向后靠在其弯曲板上,身体尽量向后做伸展运动。使用仰卧起坐平台,可增强腰腹肌力量和下肢柔韧性。方法:仰卧于架上,踝关节置于横杆下,双手交叉贴于脑后,起坐身体向前弯,双肘触膝,然后返回原位。需要提示的是,每次锻炼不能只进行关注腰腹肌的练习,同时应进行增强心血管机能以及上、下肢力量的器械练习。

(6)腰肌劳损的传统健身法:中国传统健身术强调"以腰为轴",把腰部活动看作生命之本,太极拳、五禽戏、八段锦等,都是以活动腰部为主。常用方法:扭腰转胯、俯仰伸腰、左右弯腰、桥形拱腰、旋腰转背等。通过这些锻炼,可改善腰背部血液循环,锻炼腰背部肌肉,防治腰肌劳损和腰背酸痛。

腰肌劳损患者在进行运动练习时腰背肌肉伸展的动作幅度不要太大,以防肌肉拉伤等。在开始锻炼前,适当做必要的准备活动。一组动作之后,注意使用腰背按摩器来放松腰背部的肌肉,以加快腰背肌的恢复。

八、糖尿病患者的运动处方

(一)糖尿病与Ⅱ型糖尿病

糖尿病是一种血液中的葡萄糖浓度缓慢升高的疾病。在美国,糖尿病是导致死亡的第三大疾病。糖尿病可以引起视觉缺失、肾病、心脏病、中风和外周血管疾病(可能会导致截肢)。根据引起糖尿病的原因可以将其分为两种类型:Ⅰ型糖尿病,主要是由体内胰岛素缺乏而导致;Ⅱ型糖尿病,主要是由胰岛素的敏感性降低而导致。目前,糖尿病患者中大约有 90％的人是属于Ⅱ型糖尿病,即非胰岛素依赖型糖尿病,通常发生在中老年人中,而且与肥胖有关。Ⅱ型糖尿病患者体内胰岛素虽然不缺乏,但胰岛素的敏感性下降,病人可通过注射或口服降糖药来刺激胰腺分泌更多的胰岛素来控制血糖。Ⅱ型糖尿病患者的主要治疗措施应该是通过饮食和运动来减体重,进而控制血糖浓度。

(二)Ⅱ型糖尿病的运动处方

根据国际糖尿病学会(ADA)、美国运动医学学会(ACSM)颁布的《运动与Ⅱ型糖尿病指南》及相关资料介绍,国际推崇以下Ⅱ型糖尿病患者的运动处方。

了解糖尿病患者病情,排除运动禁忌症。糖尿病患者在运动前应排除相关的运动禁忌症,如血糖控制不佳(空腹血糖＞16.7mmol/L)、出现酮症酸中毒等,并结合并发症严重程度进行综合考虑。

1.适合糖尿病患者的运动项目与方式

选择个体化的运动方式。选择患者自己喜欢并能坚持的运动方式,是确保运动持续进行的重要因素。通常,步行是最安全的运动方式,可为首选。但值得注意的是,在步行时应抬头挺胸收腹,以免因含胸驼背而引起背部肌肉疲劳,从而影响运动的持续性。乒乓球、羽毛球也是较为合理的运动方式,但应提醒患者运动时必须移动脚步,而不是固定在一个位置上,且单、双打的运动量有所差异。游泳可作为运动量较大的运动方式,也适用于部分患者。

另外抗阻力运动也是治疗糖尿病的"特殊处方"。抗阻力运动,是在运动过程中施加了一定的阻力(包括自身重力或外力),是治疗Ⅱ型糖尿病患者比较适宜的运动类型之一。此类运动可以增加肌肉对血糖的消耗,改善血糖水平,降低糖尿病的危险性。下面4个简单的运动,有助于患者就地进行、长期坚持。

(1)二头肌弯举:该动作是针对肱二头肌的锻炼,患者可手持1kg哑铃或盛满水或沙子的矿泉水瓶进行练习,坐位或立位(直立,两腿分开与肩同宽)均可,可单臂做,也可双臂同时做。注意事项:手腕始终保持屈状,以避免损伤腕关节;二头肌弯举角度不宜过大,前臂与上臂呈90°,肱二头肌(位于上臂前侧,整肌呈梭形,有长、短二头)感觉紧张即可。

(2)颈后臂屈:伸两手正握或反握杠铃或两手合握一个哑铃。将其高举过头顶后,屈肘,让前臂向后下垂。该动作是针对肱三头肌的锻炼(肱三头肌在上臂后面延伸,如果人尽量伸直手臂,就会感到该条肌肉绷紧),患者可手持重物或双手交叉置于颈后进行练习。注意事项:上举时双臂尽量保持在耳朵后面,不超过耳朵,可以徒手做,也可以持哑铃等重物。

(3)深蹲:该动作是针对臀部肌群的锻炼,患者可以借助靠墙、两臂前伸平举或手扶桌子等姿势进行。注意事项:当大腿与小腿呈90°时应保持一定时间,且膝关节不宜超过脚尖,脚后跟应着地。

(4)坐位双腿并举上抬:该动作针对下肢肌群,患者应坐于硬质椅子上进行,还可在腿上放上沙袋,从而增加阻力。注意事项:双腿并举上抬时应在最高位保持一定时间,直至疲劳后放下,并再次进行上抬。

此外,关节情况较好的患者可选择登楼梯和跳绳等锻炼项目。太极拳作为有氧运动与力量训练的结合也可供选择,由于其运动强度较小,应配合其他运动方式来进行。

2.适合糖尿病患者的运动强度

糖尿病运动强度应控制在中等。中等强度的判断标准为:动时心跳加快,但呼吸不急促;适当的运动量应是全身微微出汗,心率在 130 次/min 以下,身体感到稍累但仍能坚持运动。锻炼每次持续 20～30min,逐渐延长至 1h;使全身的肌肉都得到锻炼且第二天起床后无疲劳感。这样有利于肌肉对葡萄糖的利用。因此糖尿病患者在体育锻炼时应尽量选择耐力性的全身运动。

值得强调的是,中等强度必须结合患者具体情况而定。同一个人,若当前体力活动水平不同,相应的中等强度也不同。例如,当前体力活动水平低、活动量小的患者在开始运动时以每分钟 60～80m 的速度步行,就是中等强度;随着体力活动水平提高,步行速度增至每分钟 90～100m 才能达到中等强度要求。

此外,每天运动时间可分次累计,但每次持续时间应大于 10min。每周运动频率也很重要,应达到 5～7 次,且至少隔天 1 次,尽量避免连续 2 天或 2 天以上不运动。

3.糖尿病患者运动处方注意事项

糖尿病患者每次运动前都要有 10min 准备活动;注意运动疗法应和饮食控制及药物治疗相结合,等血糖和尿糖基本稳定后,再开始运动疗法;避免空腹和注射药物 60～90min 时运动,以免发生低血糖;避免在腿部注射胰岛素等。

若有糖尿病足,运动时穿着合适的鞋子,注意足部保护;若有糖尿病视网膜病变,运动时尽量避免眼压升高的动作,抗阻运动负荷不能过大,避免低头、憋气和无氧运动;有糖尿病肾病,接受透析的患者也可以运动,但应在医生指导下进行,从而保证运动的安全性。运动本身引发低血糖十分少见,但接受降糖药物或胰岛素治疗的患者可能在运动时出现低血糖。为了预防低血糖,患者应避免在胰岛素作用高峰时间段内进行运动且应随身携带糖果,并提高对低血糖反应的警惕性。

九、冠心病患者的运动处方

冠心病患者除了医药治疗外,还可以在医生的指导下,进行一些适合自己的体育锻炼活动。这不但可以增加生活情趣,而且能改善心脏功能及心肌血液供应,增强体质。

冠心病患者进行体育运动,应小心谨慎。在开始运动前,应先向心脏康复科医生咨询,排除运动禁忌症,并通过一些检查来评定心脏功能;然后根据具体情况,在医生的指导下制订一张有针对性的运动处方。

(一)普通冠心病患者的运动处方

1.运动方式

根据病情、体能状况及爱好,选择一项或几项合适的运动方式。对心脏功能有益的运动有多种,包括散步、慢跑、骑自行车、游泳、登山、做体操、跳舞、打乒乓球、打太极拳、上下楼梯等。这些运动主要为动用全身大肌群的、有节奏的有氧运动,以锻炼耐力为主,可以改善心脏、肺功能及糖、脂肪代谢。根据相关有氧运动最佳临床实践表明,各种类型的运动均可改善冠心病人的病情,但以有氧运动效果最佳。这些运动能锻炼心、肺等器官,加速冠状动脉和心肌病变的恢复。不仅如此,坚持做有氧运动,还能把沉积在血管壁上的胆固醇转运出去,从而减轻动脉粥样硬化程度。而且,冠心病人坚持做有氧代谢运动,可提高心脏的应变能力,减少心源性猝死的发生机会。

2.运动强度

因为不同冠心病患者的心血管病变程度差别很大,所以适合的运动强度也有很大不同,与健康人相比差别更加明显。患者进行体育锻炼宜循序渐进,应从小运动量开始,遵循缓慢柔和的原则,逐步增加运动量,运动强度不宜过大。临床实践表明,40岁以上的心脏病患者,锻炼时最高心率以每分钟不超过120次为宜,有心绞痛史的患者锻炼时的最高心率宜在每分钟110次以下。患者在开始运动前,一定要经过心脏康复专科医生的检查、评定,以了解冠心病严重程度,是否可以在院外进行运动以及适合个人的运动强度。一般来说,如果患者没有服用减慢心率的药物,在运动中脉搏比运动前增加15～20次/min,停止运动后5min左右,脉搏可恢复至运动前水平,这样的运动强度比较合适。经过一段时间的训练后体能改善,对运动的适应性增加,运动强度可适当增加。此外,患者在活动中运动强度依自我感觉适可而止。即感到身体有些发热、劳累,但停止活动后不久,疲劳应该减轻或消失,自我感觉轻松舒适,并且不影响当天饮食和睡眠。

3.运动频率与时间

每天活动一次或隔天活动一次,每次活动(包括准备活动及整理活动)20～40min。

按照上述运动处方开始运动时,需注意对健康状况进行自我监督。因为运动处方不是一成不变的,所以还需要定期到医院复诊,以便根据检查结果适当地调整运动处方。如果患者在运动期间病情出现变化,应及时就诊,以免贻误病情。

(二)冠心病患者的体育锻炼注意事项

冠心病患者的体育锻炼要严格按运动处方进行,既不"保守"也不"激进"。同时,要循序渐进、持之以恒;活动前要做好准备活动,活动后应通过整理活动充分放松,避免运动突然开始或突然停止。如果在运动中出现胸闷、胸痛、憋气、头晕等不适症状,应立即停止活动,并及时到医院就诊。随身携带硝酸甘油等急救药品,出现心绞痛等症状时,可及时服用。不要进行爆发性或过于剧烈的运动,尤其是不要参加竞争性强的比赛或运动。饭前、饭后不要立即运动。阴天、闷热或寒冷天气时,应减少活动量或暂停活动。运动后不要立即洗热水浴,应休息 20min 后进行温水淋浴;体育运动不能完全取代药物治疗,因此不要自行变更心脏病药物的使用剂量或方法;要改变不良的生活方式,养成有益于心脏病康复的生活方式,包括戒烟酒、饮食清淡、生活规律、情绪稳定等。

(三)重症冠心病患者的运动处方

病情严重的冠心病患者,在住院期间,除了做一些必要的检查和药物治疗外,即可开始适当的康复运动。由于此时患者病情较重,康复运动应在专科医生的监督下进行。病情相对稳定出院后,在继续治疗同时,康复运动也不应中断。刚出院时,患者应维持住院时的运动水平,不可盲目增加活动量。如果病情有变化,应随时到医院就诊。即使病情没有变化,前三个月内也应每隔 1～2 个星期,找专科医生复诊。如果在住院期间没有进行康复运动,出院后想要进行活动,那必须由专科医生制订运动处方。

严重的冠心病患者应选择较为缓和的运动方式,运动强度宜小,进度要相对慢些。每次活动持续时间宜短,可在一天内分几次活动。若患者因病情需要使用了抗凝血的药物,在运动中更应该小心,避免磕碰伤,以防出血。

十、高血压患者的运动处方

高血压是指收缩压大于 140mmHg 或舒张压大于 90mmHg,是现代社会人们面对的一个很重要的健康问题。收缩压和舒张压的升高均会增加冠心病的危险性。一般认为,对于血压为 140～180mmHg/90～104mmHg 的轻度高血压患者,可以考虑采用体育锻炼等非药物治疗手段(要遵从医嘱)。高血压患者的运动处方包括适当的运动方式、合理的运动强度、时间频率等方面。

(1)运动方式:目前比较一致地认为有氧训练是适合高血压患者辅助治疗的主要运动方式,包括步行、慢跑、骑自行车、游泳和体操等。其中骑自行车能增加冠状动脉的血流,因而比步行更适合于高血压合并冠心病的患者。用 40%最大举重量进行力量锻炼对于高血压患者来说,其安全性属于可接受的临床限度内。此外,气功、放松练习、峨眉剑和太极拳等运动也是高血压患者有效的运动治疗方式。

（2）运动强度：一般认为，强度在 $40\% \sim 80\% V_{O_2 max}$ 范围内，对高血压患者降压都有效。综合相关研究表明，$50\% V_{O_2 max}$ 的强度较 $75\% V_{O_2 max}$ 的强度，降压效果明显。可见，运动强度太大，甚至力竭性运动，反而会使整个运动锻炼后的血压升高。高血压患者的适合运动强度一般以轻、中度为宜。

（3）运动时间和频率：一般认为高血压患者每次进行体育锻炼的时间以 30～60min 为宜，每周 3 次以上即可产生降压效应，且锻炼频次的增加（每周 7 次）对高血压患者的降压效果明显。需要提示的是，高血压患者的体育锻炼治疗要长期坚持，否则其锻炼效果会随着停止锻炼而逐渐消退。

第八章　体育锻炼与力量素质

【内容提要】

人体的身体素质包括力量、速度、耐力、柔韧、灵敏五大素质。人体各种活动都是在身体各部位肌肉牵动着关节和骨骼并克服各种阻力的情况下实现的。其中力量素质是表示肌肉与骨骼、关节的总能力，是人体进行体育运动的基本素质之一。本章系统介绍力量素质的概念、影响因素、测量与评定、发展方法与手段等内容，使锻炼者全面认识力量素质，从而科学保持和提高肌肉的力量。

【关键词】

力量素质　最大力量　速度力量　力量耐力　静力性力量　动力性力量　等动练习　核心力量　负重训练　上肢肌群　躯干肌群　下肢肌群

世上没有比结实的肌肉和新鲜的皮肤更美丽的衣裳。

——马雅可夫斯基

第一节　力量素质的概念及影响因素

一、力量素质的概念与分类

（一）力量素质的概念

力量素质是指人的机体或机体的某一部分肌肉工作（收缩和舒张）时克服内外阻力的能力。外部阻力是指物体的重力、支撑反作用力、摩擦力以及空气或水的阻力等。力量素质是人体进行体育运动的基本素质之一。各体育锻炼项目由于完成的动作不同，所以表现出的力量也不同。球类运动项目需要改变方向、急停急起、滞空及控制身体随意运动的力量；跑步运动项目需要快速向前的推进力；跳跃运动项目需要踏跳的腾空力；游泳运动项目需要手的快速划水和腿脚的快速打水、蹬水力；武术运动项目则需要快慢、动静结合的控制力等。力量素质是人体进行体育运动的基本素质之一，同时也是其他身体素质发展的重要因素。发展力量素质对发展其他身体素质有着十分积极的作用。它不仅可以影响运动技术的掌握和运动成绩的提高,还能促进运动器官的发展、增强体质、增进健康、健美形体、培养顽强的意志。

肌肉力量主要由三种要素组成:其一是完成动作时肌肉群收缩的合力,这主要取决于参加身体活动的每一块主动肌的最大收缩力,力量可以通过逐渐增加阻力的锻炼而得到增长;其二是主动肌同对抗肌、协同肌、固定肌的协同能力,主动肌的协同能力可以通过有关动作的反复锻炼而得到改进;其三是骨骼的杠杆作用(力学上称骨杠杆的机械效率),这取决于肌肉群的牵拉角度、每个杠杆的阻力臂和力臂的相对长度等。

(二)力量素质的分类

根据不同运动项目对力量素质的要求,以及力量的不同表现形式,力量素质可分为多种类型。根据肌肉收缩的形式,可将力量分为静力性力量(肌肉等长收缩时所产生的力量)、动力性力量(肌肉等张收缩时产生的力量);根据力量的表现,又可以分为最大力量、速度力量和力量耐力;根据与专项的关系又可以分为一般力量和专项力量。

根据体育锻炼和运动训练实践理论,往往按体育运动不同项目对力量素质的要求,从力量的训练特征来划分,一般将力量素质分为最大力量、相对力量、速度力量和力量耐力四种。

1.最大力量的概念及特点

最大力量是指人体或人体某一部分肌肉工作时克服最大内外阻力的能力,亦是指参与工作的肌群或一块肌肉在克服最大内外阻力时,所能动员出的全部肌纤维中最多数量的肌纤维发挥的最大能力。

最大力量的特点:最大力量是个变量,它取决于肌肉收缩的内协调能力,骨杠杆的机械效率和关节角度的变化。

合理训练,一方面可使参与工作的肌纤维内部结构、机能发生变化,一方面又可动员较多的肌纤维参与工作,从而使最大力量有所增长。但最大力量的增长,根据每个人训练水平的高低、训练方法是否合理而有所不同。每个人的最大力量由于遗传、年龄、性别、训练水平等因素而有所不同,同一个人由于各部分肌肉功能不同,所表现出来的最大力量也不同。

最大力量的表现一般是指在各种姿势时,如站立、坐、卧、仰、蹲等,身体或身体某一部分所克服的最大阻力,以重力来衡量,可用测力计、杠铃、拉力器等来测定。

最大力量是其他力量的基础。

2.相对力量的概念及特点

相对力量是指人体每千克体重所表现出最大力量值的能力。它主要反映运动员的最大力量与体重之间的关系。

相对力量的特点:衡量一个人相对力量通常采用力量体重指数,即每千克体重的力量。

如果一个人的最大力量不变或变化较小,但体重增加,则相对力量就会减少;反之最大力量增加,而体重保持不变,则其相对力量也随之而增大。

相对力量对于竞技体操、举重、摔跤、柔道等运动项目均具有很大的意义。特别是举重比赛(110kg 以上级别除外),实质上就是运动员相对力量的竞赛。因此对有重量级别要求和内在关系的运动项目,在发展力量素质过程中,在提高最大力量的同时还必须注意控制体重。

3.速度力量的概念及特点

速度力量也叫快速力量,是指人体在运动时以最短的时间发挥出肌肉力量的能力,也可指运动员在特定的负荷条件下所表现出来的最大动作速度。

速度力量的特点:速度力量取决于人体肌肉的收缩速度和最大力量水平。增长速度力量时,既有速度要求,又有最大力量的要求,需要由速度和力量两个因素相结合完成。例如,跳高运动和跳远运动起跳时的踏跳动作。

各运动项目对速度力量的要求不同,速度力量包括起动力、爆发力、制动力。

起动力是指在最短时间内(0.15s 以内)最快地发挥出的肌肉力量。

爆发力是指在最短时间内(0.15s 以内)以最大的加速度克服一定阻力的能力。它是速度力量性项目提高运动成绩的主要因素。制动力是指以较高的加速度朝相反的方向运动的能力。

4.力量耐力的概念及特点

力量耐力是指人在克服一定外部阻力时,能坚持尽可能长的时间或重复尽可能多的次数的能力;也就是运动员无论在静力性还是动力性工作中,能长时间保持肌肉紧张用力而不降低工作效果的能力。力量耐力的优劣取决于神经过程的强度、灵活性和延续性,以及肌肉供能过程的顺畅性。

根据不同运动项目中力量耐力的表现形式不同,可分为动力性力量耐力和静力性力量耐力。①动力性力量耐力又可分为最大力量耐力(重复发挥最大力量的能力)和快速力量耐力(重复发挥快速力量的能力)两种,如田径、球类、游泳、体操等项目所需要的力量耐力。②静力性力量耐力则主要表现在射击、射箭、速度滑冰、摔跤和支撑性运动项目中。

二、力量素质的影响因素

力量素质的提高和发展是以人体肌肉的形态、结构机能、生理生化机制的改变为基础的,是以神经中枢的兴奋和抑制过程的强度与集中以及相适应的神经过程充分协调为前提而建立起来的各种用力动作条件反射的结果。也就是说,一个人肌肉力量的大小要受到生长发育水平,肌肉自身结构、特征以及生理生化和训练方面等因素的制约。因此,了解上述因素对力量素质的影响,对于力量素质训练的效果有着密切的关系。

(一)与人体生长发育有关的因素

1. 性别

按一般规律,男子的力量通常比女子要大,这主要是由于肌肉大小的差异所致。例如,一般成年男子肌肉质量约占体重的 40%～45%,而女子则占 35%。科学研究证明,女子的力量平均约是男子的 2/3。但并非所有肌群均成此比例。若男性力量为百分之百时,女性的前臂屈、伸肌群约为男性的 55%;手指内收肌、小腿伸肌约为男性的 65%;髋关节屈、伸肌、小腿屈肌、咀嚼肌约为男性的 80%。在力量训练的影响下,女子力量的增长和肌肉体积的增大都比男子要慢。因为"肌肉肥大"主要受体内睾酮激素的调节,正常男子体内的睾酮激素比正常女子多,所以无论肌肉力量增加多少,女子的"肌肉肥大"总不如男子。

2. 年龄

力量素质的发展有着明显的年龄特征,其生理机制是由肌肉发育与年龄而决定的。一般 10 岁以前,随着身体的生长发育,无论男孩还是女孩力量一直缓慢而平稳地增长,而且两者区别不大。从 11 岁起男女孩最大力量的差异开始显露,男孩增长稍快而女孩增长缓慢。青春期过后,力量仍在增长但其增长速率很低。女性达到最大力量在 20 岁,男性在 25 岁左右,而后随着年龄的增长而速率减退。

力量素质发展的敏感期是 13～17 岁,该时期最大力量进入快速增长的第一个高峰。这个年龄段力量的增长与体重的增长同步,而且最大力量增长快,相对力量却增长缓慢。这时的肌肉向长度增长比向横度增长要快,因为此时也正是身高的快速增长期。16～17 岁是最大力量快速增长的第二个高峰。这时肌肉向横度增长的速度加快。最大力量和相对力量增长均很快,这是发展力量素质的最重要时期。18～25 岁,力量增长变得缓慢。此后如不坚持锻炼,随着年龄的增长力量将逐渐减小。然而如果坚持良好的训练,男子力量增长可达 35 岁。至于速度力量的"敏感期"还要早一些,男子在 7～15 岁,女子在 7～13 岁发展比较快,这与速度素质"敏感期"较早密切相关。

概括起来,青少年力量的增长有如下特点:快速力量先于最大力量,最大力量先于相对力量,长度肌肉力量增长先于横度肌肉力量,躯干肌肉力量先于四肢肌肉力量。

3.体型

多年实践证明,运动训练能影响人的体型,而体型也能影响人的运动能力。同样,体型的差异与力量的大小有着密切的关系。根据实践观察,体格健壮的粗壮型的人由于肌肉较发达,因此表现的力量也较大;体型匀称型的人力量次之,但这种体型的人一般比较精干,肌肉线条比较清晰,往往会具有比较好的速度力量;体型细长的人力量比较差;肥胖型的人看起来似乎最大力量更好,因为这种体型的人体重大。若从相对力量的角度看,则其力量水平并不高,这是因为过厚的脂肪会影响肌肉的发展。

不同体型的人其力量素质客观存在的差异,是不同运动项目选材时应该认真考虑的问题之一。

4.身高与体重

俗语讲"身大力不亏",说明体重重的人往往力量大,体重轻的人则力量小些。当一名运动员的体重与其最大力量的比值不变时,则体重与最大力量呈正比关系。也就是说,体重增长,则其最大力量也随之增长。然而身高与力量的关系就比较复杂了,两者之间似乎必然联系不大。如果某人身材高大壮实,则力量也较大;若其身材高但细长,则力量就不会大。如果某人身矮又粗壮,则力量也不会小;若其又矮又瘦,则力量会更小。所以在体育运动项目选择中,常常把体重与身高联系起来考虑,用体重/身高指数(g/cm)来衡量,即1cm身高有多少克体重,指数大,则力量一般也比较大。

5.脂肪

脂肪组织聚集在内脏的四周、骨骼肌表面(肌肉与皮肤之间)和骨骼肌中,肌肉中的脂肪不仅本身不能收缩,而且在肌肉收缩时会产生摩擦,从而降低肌肉的收缩效率。同时脂肪太厚还会影响肌肉的发展。有的专家认为青少年肥胖,脂肪太厚,会影响自身的睾酮激素的发展。通过运动训练可以减少肌肉内的脂肪,从而提高肌肉收缩效率,使力量增强。脂肪的多少与相对力量的大小密切相关,因为减少了脂肪就意味着减轻了体重,所以相对力量也就得到了提高。竞技体操、摔跤、举重等运动项目,都十分重视控制运动员体内脂肪的含量,以提高他们的相对力量。

6.睾酮激素

据科学研究证明,睾酮激素水平的高低与力量的大小也有密切的关系,睾酮激素水平高的人一般力量比较大。有专家认为,可以通过测定血液或尿中的睾酮激素水平来进行力量性项目的选材。

(二)肌肉的形态及组织结构

人体的运动是在中枢神经系统调控下通过肌肉收缩产生的力而完成的。因此,有目的地改善肌肉的形态、组织结构对发展力量素质具有重要意义。

1.白肌纤维在肌肉中的比例

肌肉力量的大小取决于不同类型肌纤维在肌肉中所占的比例。肌纤维类型通常分为白肌纤维(快肌纤维)、红肌纤维(慢肌纤维)和中间肌纤维三种。人体肌肉中,无论男性还是女性,无论老、中、青、少皆含有白肌纤维和红肌纤维,只是两者的比例不同而已。竞技体育中,从事时间短、强度大的运动项目的运动员肌肉中含有白肌纤维较高倾向,而从事时间长、强度低的耐力性运动员肌肉中则含有红肌纤维较高倾向。原因是,白肌纤维的无氧代谢能力比红肌纤维强得多。虽然白肌纤维和红肌纤维均含有促使磷酸原系统快速作用的酶,但白肌纤维中酶的活性比红肌纤维高 3 倍;同样白肌、红肌纤维均含有促使糖酵解的酶,但白肌纤维中此种酶的活性比红肌纤维高 2 倍以上;白肌纤维中支配其运动的神经元传导速度快,使白肌纤维达到最大张力的时间是红肌纤维的 1/3。白肌纤维最适于做短距离、高强度的运动项目。红肌纤维的有氧代谢能力比白肌纤维强,因为红肌纤维有氧氧化酶活性高,毛细血管的数量、线粒体的大小和体积、肌红蛋白的含量等均大于白肌纤维,能使人维持长时间工作而不易疲劳,所以红肌纤维适合于强度小、工作时间长的耐力性运动项目。

人体肌肉中红、白肌纤维的比例受遗传因素的影响,有的人白肌纤维比例大,有的人红肌纤维比例大。同一个人的不同部位肌肉的红、白肌纤维比例也不同。在以不同负荷、不同速度进行运动的条件下,参加肌肉收缩的肌纤维类型也不同。一般规律是,在一定负荷强度下用较慢的速度完成动作,红肌纤维起主导作用,如果快速完成动作,则是白肌纤维起主导作用。

综上所述,力量素质的表现,主要由肌肉中白肌纤维的数量决定。白肌纤维比例高,则肌肉收缩力大。同时肌纤维类型和在肌肉中的比例也是不同运动项目选材的重要指标之一。

2.肌肉的生理横断面

肌肉的绝对肌力取决于该肌肉的生理横断面积。肌肉的生理横断面愈大,肌肉收缩时产生的力也愈大,两者接近正比例关系。肌肉的生理横断面为该肌肉所有肌纤维横截面的总和。肌肉横断面增大,是由肌纤维增粗造成的。肌纤维的增粗表明肌纤维中的能源物质三磷腺苷和磷酸肌酸增加,肌结缔组织增厚,肌糖原含量增多,毛细血管开放密度加大,肌凝蛋白质含量增多,从而提高了肌纤维的质量,大大提高了每根肌纤维的肌力,进而决定了最大力量的提高。有的学者通过科学研究论证,肌肉横断面每增加 $1cm^2$,可提高力量 58.8～117.6N。

3.肌肉的初长度

人体肌力的大小与肌肉收缩前的初长度有关。在一定范围内,肌肉的初长度长或肌肉弹性拉长后,则肌肉收缩时产生的张力和缩短的程度就大。因为肌肉拉长时,肌梭将感知肌纤维长度变化产生冲动,会提高肌纤维回缩力来对抗拉力,当长度拉到一定程度时将引起牵张反射,可提高肌力的发挥效率。美国人达登研究证明:一个人力量的大小,取决于肌肉的体积。肌肉体积发展的潜力,又主要决定于每个人的肌肉的长度(指肌肉两头肌腱之间的长度)。例如,有两个人,一个人的肱三头肌长 20cm,另一个人长 30cm,后者长度是前者的 1.5 倍,则后者肌肉横断面的潜力等于前者的 1.5～2.25 倍,肌肉力量的发展潜力为 1.5～3.75 倍。训练前,两人手臂的肌肉体积差不多,经过训练,后者的肌肉体积和收缩时的肌力要比前者大得多。

在运动实践中,如挺举前的下沉动作,扣球前的体前肌群背弓,投掷前的超越器械的主动拉长,以及踏跳、推手、落地等动作的被动拉长均是为了获得更大的收缩力。肌肉的适宜拉长比其自然长度产生的收缩力要大,但这种肌肉弹性的拉长必须在其解剖学原理限度内进行,而且在不断适应生物刺激条件下逐渐地拉长。

4.参与活动的肌纤维数量

每块肌肉是由许多肌纤维构成的。肌肉收缩时并非所有的肌纤维都能被同时动员起来参与活动,动员参与活动的肌纤维数量越多,则收缩时产生的力越大。根据运动生理学揭示:由于遗传的作用,每个人的肌肉中的肌纤维数目和红、白肌纤维比例,从出生 5 个月后就已确定,1 年后形成。随年龄增加,通过训练或其他科学方法,无法改变肌肉中的肌纤维数量及红、白肌纤维的比例,只能改变肌纤维形态,红、白肌纤维功能和参与活动的肌纤维数量。运动场上的新手最多只能动员60%左右的肌纤维参加活动,而优秀运动员参加活动时动员的肌纤维可达 90%,这和训练后中枢神经发出的神经冲动强度和频率加大有关。

5.肌肉的牵拉角度

肌肉收缩牵拉骨骼进行运动时,犹如在杠杆运动,在整个活动中,随着杠杆的移动,肌肉在不同位置的不同角度上牵拉,其力量大小是不一样的。例如,当负重屈肘作弯举时,肘关节角度在 115°～120°时,肱二头肌张力最大,30°时张力最小。膝关节弯曲在 164°和 130°时腿的力量几乎表现一样,屈膝低于 130°时,腿的力量则下降。肌肉不同的牵拉角度对力量素质的影响与完成技术动作用力正确与否关系较为密切,这是进行技术分析、改进技术动作必须慎重考虑的问题之一。

6.肌肉收缩的形式

不同的肌肉收缩形式对肌肉力量的大小及其特点带来不同的影响。不同的运动项目有不同的用力特点,因而也就需要不同特性的力量。不同特性的力量要用不同的力量素质训练方法去发展,而不同的力量素质训练方法又是在肌肉不同收缩形式的基础上形成的。肌肉收缩的主要形式如下:

(1)动力性向心克制性收缩:其特点是肌肉工作时,肌肉长度逐渐缩短。随着关节角度的变化,肌肉在缩短过程中张力也发生改变,如手持哑铃的弯举动作。无论何种运动项目,在发展运动员的力量素质时,掌握好发挥最大肌力的关节角度,可以得到事半功倍的效果。动力性向心克制性收缩是力量训练的主要形式。

(2)动力性离心退让性收缩:其特点是肌肉收缩时,张力增加的同时肌肉的长度也增加。例如,负重慢慢下蹲,这时阻力是在运动过程中起作用的力。国内外许多学者研究认为,肌肉在做离心退让性收缩时可以产生更大的张力。实验证明,肌肉做离心收缩时所产生的张力比同一肌肉做向心收缩时所产生的张力大40%左右。

(3)静力性等长收缩:其表现是肌肉的力在对抗固定阻力时的收缩形式。其特点是肌肉收缩时,张力发生变化,但其长度基本不变,在整个动作过程中肢体不会产生明显位置移动。例如,体操中的平衡动作、倒立及摔跤中双方的僵持阶段、手持哑铃做侧举动作等。肌肉极限或次极限负荷的静力性收缩比动力性收缩能够动员更多的肌纤维参与工作,能有效发展最大力量和静力性耐力。

(4)等动性收缩:"等动"就是"恒定"的意思。其特点是在整个关节活动范围内,肌肉始终以某种张力收缩,而收缩速度始终恒定。由于肌肉等动收缩,如自由泳的划臂动作,肌肉的长度和张力都发生变化,因此它的优点是集等长收缩和等张收缩之所长,使练习者肌肉在各个关节角度上用力基本均等,且均具有足够刺激。

现在有目的地进行等动性收缩,一般皆利用特制的等动练习器,通过速度控制器的机械作用,保证不管张力多大,肌肉收缩的速度始终保持恒定,同时还可以保证肌肉在整个活动范围内达到理想的生理负荷(即主观上以尽量用最大力量为前提)。

(三)中枢神经系统的调节机能

大脑皮质具有相适应的神经兴奋和抑制过程,又具有最适宜的灵活性,从而积极动员了植物性神经系统和内分泌功能,能够协调肌肉在运动训练中发挥更大的作用。神经过程强度愈大愈集中,肌肉力量发挥愈大。这也说明了中枢神经系统的机能状态如何,直接影响肌肉的力量。

1.神经过程的频率和强度

肌肉的收缩由神经传导电脉冲引起,一次脉冲可引起肌肉收缩一次。若在肌纤维还没有完全松弛时,新的脉冲信号又传来,就会出现肌肉的重叠收缩,产生更大的力量。科学的训练促使练习者中枢神经系统传出的神经冲动频率高、强度大。在同一时间里,动员肌肉内更多的运动单位进行收缩,产生的力量就愈大。参加比赛的运动员由于兴奋性高且集中,神经过程的强度也比平时大得多,所以一般皆比平时训练能发挥出更大的力量。当发生意外,如失火时人由于高度的神经冲动,往往能搬起平时无法搬动的重物,从而表现出惊人的力量。

2.神经中枢对肌肉活动的支配和调节能力

体育运动中,完成一个最简单的动作也需要许多块肌肉共同来实现。不同的肌肉群是由不同的神经中枢支配而进行工作的,不同神经中枢之间的协调关系得到改善,就可以提高主动肌同对抗肌、协同肌、固定肌之间的协调能力,使上述肌肉群在参加工作(完成某一动作)时各守其职,协调一致,尤其是对抗肌肉神经中枢处于抑制,对抗肌保持放松状态,减少了对抗肌产生的阻力,保证主动肌、协同肌群发挥更大的收缩力量。

有的专家研究证明,肌肉收缩的最佳效果不是由于肌肉,而是由于神经冲动的合理频率的提高,促进运动员的情绪高涨(即兴奋性提高),从而引起调动肌肉工作能力的肾上腺素、去甲肾上腺素、乙酰胆碱及其生理活性物质的释放,使力量增大。因此,中枢神经系统的机能状态可以直接影响肌肉的力量,并对力量素质的发展和发挥起着极为重要的作用。在完成某一技术动作时,若中枢神经系统传出的神经冲动频率高、强度大,则肌肉所产生的力量就大。

(四)营养系统的供能能力

肌肉工作时,营养的供应直接影响到肌肉力量的发挥。最大力量的增长、速度力量的提高、力量耐力的持久将取决于磷酸原供能系统、糖酵解供能系统和有氧供能系统的供能能力,即无氧非乳酸性供能、无氧乳酸性供能、有氧供能。

由运动生物化学理论可知,三磷腺苷是肌肉收缩的直接能源。磷酸肌酸、糖的无氧、糖的有氧及脂肪的有氧供能都必须以三磷腺苷的形式供肌肉收缩。当人体激烈活动时,肌肉中的三磷腺苷首先能起发动作用,促使磷酸肌酸同步分解再合成三磷腺苷供能,与此同时磷酸立即参与糖的无氧快酵解产生三磷腺苷以补充肌肉中的三磷腺苷的浓度。当磷酸原系统供能接近生理允许的极限消耗时间(5.66~5.932s)时,开始启用无氧糖酵解提供的三磷腺苷与磷酸原系统消耗的能力共同供能,直至糖的无氧酵解供能占优势,但此时运动强度下降。

极限运动8s后,开始糖的有氧慢酵解生成丙酮酸,进入三羧酸循环氧化生成三磷腺苷,补充肌肉中三磷腺苷浓度。当运动30s左右时,由于糖的无氧酵解被抑制,迫使运动强度降低(即每秒每千克肌肉消耗的三磷腺苷数量减少),乳酸作为有氧供能的衔接能源供能。随着运动时间的延长,糖的有氧及脂肪的有氧供能维持肌肉长时间的活动。

对发展力量素质来说,无氧非乳酸性供能最为重要,因为力量增长在较短时间内以较快的速度完成技术动作效果最佳。进行力量练习时,还应注意动员白肌纤维参加工作,因为白肌纤维中磷酸肌酸含量较高。由于进行力量练习时肌肉活动的强度很大,工作时间很短,又常伴有憋气,特别是静力练习时肌肉持续紧张,血管被挤压,血液流动不畅通,往往造成缺氧。在这种情况下,肌肉收缩的能量供应主要依靠能源物质的无氧分解,其表现特征是磷酸肌酸大量消耗,肌糖原生成乳酸,血液中乳酸含量升高,因此,若发展力量素质,必须提高肌肉的无氧代谢能力。

(五)心理因素

人体运动中由于心理障碍造成神经过程处于抑制状态,以致不能充分发挥出肌肉最大力量,例如不愉快的运动经历,对运动损伤的恐惧,信心的缺乏,焦虑和紧张等都会引起神经系统对肌肉调节功能的减弱。因此,有目的、有意识地培养运动员学会自我情绪调节,善于集中自己的注意力,具有临危不惧的顽强的意志等是发展力量素质极为重要的心理条件。优秀运动员在比赛前通过"意识集中""心理准备"或各种"自我暗示",使机体各系统同步进入紧急工作状态,解除抑制,在完成的各种技术动作中发挥出极限的肌肉力量。

心理因素是影响力量发挥的重要因素之一,已引起教练员和体育科研人员的注意。如何克服消极心理因素,揭示人体科学的奥秘,尽快掌握心理调节,促进训练水平的提高,是体育运动训练的新课题。

(六)训练因素

运动训练中的许多因素,如负荷强度、动作速度、动作幅度、练习的组数、每组练习重复的次数、每组练习的间歇时间等都会对力量的大小和特性产生很大的影响。

1.负荷强度与重复次数

多年的运动实践证明,练习时若负荷重量大,重复次数少,则发展最大力量效果较好;尤其肌肉群受到超负荷练习后,力量素质会得到有效的发展;若重量与次数皆适中,则增大肌肉体积较显著;若重量小重复次数多,则主要发展肌肉耐力。

每组练习的间歇时间较长,使机体消耗的能量得到恢复再进行下一组练习,那么发展力量效果就好;反之,机体生理、生化等指标均下降,疲劳状态下仍进行力量练习,肌肉力量的发挥也呈下降趋势。

2.动作速度

练习时,完成技术动作速度的快慢对发展力量的特性产生重要的影响。例如,练习时尽量加快动作的速度,尤其是单个动作速度,能有效地发展爆发力;练习时既注意加快单个动作速度,也注意加快动作的频率(重复若干次数),能发展一般速度力量。一般对动作的速度不作过多要求强调,若强调每次练习的负荷量或次数,能发展最大力量或速度力量。

3.以肌肉收缩形式为基础的不同训练方法

以等张的离心或向心、等长、等动等不同的肌肉收缩形式为基础,不同的训练方法对力量的大小或特性将产生巨大的影响。等长收缩的静力性练习主要能提高静止性用力的力量,等张收缩的动力性练习能明显提高肌肉的爆发性力量和灵活性。

4.原有的训练基础

训练基础较差者开始训练后,力量会增长得很快,而训练基础好的人,力量增长速度就比较慢,如果停止力量训练,增长的力量就会逐渐消退。力量消退的速度大约为提高速度的1/3。也就是说,力量提高得快,停止训练后消退得也快。经过长时间训练逐渐提高的力量,停止训练后,保持的时间也长。有的专家研究,只要每6周进行一次力量训练,就可延缓力量的消退速度。如果每1～2周进行一次最大力量训练,则基本可以保持所获得的力量。

(七)其他因素

1.营养物质的补充

必要的营养物质补充对力量的增长有着明显的作用,其中最重要的是蛋白质。构成肌肉组织的主要成分是蛋白质,从事力量训练的人必须比发展其他身体素质补充更多的蛋白质,这样才能保证正常的新陈代谢,特别是合成代谢的需要。而且这种补充不能单纯地依靠天然食品来完成,还需要补充蛋白质制剂,甚至直接补充氨基酸。

人体中的许多矿物质对机体的生命活动起着重要作用。其中对肌肉力量影响最大的是钾和钠,钾的作用是使肌肉收缩,而钠的作用是使肌肉放松。缺钠可引起食欲不振、体重下降、血压降低、力量减弱、肌肉痉挛等,因此,运动员在夏天大量排汗后饮水应补充食盐。缺钾会影响蛋白质的合成,使肌肉的正常活动受限制。严重缺钾者,骨骼肌的收缩功能会丧失。钾对肌肉收缩具有极为重要的作用。因此,如何合理科学地摄取和补充钾、钠是进行力量训练时应引起重视的问题。

2.温度

运动时体温的适宜升高可提高人体中枢神经系统的兴奋性,加强呼吸、血液循环机能,降低肌肉的黏滞性,收缩和放松的化学反应加快,加大关节的活动范围,从而有助于肌肉收缩力量和收缩速度的发挥。希尔早在20世纪50年代就发现,体温升高 2℃力量就有提高。格罗兹研究发现,手臂浸在 50℃的热水中 8min,力量也有提高。温热对力量和其他身体素质的良好作用是显而易见的。运动员在训练和比赛之前要做好充分的准备活动,其目的之一就是为了使身体发热,较快地提高运动能力。

3.紫外线照射

自从发现人在夏季的体能较其他季节优良后,就提出一个实际问题,人在较热的几个月是否对训练的反应比较明显。德国专家对此研究后指出:在实验情况下,接受训练者在 7,8,9 月较其他月份力量的增加较快,主要原因是在炎热的夏季里,首先受训者获得较多的来自太阳光紫外线的照射,其次是训练者能吃较多的新鲜水果,增加了维生素的摄取量。海丁格尔和缪勒进行了 6 周的实验,证明采用紫外线照射进行训练,比不用紫外线照射效果提高一倍。

此外,气味、声音、血型、生物节律等对力量的发挥也有一定的作用。例如,举重运动员出场前闻浓度很高的氨水气味、爆发性用力时运动员自己的吼声、观众的助威呐喊声等。日本生理学家认为 O 型血的人肌肉弹性好,收缩有力量,神经中枢易高度集中,在跳跃项目中成绩突出。

综上所述,决定和影响力量素质的因素是多种多样的,认识和理解这些因素,有助于力量素质训练的科学性、有效性和合理性。

第二节　力量素质的评价与发展

一、力量素质的评价

鉴于力量素质对发展其他身体素质的积极作用,据以力量分类,对静力性力量、爆发力及肌肉耐力的测量和评价具有重要意义。其中爆发力也称速度力量,指肌肉快速收缩所表现出的动力性力量。

1.静力性力量评价

静力性力量一般可用握力、背力等方法评价。握力,测量前臂及手部屈肌力量;背力,测量躯干伸肌力量。

2.爆发力评价

爆发力一般可采用纵跳、立定跳远方法评价。纵跳,测量垂直向上跳时下肢的爆发力;立定跳远,测量向前跳跃时下肢爆发力。受试者两脚原地尽力向前跳时不得有垫步或连跳动作。可试跳三次,记录其中最好的一次成绩。如果违例则该次成绩无效。

3.肌肉耐力评价

肌肉耐力一般可采用引体向上（男生）、斜身引体（女生）、屈膝仰卧起坐（女生）、俯卧撑等方法评价。引体向上，测量肩带及两臂的肌肉耐力；斜身引体，测量臂肌耐力；屈膝仰卧起坐，测量腹肌耐力；俯卧撑，测量双臂和肩带肌耐力；一分钟仰卧起坐（女生）测量腹肌力量和耐力，记录一分钟内完成动作的次数。受试者按要求不得借助肘部撑垫或臀部起落的力量。若违例该次不计。

以上三种不同类别的肌肉力量评价指标，其具体测量方法详见本书第五章第二节体育锻炼效果评定等相关内容。

二、发展力量素质的原则和方法

（一）发展力量素质的原则

体育运动要达到健身的目的，必须进行科学的体育锻炼，在进行肌肉力量、耐力训练时首先要遵循以下基本原则：

1.超负荷原则

超负荷原则是运动训练的基本原则，它是指对于运动量的要求以超出平时所习惯的负荷，这样训练才有效率。这是一种为了提高肌力和肌肉耐力所实施的超过平时最大能力的训练，并增加训练的负荷及次数，使得肌肉系统因训练内容刺激而获得相对的增大和进步。因此，在肌肉力量、耐力训练中，要注意不断调整运动强度（如抗阻力负荷）、重复次数（如推举次数）和循环组数（如每组推举的重复次数）。

2.全面性原则

全面性原则即力量锻炼要全面。特别注意发展那些薄弱的肌肉群和小肌肉群的力量、大力量和小力量、缓慢力量和速度力量、局部力量和整体力量的练习应协调配合，各种动作交替进行，以达到全面发展的效果。

3.特殊性原则

不同的运动具有不同的效果。因此在运动处方中，不同的需求要采用不同的运动内容。例如，要增加上肢肌肉（三头肌、胸大肌、胸小肌）的力量，可以采取仰卧举重的运动方式。高强度的重力训练可增强肌力和肌肉的大小，如果要获得最大的肌力就必须对抗最大的阻力；而要提高肌肉耐力则要采取低阻力、多次数的运动方式。高阻力、少重复的负重训练会明显增加肌肉力量；而低阻力、多重复的负重训练则能明显提高肌肉的耐力，而肌肉力量和体积没有多大改变。另外，提高肌肉力量的负重训练主要是动员无氧系统的功能；而提高肌肉耐力的负重训练则主要是动员有氧系统的功能。

4.渐进性原则

实施运动健身计划要逐步增加运动量,从而使运动计划能够安全而有效地进行。在提高肌肉力量的运动训练中,如果一时突然给予肌肉过强的负荷,就容易造成伤害事故。因此应采取渐进的方法增加强度、次数和组数。身体适应能力随着渐进的负荷而增加,肌肉力量也随之增加。

(二)发展力量素质的方法

1.发展静力性力量

静力性力量是肌肉做等长收缩时产生的力量,称为静力性力量或等长性力量,即肢体不产生明显的移位,而是维持或固定肢体于一定位置或姿态。练习方法:①对抗性静力练习,根据发展某部分肌肉力量的需要,确定一定的姿势,一定的负重,身体姿势保持静止不变,利用克服身体自身的重量,发展力量;②负重静力练习,根据发展某部分肌肉力量的需要,确定一定的姿势、一定的负重,身体姿势保持固定不变;③慢速动力练习,练习时动作速度很慢,不能借用反弹和惯性力,而靠肌肉的紧张收缩来完成动作。

2.发展动力性力量

动力性力量是肌肉做等张收缩时所产生的力量,也称等张性力量,即身体产生明显的位移,或推动别的物体产生运动。动力性力量可分为重量性力量(如举重)和速度性力量(如投掷、起跑、踢球等)。爆发力是速度性力量的一种。

3.绝对力量和相对力量

按人体表现出的力量与本人体重的关系,可分为绝对力量和相对力量两种。绝对力量是不考虑体重因素的最大力量;而相对力量,是指每千克体重所表现的力量,即相对力量=绝对力量/体重。发展绝对力量,一般以本人最大负荷的80%～100%进行锻炼,也就是以较少的重复(1～5次),较多的组数(6～10组)完成最大负荷或接近最大负荷的练习;发展速度力量,因速度力量是肌肉在短时间内快速收缩的能力,因此,锻炼的方法应以中等或中、小重量(即最大负荷的60%～80%),练习的重复次数(6～15次)、组数(4～6组)适中,以最快的速度来完成。速度力量最典型的表现形式是爆发力,从事跑、跳、投掷等运动项目,对这种力量有特殊要求;发展力量耐力,一般采用最大负荷的60%或不到60%,重复练习要达到20次以上,不追求完成动作的速度,但要求重复次数和组数(2～4组),力求做到极限。经常做俯卧撑、仰卧起坐等是发展上肢和腰腹力量耐力的有效练习。

(三)发展力量素质注意事项

力量素质发展水平是影响身体锻炼水平的关键因素。进行力量练习前,注意力要集中,准备活动要充分,重量可从小到大,动作速度从慢到快;发展力量的一般规律是初始重量→增加次数和组数→增加重量→再增加次数和组数→再增加重量。如此循环往复,优化控制,以取得事半功倍的效果,不断提高力量素质水平。

1.力量素质的发展既要全面又有重点

在发展力量素质的过程中,一方面应使四肢、腰、腹、背、臀等部位在大肌肉群和主要肌肉群得到锻炼、提高,另一方面也要注意发展那些薄弱的小肌肉群的力量。因为体育运动中的许多动作是很复杂的,需要身体各部位的肌群协同工作才能完成,所以发展不同类型的力量素质也不意味着面面俱到、平均发展,应该在全面发展的基础上又针对项目特点而有所侧重。

2.练习时要使肌肉充分拉长和收缩,练习后要使肌肉充分放松

每次练习时,应先使肌肉充分伸展拉长,然后再收缩,动作的幅度要大。这是因为肌纤维被拉长后可以增大收缩的力量,同时又可保持肌肉良好的弹性和收缩速度。练习后,肌肉常会充血,胀得很硬,这时应做一些与力量练习动作相反的拉长动作,或者做一些按摩、抖动,使肌肉充分放松。这样既可加快疲劳的消除,促进恢复,又可防止关节柔韧性因力量训练而下降,同时也有助于保持肌肉良好的弹性和收缩速度。

3.练习时要念动一致

肌肉活动总是在中枢神经系统的调节下进行的,练习时要全神贯注,意念活动与练习动作紧密配合保持一致。这样有助于肌肉力量得到更好的发展。特别是进行大负荷练习时不能说说笑笑,否则容易受伤,因为笑的时候肌肉最容易放松。此外,为了安全练习,达到期望的效果,还应注意加强自我保护和互相保护。尤其在举或肩负极限重量时,更应该注意加强保护。

4.紧密结合锻炼项目特点,注意技术动作规范

不同锻炼项目的动作有不同的技术结构,要求参加工作的肌肉群力量也不同。如跑步要求竭尽全力连续快速蹬地向前推进的力量。因此,力量训练时首先要根据锻炼项目的技术动作结构来选择恰当的练习,以发展有关的肌肉群力量;其次要通过肌电研究了解主要肌群的用力特点、工作方式、用力方向、关节角度等,来确定力量训练的方法。只有紧密结合专项特点来安排力量训练,才能收到更好的效果。

每一个力量练习动作,练习者只有按照技术规格要求去操作,才能够真正发展肌肉群的力量。否则,动作变了样,参与活动的肌肉群也就有所改变,势必影响力量训练的效果。例如,臂弯举的正确动作是身体直立,两臂贴于体侧,只依靠肘关节的充分屈伸来完成,保证屈肘肌群力量得到充分的发展。但是很多练习者做臂弯举时,为了省力,往往依靠身体的前后摆动来帮助完成动作。这样实际上发展肱

二头肌的效果反而要差一些,因为身体摆动时腰背肌肉、臀部和大腿后面的伸髋肌群也参与了工作。更重要的是掌握正确技术动作,还可以防止伤害事故。比如做深蹲练习,正确的动作要求挺胸直腰,腰背肌收紧以固定脊柱,主要依靠膝关节的屈伸,同时也伴随着髋关节的一定屈伸来完成动作。即使站不起来,腰背肌也要一直保持收紧,等待同伴的保护帮助。这样既安全可靠,又能保证伸膝肌群力量得到很好发展。可是很多练习者往往总是弓腰练习深蹲,尤其是当站不起来时,腰弓得更加厉害,这样就容易造成腰部损伤。

5. 掌握正确的呼吸方法

由于憋气有利于固定胸廓,提高腰背肌紧张程度,所以可提高练习时的力量,极限用力往往要在憋气的情况下进行。有的学者进行背力测定研究发现,如果一人憋气时背力最大为 1 303.4N,在呼气时为 1 264.2N,而在吸气时力量最小,为 1 244.6N。虽然憋气可提高练习时的力量,但用力憋气会引起胸廓内压力的提高,使动脉的血液循环受阻,从而导致脑贫血,甚至会产生休克。

为避免产生不良后果,力量练习时必须注意以下几点:

第一,当最大用力时间很短时,有条件不憋气就不要憋气。尤其在重复做用力不是很大的练习时,应尽量不憋气。

第二,为避免用憋气来完成练习,对刚开始训练的人,所给予的极限和次极限用力的练习不要太多,并让其学会在练习过程中完成呼吸;

第三,在完成力量练习前不应做最深的吸气,因为力量练习时间短暂,吸的气并不会立即在练习中产生作用;相反,深度吸气增加了胸廓内的压力,此时如再憋气就可能产生不良变化。

第四,用狭窄的声带进行呼气,也几乎可达到与憋气类似同样大的力量指标。因此,做最大用力时可采用慢呼气来协助最大用力练习的完成。

6. 少年儿童的力量素质练习

少年儿童参加发展力量素质的练习,应多采用以克服自身体重和发展速度力量为主的练习,适当采用轻器械练习。发展力量素质,应重视全面发展身体的各个部位的力量,包括上肢力量、躯干力量(腹肌、背肌、腰部两则肌肉的力量)和下肢力量,以及举、提、蹲、负重和跳跃的能力。进行力量练习时,身体各部分交替进行或各种动作交替进行效果较好。在各种力量练习中,都要注意形成正确的姿势和掌握正确的动作。

7. 力量素质练习的频次安排

力量素质练习应因人、因项、因不同训练周期和训练任务而异,负荷的安排应是周期性、波浪式的变化。力量训练的次数取决于一系列因素:训练的主要任务,训练处于的阶段和周期,各力量素质的发展水平及训练特点,运动员的年龄、性别、健康状况、身体素质能力及训练水平等。其中训练水平是重要的因素之一。实验证明,对刚开始训练的人,每周 3 次要比 1～2 次或 5 次的效果更好。而对训练有素的运动员来讲,训练的次数则可安排得稍多一些。这是因为刚参加训练的人与训练有素的运动员相比恢复过程不同,适应性变化也不相同。根据优秀运动员的训练经验,每周进行 1～2 次力量训练,可保持已获得的力量;每周进行 4～6 次力量训练,力量可获得显著增长。

由于大肌肉群的工作能力恢复相对较慢,通常在比赛前 7～10d,训练中不宜安排用极限负荷进行较大部位肌肉群的练习。

在每个小周期中,尽量使各种不同性质的力量训练交替进行。在一次训练中,可先安排发展最大力量、速度力量的练习,最后安排发展耐力力量的练习。

在发展力量素质的训练中应使各肌肉群交替"进行工作"。例如训练课开始时,先进行下肢肌肉群的综合练习,之后躯干肌肉群,然后进行上肢和肩带肌肉群的练习。在一次训练中安排发展某些肌肉群练习时,应先促进大肌肉群投入工作,然后才可以起动部分或局部小肌肉群投入工作。

8.安排动力性、放松性练习

在发展力量素质练习时,应偏重于摆动的动力性练习,尤其要注意动作的振幅。这样做可使练习者获得用力感和速度感,增强技术动力力量,培养快速完成动作的能力,同时也改进了关节的灵活性。为了增大动作的振幅,要注意结合肌肉的放松和伸展练习,以使肌肉保持弹性和柔韧性。同时,发展力量素质练习,应结合速度练习和放松练习进行。如每组力量练习的间隙,可结合进行快频率的短距离跑步(或小跑步、高抬腿跑)练习。

只有注意以上事项才能使力量素质科学发展提高。

三、等动练习与核心力量

(一)等动练习

等动练习是利用一种专门器械——等动练习器(见图 8-1),进行力量练习的方法。等动练习器的结构是在一个离心制动器上连一条尼龙绳,由于离心制动作用,拉动尼龙绳的力量越大,器械产生的阻力也越大,器械所产生的阻力总是和用力大小相关的。

肌肉用力大小与骨杠杆位置有密切关系,即受到肌肉群的牵拉角度与每个杠杆的阻力臂与力臂的相对长度的影响。当人体任何一个环节活动时,在它整个活动范围内,肌肉所表现的力量并不是均匀一致的。当人们作弯举时,总会明显地感觉到肘关节处于 90°左右时最吃力(阻力最大)。当肘关节处于不同角度时,屈肘肌群所受到的刺激作用也就不一样。而用等动练习器进行训练时,当骨杠杆处于有利位置时,肌肉如使劲,用力比较大,器械产生的阻力也大;而当骨杠杆处于不当位置时,力量小,器械产生的阻力也就小。这样实际上就等于在肘关节的整个活动范围内,给了屈肘肌群以不同的负荷(即不同的外加阻力),只要练习者尽力去

图 8-1　等动练习器

拉,就能保证在整个活动范围内,肌肉均能受到最大负荷。这种方法的最大特点是,人体接受外部负荷刺激所产生的生理反应强度,在人体动作的变化过程中始终保持恒定,并使关节各个角度的肌肉用力表现出最大用力或恒定用力,因此被一些学者认为是最佳的肌肉力量训练法。等动练习的建议方案见表 8-1。

表 8-1　等动练习方案

训练目标	组数	强度	重复次数	收缩速度/$[(°) \cdot s^{-1}]$	训练频度
肌肉力量	3	最大收缩	2~15	24~180	每周 3~5d
肌肉耐力	1	最大收缩	直到疲劳	≥180	每周 3~5d

综合相关文献资料得知,等动练习可使肌肉在动作的全过程中承受练习选择的负荷量,并能使肌肉在整个运动范围都受到最大阻力,因此,可使肌肉在动作的全范围进行训练,这样可取得其他力量练习方法达不到的训练效果;可根据运动员的力量能力,使动作速度在很大范围内变化,这样有助于增加参与工作的肌纤维数量,也能使完成力量动作时的速度接近比赛速度;能在较短的时期内明显提高肌肉力量和一般工作能力;可加快力量训练进程,缩短练习时间;不易出现肌膜炎和受伤的可能;可明显降低肌肉疼痛的感觉。它的主要缺点:由于等动练习的速度受到控制,因此对爆发力量的发展有不利的一面;在一般等动练习器上不能进行退让性练习,肌肉只能在向心收缩的状态完成动作,所以不利于全面提高肌肉的各种工作能力;绝大多数专项的动作特征受到限制;不能使关节灵活性达到很高的指标;经费不足的单位难以购置等动练习器。

(二)核心力量

所谓"核心"是人体的中间环节,就是肩关节以下、髋关节以上包括骨盆在内的

区域,是由腰、骨盆、髋关节形成的一个整体,包含 29 块肌肉。核心肌肉群担负着稳定重心、传导力量等作用,是整体发力的主要环节,对上下肢的活动、用力起着承上启下的枢纽作用。核心肌肉群强有力的核心力量,对运动中的身体姿势、运动技能和专项技术动作起着稳定和支持作用。

鉴于核心力量起到的主要是平衡和稳定作用,因此,人体锻炼时主要提高的是核心肌肉群绝对力量、爆发力和平衡能力。速度和耐力则不是核心力量的本职任务。

在力量素质实践中,人们容易把核心力量和腰腹力量混为一谈。其实两者并不完全相同。第一,核心力量与腰腹力量是一个从属的关系,即核心力量本身包含腰腹力量,更包含腹肌力量,因为能够使用核心力量的核心肌肉群包括背部肌肉群＋腹部肌肉群＋下背部肌肉群＋臀部肌肉群＋内收肌与膈肌,而使用腰腹力量的肌肉群则包括腹部肌肉群＋下背部肌肉群＋臀部肌肉群＋内收肌与膈肌。不难发现,核心力量是一个大集合,里面包含着腰腹力量这个小集合。

第二,核心力量与腰腹力量虽然是相互从属关系,但是本质作用上却有着大不同。核心力量的主要作用在于维持躯干的稳定性和平衡能力,人体日常锻炼或体育比赛中所遇到的空中对抗能力差、平衡能力差都同核心力量薄弱有着很大的关系。深蹲训练中,经过长时间训练仍然无法做标准姿势,或者身体不自觉地前后摆动,都是同核心力量(下背部力量＋臀部力量)薄弱有关系。

第三,腰腹力量的主要作用在于连接上下肢肌肉群,起到传递力量的作用。弹跳中就要用到腰腹力量,预蹲时双腿发力,双臂用力向上摆,通过腰腹力量即臀部发力的作用带动身体离开地面,完成弹跳。另外人体在转身、闪躲中都要用到腰腹力量,只不过此时发力部位由臀部改为内收肌和膈肌发力。

第四,核心力量与腰腹力量的发力部位与人们日常所理解的稍有不同。核心力量的主要作用是维持躯干的稳定性和平衡能力,故核心力量理论上讲是无法主动发力的。当人们感受到核心力量作用的时候,往往是核心部位肌肉群在被动受力。腰腹力量则不然,腰腹力量可以主动发力,但是发力部位却不是靠腰部和腹肌发力,而是靠臀部肌肉群和内收肌等肌肉发力。当人体需要腰腹力量来做出弹跳等爆发力动作时,臀部肌肉群是主要发力来源。

四、力量素质练习后肌肉的放松与恢复

力量素质练习后的肌肉放松和恢复,首先,要保持轻松、愉悦的心情。这是因为轻松、愉悦的心情会对身体产生良好的促进作用,从而促进肌肉的放松和恢复,而疲惫、抑郁的心情会让身体感到"累"。

其二,要有充足和适时的睡眠。实验证明每天睡眠 9～10h 的锻炼者,3 个月后力量增长幅度比每天睡眠 6～7h 的人高 233％。睡眠是所有非训练因素中对力量增长影响最大的,如果人体长期失眠,在力量项目上几乎不可能取得什么成就。因此,要特别关注由于生活习惯造成的睡眠不足对力量素质发展的影响。

其他实验表明,入睡时间过晚也会对运动成绩增长造成明显负面影响,2:00—11:00 睡眠的运动员,2 个月后力量增长幅度比 22:00—7:00 睡眠的运动员低 26％。

其三,科学认识营养对力量恢复的影响。营养对力量增长的作用比较复杂,科学家们在这方面做了大量的研究。和很多人认为大量蛋白质摄入对力量增长最有效的认识相反,实验证明碳水化合物、蛋白质、脂肪、维生素及其他微量元素均衡摄入的营养模式对力量增长的作用明显增高,力量增长速度比其他组平均高 21％,此外,以其他任何一种营养成分为主导的营养模式对力量增长的作用都差不多。因此,大量蛋白质摄入对力量增长最有效,这种说法是没有科学根据的。该结论与健美界对于各种营养成分对于肌肉增长的作用结论是完全不同的。当然,大负荷力量锻炼后适度增加蛋白质供给以补充较多的锻炼消耗也是必要的。

常用的肌肉放松与恢复手段:

(1)静态拉伸:拉伸运动中活动较多的肌肉,直到感到它完全绷紧,保持 15～30s。静态拉伸能放松肌肉,有助于缓解身体的僵硬和疼痛感。

(2)整理活动:一般可以进行甩胳膊、转腰、抖腿等练习,以促进血液的回流,使肌肉主动放松。

(3)推拿按摩:一般应在锻炼后 20～30min 后进行。开始可先做轻推摩、擦摩、揉捏、按压和叩打,同时配以局部抖动。

(4)温水浸泡:在 30～40℃的温水中浸泡洗浴,对心脏活动和神经系统有镇静作用。

需要注意的是,一般程度的肌肉酸痛和疲劳,其实是有益的——这证明运动取得了效果,通过休息恢复、整理放松,体能将会比以前有所提高。

五、负重训练运动处方

在健身运动中,负重训练应该是以提高整个机体的功能为目标,而不是局部功能。在负重训练的开始阶段仅需要对身体的各个部位进行一次训练即可。训练的顺序通常是先从大肌肉群(如胸肌和背肌)开始,然后逐渐延伸到小肌肉群(如二头肌和三头肌)。由于大肌肉群的练习需要消耗大量能量,而且需要在小肌肉群的协助下完成,如果小肌肉群出现疲劳,大肌肉群也不能很好地完成练习。

在训练前后要分别做准备活动和整理运动,而且在负重训练计划的开始阶段要采用较低的运动负荷,从而能够保证练习者在整个运动范围内都能很好地完成练习,还能防止出现肌肉酸痛。但随着计划的进行,要逐渐增加运动负荷。

负重训练计划要设定适当的运动强度、重复次数、组数、运动频度和间歇时间。以发展肌肉力量为主的抗阻力练习应采用每组 1～5RM 的负荷强度,每组练习之间的休息间歇为 2～4min;以发展肌肉快速力量大小为主的训练强度是每组 6～12RM,每组练习之间的休息间歇为 1～2min;以发展肌肉耐力为主的训练强度则是每组重复 60% 的 1RM 20～50 次。练习组数也是根据训练目标而定,每组练习之间的休息间歇为 30～90s。对于肌肉力量训练应该选择 4～8 组,肌肉快速力量训练以 3～6 组为宜,肌肉耐力训练应设定为 2～4 组。

骨骼肌通常在训练后 2～3d 才能恢复。因此在运动计划的开始阶段要以每周3 天的肌肉训练为宜,每次训练要间隔 48～72h 的休息时间。训练到一定阶段,运动频度可以增至每周 4～5d,但不能每天都训练同一块肌肉。在肌肉适应了既定的训练负荷后,再逐渐加大负荷,以进一步刺激肌肉力量和耐力的增长。例如,开始以 8RM 的负荷进行训练,当练习者能够重复 12 次这样的负重时,训练负荷就要增加 5% 或更高,但不能超过 10%。肌肉力量和耐力抗阻力训练开始阶段的运动处方见表 8-2。在训练中达到了设定的目标后,训练的频度可以减少到每周 1～2d,以保持既得的肌肉力量或耐力。

表 8-2 肌肉力量和耐力抗阻力训练开始阶段的运动处方

目标	训练周	训练频度(d/周)	每次组数	每组重复次数	阻力
肌肉力量	1～3	2	2	6～10	12RM
	4～20	3	3	6～10	6RM
	20 周以后	1～2	2	6～10	6RM
肌肉耐力	1～3	2	2	15	40% 1RM
	4～20	3	3	≥15	60% 1RM
	20 周以后	1～2	3	≥15	60% 1RM

负重训练的安全注意事项:①在开始运动计划之前最好进行一些体检,以排除一些危险因素;②运动前做好准备活动,运动后做整理运动;③运动衣要宽松,不能约束运动;④避免与其他练习者碰撞;⑤严格按照设定的运动量进行;⑥训练中不要憋气;⑦当重量过大时,不要突然拿起或放置器械;⑧最好在监督下进行负重练

习;⑨采用人体所能承受的适度重量;⑩开始练习前要使自己处于一种安全又能够控制的位置。

以下为常用的力量练习运动处方示例:

准备活动→单杠引体向上(8～10 次)×4 组(普通握 2 组、宽握 1 组、颈后拉 1 组,女生为斜身引体)→仰卧起坐 10 次×3 组(可负重进行)→双脚跳上平台 8 次×3 组→双杠双臂屈伸(8～10 次)×4 组,其中摆动进行 1 组。

女生也可以实施下列处方:准备活动→女孩俯卧撑(8～10 次)×3 组→负重俯卧挺身抬上体 8 次×3 组→蛙跳(连续向前立定跳远)10 次×3 组→实心球或铅球投掷 30 次。

第三节　人体主要肌群的分布及常用练习手段

一、上肢肌群的分布及常用练习手段

(一)上肢主要肌群分布与功能

上肢肌群可分为肩肌、臂肌、前臂肌、手肌(见图 8-2)。

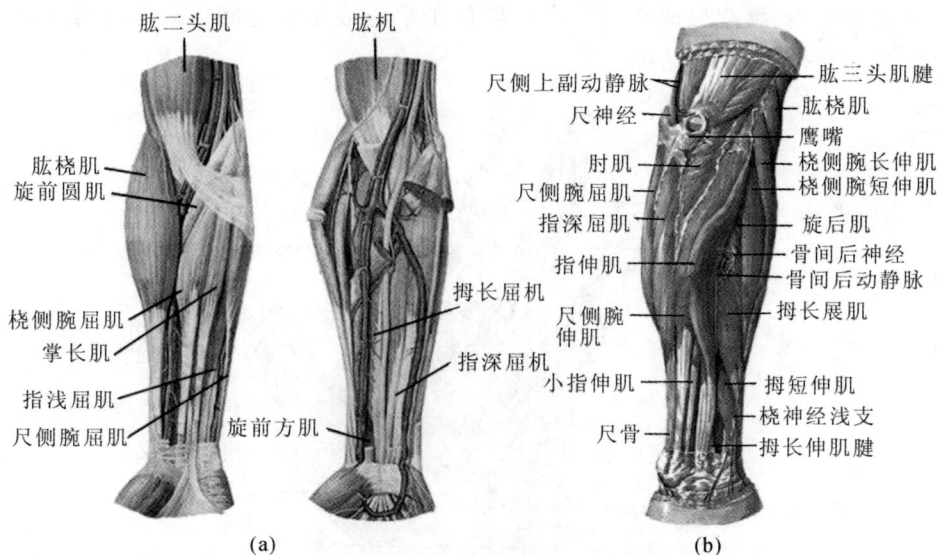

图 8-2　前臂肌肉的前、后面观

1.肩肌

肩肌主要有三角肌、冈上肌、冈下肌、小圆肌、大圆肌、肩胛下肌等。

2.臂肌

臂肌分前后两群。前群主要有肱二头肌、喙肱肌、肱肌等。后群为肱三头肌，三个头,作用于肘关节。

3.前臂肌

前臂肌比较复杂,位于桡、尺骨周围,包括前后两群,每群又可分为浅、深两层。前群一般为屈肌(屈肘、屈腕、屈掌、屈指)或旋前肌(前臂旋前),后群一般为伸肌(伸肘、伸腕、伸掌、伸指)或旋后肌(前臂旋后),每块肌肉的功能多与名称一致。

前群共9块,浅层由桡侧向尺侧依次为肱桡肌、旋前圆肌、桡侧腕屈肌、掌长肌、指浅屈肌和尺侧腕屈肌;深层包括拇长屈肌、指深屈肌和旋前方肌。

后群共10块,浅层由桡侧向尺侧依次为桡侧腕长伸肌、桡侧腕短伸肌、指伸肌、小指伸肌和尺侧腕伸肌;深层由桡侧向尺侧依次为旋后肌、拇长展肌、拇短伸肌、拇长伸肌和示指伸肌。

4.手肌

手肌可分为外侧群、中间群、内侧群(见图8-3)。外侧群较发达,有4块肌肉,作用于拇指,隆起形成鱼际。中间群位于掌心或掌骨之间。内侧群有3块肌肉,作用于小指,形成小鱼际。

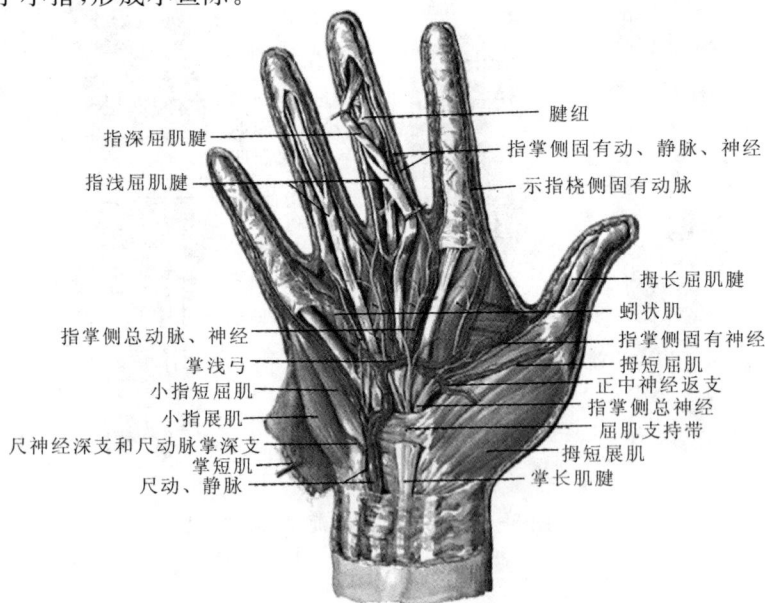

图8-3　手掌肌肉分布

上肢主要肌群分布与功能见表8-3。

表8-3　上肢主要肌群起止点及功能

肌群		位置	起点	止点	功能
肩部	三角肌	肩部皮下,呈倒三角形	锁骨外侧半、肩峰和肩胛冈	肱骨体三角肌粗隆	近固定时,前部纤维收缩使肩关节屈、水平屈和内旋;中部纤维收缩使肩关节外展;后部纤维收缩使肩关节伸、水平伸和外旋;整体收缩,可使肩关节外展
	冈上肌	肩胛骨冈上窝内	肩胛骨冈上窝	肱骨大结节	近固定时,使肩关节外展
	冈下肌	肩胛骨冈下窝内	肩胛骨冈下窝	肱骨大结节	近固定时,使肩关节外旋、内收和伸
	小圆肌	冈下肌下方	肩胛骨外侧缘背面	肱骨大结节	近固定时,使肩关节外旋、内收和伸
	大圆肌	冈下肌、小圆肌下方	肩胛骨下角背面	肱骨小结节嵴	近固定时,使肩关节内旋、内收和伸
	肩胛下肌	肩胛骨肩胛下窝内	肩胛下窝	肱骨小结节	近固定时,使肩关节内旋、内收
臂肌	肱二头肌	上臂前面浅层,有长、短两头	长头起自肩胛骨盂上结节,短头起自肩胛骨喙突	桡骨粗隆和前臂筋膜	近固定时,使肩关节屈、肘关节屈和外旋。远固定时,使上臂向前臂靠拢
	喙肱肌	位于肱二头肌上半部内侧,为长梭形肌	起于肩胛骨喙突	止于肱骨中部内侧(与三角肌粗隆相对应)	近固定时,使肩关节屈、内收和外旋
	肱肌	肱二头肌下半部分深层	肱骨前面下半部分	尺骨粗隆和冠突	近固定时,使肘关节屈。远固定时,使上臂向前臂靠拢
	肱三头肌	上臂后面,有长头、外侧头和内侧头三个头	长头起自肩胛骨盂下结节,外侧头起自肱骨体后面桡神经沟外上方,内侧头起自桡神经沟内下方	尺骨鹰嘴	近固定时,使肘关节伸,长头还可使肩关节伸。远固定时,使上臂在肘关节处伸

续 表

肌群		位置	起点	止点	功能
前臂	肱桡肌	前臂外侧	肱骨外上髁上方	桡骨茎突	近固定时,使肘关节屈,并使前臂内旋或外旋和保持正中位
	旋前圆肌	前臂前面	肱骨内上髁和尺骨冠突	桡骨外侧面中部	近固定时,使前臂内旋,辅助肘关节屈
	桡侧腕屈肌	前臂旋前圆肌桡侧	肱骨内上髁及前臂筋膜	第二掌骨底	近固定时,使桡腕关节屈,参与手关节外展、辅助肘关节屈和前臂内旋
	尺侧腕屈肌	前臂尺侧	肱骨内上髁、前臂筋膜和尺骨鹰嘴	豌豆骨、第二掌骨底	近固定时,使桡腕关节屈、参与桡腕关节内收和肘关节屈
	肘肌	位于肘关节后面,呈三角形	起于肱骨外上髁	止于尺骨背面上部	近固定时,使肘关节伸并加固肘关节。远固定时,使上臂在肘关节处伸

(二)发展上肢肌群的常用练习手段

1.俯卧撑

动作方法:俯身向前,手掌撑地,手指向前,两臂伸直,两手撑距同肩宽,两腿向后伸直,两脚并拢以脚尖着地。两臂屈肘向下至背低于肘关节,接着两臂撑起伸直成原来姿势。

练习要求:身体保持平直,不能塌腰成"凹"形,也不可拱臂成"凸"形。

练习目的:多次重复该动作,能发展三角肌的前部、胸大肌以及肱三头肌等上肢力量。

增加难度练习:①手掌撑变为手指撑,连续做俯卧撑动作;②两臂宽撑(掌撑或指撑),连续做俯卧撑动作;③两臂宽撑,两手握砖连续做俯卧撑动作;④一腿抬起,放置于另一着地腿上,连续做俯卧撑动作;⑤两脚放在横木上,连续做俯卧撑动作;⑥手握悬垂带子做动态支撑的俯卧撑等。

2.双杠臂屈伸

动作方法:两臂屈伸在双杠上,身体垂直在杠内,屈臂至两臂完全弯曲,接着用力撑起,使两臂伸直成原来姿势。

练习要求:身体要直,下肢自然下垂,腿不要屈伸摆动。

练习目的:多次重复该动作能发展胸大肌、三角肌前部、肱三头肌力量。

增加难度练习:①脚背放置小沙袋或壶铃连续做屈伸臂动作;②腰负重物体或身体穿沙背心连续做屈伸臂动作;③在吊环上连续做屈伸臂动作。

3. 引体向上

动作方法:两手正握或反握单杠,握距同肩宽,两脚离地,两臂伸直,身体悬垂。引体发力身体向上拉至头过杠面,然后身体慢慢垂下来呈原来姿势。

练习要求:发力引体不要借助身体摆动和屈蹬腿的力量。

练习目的:多次重复该动作,能发展胸大肌、背阔肌以及肘关节屈肌群力量等。另外握力对于引体向上非常关键。握力不是说握住就是有握力,而是要靠前臂肌群的力量带动身体上升。当然这并不是说决定人攀爬能力的背阔肌等背部肌肉群就不重要,而是引体向上在初始阶段相对于握力的考验更大。

增加难度练习:①两手正握单杠悬垂,连续做引体向上头触杠头前伸动作;②一手反握杠,另一手腕扣杠,连续做引体向上动作;③脚负小沙袋在单杠上连续做引体向上动作。

4. 仰卧推举

动作方法:仰卧在推架上,调整好呼吸(用力时应先吸气),双手握紧杠铃,双手间的距离略宽于肩宽,然后把放在架上的杠铃举起,在适当的控制之下慢慢放低杠铃至胸部,轻触胸部的瞬间再立刻出力上举直至两臂伸直状态。此种练习负荷应由轻渐重,轻的时候可多举几次,若负荷达到体能的最大负荷,则一次也已足够。

练习要求:发力推起杠铃要快,放回胸部要慢。在向上发力推起杠铃时,要尽量避免腰部离开凳面向上借力的现象。

练习目的:该动作练习是唯一能锻炼上身全部肌肉的运动,主要发展胸大肌、三角肌前部、前锯肌和肱三头肌力量。

练习提示:采用窄握卧推举对于提高肱三头肌、上部胸大肌更为有效;握距的加宽,并在上推过程中将肘部向内夹紧,对提高肱三头肌更为有效;做仰卧推举练习也可以用哑铃进行,对发展上身小肌肉群力量更为有效。

5. 飞鸟运动

动作方法:仰卧在板凳上,双手各握一哑铃,两臂伸直,双掌向上,由胸部上面缓缓向两侧放低,尽量伸开两手臂,然后快速回到原来的姿势。因其动作类似鸟飞时双翼上下挥动,故取名为飞鸟运动。

练习要求:向两侧平放时呼气,用力恢复原来姿势时吸气。

练习目的:该练习主要发展胸部及臂部肌肉力量。

增加难度练习:为了加强胸大肌的训练效果,仰卧举起哑铃后,双手运动的路线改变为交叉绕环运动。

6.哑铃侧平举

动作方法:人体直立,两脚开立,与肩同宽,两臂垂于体侧,两手握哑铃,拳眼向前。双臂自两侧缓缓平举至肩高,稍停片刻,缓缓放下,还原成预备姿势。该动作也可单臂进行,左右侧交替。

动作要求:站立时保持上体正直,上举时不要耸肩。

动作目的:主要发展三角肌外侧肌肉。

7.哑铃前上举

动作方法:两脚开立,与肩同宽,双臂伸直下垂,手背向前正握哑铃,拳眼向内。左肩臂部用力缓缓将哑铃经体前举至头顶上方,稍停片刻,然后慢慢直臂向下,还原成初始姿势。左右交替。

动作要求:上体保持正直,抬举时肘关节伸直,动作不要过快,不要借力。

动作目的:该练习主要发展三角肌前侧,对胸大肌、斜方肌、前踞肌、上臂肌肉也有作用。

8.哑铃弯腰侧平举

动作方法:两脚开立,与肩同宽,直腿弯腰,上体前屈约 $90°$,两臂伸直自然下垂,手握哑铃,拳眼向前。两臂伸直将哑铃向前侧缓缓举起至与肩齐平,稍停片刻,再循原路还原成初始姿势。

动作要求:挺胸,上臂稍上抬,不要抬高上体借力,平举肘肩收紧。放下时臂放松。

动作目的:该练习主要发展三角肌后部力量。

9.拉力器前屈运动

动作方法:两脚自然站立,用右脚踏住拉力器一侧手柄,右臂自然垂于右腿前,右手握住拉力器另一侧手柄。屈臂,同时保持肘关节伸直,使右臂在身体右侧贴身提起,直至右上肢与肩平齐,稍停片刻,缓缓将手臂放下,还原成初始姿势。然后左脚踏住拉力器一侧手柄,左臂如上述动作,左右交替进行。

动作要求:拉力器手柄要固定妥当,屈臂时,肘关节不要弯曲。

动作目的:该练习主要增强三角肌前侧的力量。

10.拉力器外展运动

动作方法:两脚自然站立,用右脚踏住拉力器一侧手柄,右臂自然垂于右腿前,右手握住拉力器另一侧手柄。右臂伸直在体外侧作侧平举,使右上肢与肩平齐,稍停片刻,缓缓放下手臂,还原成预备姿势。然后左脚踏住拉力器一侧手柄,左臂如上述动作,左右交替进行。

动作要求:拉力器手柄要固定妥当,外展时上体保持正直,不要借力。

动作目的:该练习主要增强三角肌外侧力量。

11.双臂拉伸

动作方法:在肋木上端固定一橡皮筋,练习者背对肋木站好,上体前倾,两脚自然前后开立,双手握住橡皮筋另一端,置于头后上方,手肘向上,前臂与大臂约成90°,而后吸气,前臂和三头肌用力拉长橡皮筋,直到两臂伸直,再恢复原来姿势。

练习要求:前拉时要快,回放时应慢,注意调节好呼吸。

练习目的:该练习主要发展前臂肌群和三角肌力量。

12.上斜仰卧臂屈伸

动作方法:仰卧在一个大约30°角的上斜凳上,双手大约与肩同宽,握住杠铃,并将其置于面部的正上方,手臂伸直。

练习要求:慢慢朝头上降低杠铃,当肘关节到约90°的位置停止动作。然后,反向推举杠铃返回初始位置。动作时要始终保持肘部的位置固定不动。

练习目的:该练习发展肱三头肌。

练习提示:有时候可以做反握仰卧臂屈伸,这会让人的肱三头肌受到不同的刺激。由于反手握姿会对腕关节造成一定的压力,所以练习时的负荷要稍微轻一些。

13.颈后哑铃臂屈伸

动作方法:以背部竖直的姿势坐在低背靠凳上,双脚平放在地面上。双手贴近哑铃内侧的盘片抓握住哑铃,并将哑铃举过头顶让双臂完全伸展,两肘尽量靠近双耳。用大拇指环绕着哑铃中间的连杆。弯曲肘关节,在颈后放下哑铃至手肘达到90°夹角。保持这个姿势数秒,然后再把哑铃举回到手臂完全伸展的状态。

动作要求:保持头部竖直,下背部紧靠背部的靠板。

动作目的:该练习侧重发展肱三头肌长头。

二、躯干肌群的分布及常用练习手段

(一)躯干主要肌群分布与功能

躯干肌群包括颈肌、背肌、胸肌、腹肌、膈和会阴肌等,其主要肌群的分布与功能见表 8－4。

1．颈肌

颈肌包括三部分肌群。胸锁乳突肌：位于颈部两侧，一侧收缩可使头向同侧倾斜，面部转向对侧。双侧收缩可使头后仰。舌骨上肌群：位于舌骨与下颌骨之间。舌骨下肌群：位于舌骨与胸骨之间。

2．背肌

背肌包括斜方肌和背阔肌。

3．胸肌

胸肌主要包括胸大肌、前锯肌、肋间肌等肌肉。其中肋间肌包括肋间内肌和肋间外肌。肋间内肌收缩可呼气，肋间外肌收缩可吸气。

4．膈

膈位于胸腹之间，包括周围的膈肌和中央的中心腱。膈肌收缩胸腔扩大，引起吸气，膈肌舒张胸腔缩小，辅助呼气。膈上有三个裂孔，分别是食管裂孔、主动脉裂孔和腔静脉孔，三者分别有食管、主动脉和下腔静脉通过。

5．腹肌

腹肌包括腹前壁的腹直肌和腹外侧壁的腹外斜肌、腹内斜肌、腹横肌等。

表 8－4　躯干主要肌群的分布与功能

肌群		位置	起点	止点	功能
背肌	斜方肌	颈部及背上部皮下，一侧为三角形，两侧相合为斜方形	上项线、枕外隆凸、项韧带、第 7 颈椎棘突、全部胸椎棘突及其棘上韧带	锁骨外侧 1/3、肩峰和肩胛冈	近固定时，上部肌纤维收缩，使肩胛骨上提、上回旋和后缩；中部肌纤维收缩，使肩胛骨后缩；下部肌纤维收缩，使肩胛骨下降、上回旋和后缩。远固定时，一侧肌纤维收缩，使头向同侧屈和对侧旋转；两侧收缩，使脊柱伸
	背阔肌	背下部胸廓后外侧	胸腰筋膜起于第 7～12 胸椎及全部腰椎棘突，骶中嵴，髂嵴后部和底 10～12 肋外面	肱骨小结节嵴	使上臂在肩关节处伸，内收和旋内，当上肢上举时，拉引躯干向上臂靠拢，提肋辅助吸气

续　表

肌群		位置	起点	止点	功能
胸肌	胸大肌	胸廓的前上部	起自锁骨内侧半，胸骨，第2～6肋软骨，腹外斜肌腱膜	止于肱骨大结节嵴	使肩关节内收和旋内,上肢上举固定时,可上提躯干,助吸气的作用
腹肌	腹直肌	在腹前壁正中线两侧的腹直肌鞘中	第5～7肋软骨前面和胸骨剑突	耻骨联合和耻骨结节	两侧收缩使骨盆后倾、水平位或脊柱前屈,一侧收缩使脊柱侧屈
	腹外斜肌	在腹部前外侧面浅层。肌纤维由外上方向前内下方斜行	第5～12肋外面	后部止于髂嵴。前部移行为腱膜,参与形成白线。下缘止于髂前上棘和尺骨结节,形成腹股沟韧带	两侧收缩,使骨盆后倾或呈水平位,或下拉胸廓,使脊柱前屈,一侧收缩,使脊柱向同侧屈和向对侧回旋
	腹内斜肌	在腹外斜肌深面。肌纤维由外下方向内上方斜行	胸腰筋膜,髂嵴和腹股沟韧带外侧	第10～12肋骨下缘,前部移行为腱膜,参与形成腹直肌鞘前、后壁和白线	一侧收缩,使脊柱向同侧屈和向同侧回旋(与对侧腹外斜肌协同,使脊柱向同侧回旋)

(二)发展躯干肌群的常用练习手段

1.仰卧起坐

动作方法:仰卧在地板上或体操垫上,使身体处于水平位置,腿伸直,两手一起抱头,然后向上抬上体至垂直部位,再慢慢后倒成原来姿势。

练习要求:起坐动作速度要快,下卧时动作速度应慢。

练习目的:多次重复该动作,能发展腹肌、髂腰肌等力量。

增加难度练习:①仰卧在长凳上,两手持杠铃片置于脑后,两脚固定,连续做仰卧起坐;②仰卧在木马上或斜板上,两脚钩住肋木,两手持球,两臂伸直,连续做仰卧起坐;③坐在跳箱上两脚由同伴握着,两手持杠铃片置于脑后连续做仰卧起坐动作;④仰卧,连续做元宝收腹起动作;等等。

2. 俯卧背伸

动作方法:俯卧于垫子上,手掌和脚尖着地,躯干与下肢挺直,靠上肢关节伸展使身体抬离或贴近垫子,重复进行多次两腿交替向后做伸展运动。也可以两腿同时做伸展运动。有练习基础者,还可以进行两腿不动,上身躯体向后背伸及上身与两腿同时背伸的练习。在练习中保持自然呼吸。

练习要求:两腿尽量向上振起,动作要协调,可在伸展的位置保持适度的时间。

练习目的:该练习是发展脊柱伸肌与髋关节伸肌力量的有效手段之一。可作为腰椎间盘突出、腰肌劳损等患者的康复练习。

3. 收腹举腿

动作方法:仰卧在地板上或体操垫子上,身体伸直处于水平位置,两臂伸直自然置于体侧,然后收腹向上举起双腿至垂直部位,再慢慢放下成原来姿势。

练习要求:收腹举腿动作速度要快,放腿速度应慢。

练习目的:多次重复该动作能有效发展腹肌和髋关节屈肌群力量。

增加难度练习:①支撑屈膝直角坐,接着成直腿后撑直角坐动作,反复练习;②背靠肋木,两手正握横木悬垂,两脚夹实心球连续做收腹举腿动作;③仰卧,两脚夹实心球连续做收腹举腿动作。

4. 仰卧举腿

动作方法:仰卧在地板上,两手握住同伴双脚腕做举腿动作,同伴用手推练习者双脚增强控制腹肌能力。

练习要求:举腿速度要快,放下时腿不许着地。

练习目的:该练习主要发展腹直肌、腹斜肌和髋关节屈肌群力量。

5. 左右转体

动作方法:两人背靠背伸臂分腿坐,双手侧平举互拉,连续向左右转体。

练习要求:转体应稍用力,转体至极限时稍作停顿。

练习目的:该练习主要发展腹内、外斜肌和腰背肌力量。

6. 仰卧过顶举

动作方法:仰卧在板凳上,双手重叠握住哑铃把的一端,让另一端可以放下。开始时将哑铃提起,两臂伸直,重量承受在胸部上端,然后慢慢从头顶上向下放,直至两臂能舒适伸张到头顶的后下方,然后开始举回成原来的姿势。

练习要求:下放时开始吸气,放至最低点肺部刚好充满气;开始上举时呼气,恢复到原来姿势时呼气结束。此动作练习,每次锻炼做 3 组,每组 10～15 次。

练习目的:经常练习该动作可以发展胸肌及背部上部肌肉,更主要的是能扩展肋肌。

增加难度练习:可变化为弯臂过顶举。其动作方法:仰卧凳上,身体平躺,膝盖约成 90°角,两脚平放地面,将哑铃提起,两臂伸直,重力承受在胸部上方,然后慢慢从头顶放下,直至手臂大约成 90°角时,再收回成原来姿势。

7.杠铃屈体划船运动

动作方法:两手握紧杠铃,两手距离约同肩宽,上体前倾,头颈及背部保持平直,双膝略微弯曲(以减轻下背及腿后部的压力),然后吸气上拉杠铃至下腹部,再慢慢放回成原来姿势,同时伴随呼气。每次锻炼可做 3～5 组,每组连续做 8～12 次。

练习目的:该练习可有效发展上背肌群,扩展脊椎两旁下背肌群,对于划船、摔跤、举重、柔道、铅球等项目有显著的作用。

8.哑铃单臂划船运动

动作方法:两脚前后开立,身体前弯,一只手支撑于矮凳上,另一只手提起哑铃,然后吸气用力侧上提至胸部高度,再呼气放下,连续 8～12 次之后,再换另一只手练习。

练习目的:该练习对背扩肌拉长、增厚有明显的效果,对发展腰部及臂部的肌肉力量也有较多益处。

9.肩负杠铃体侧屈

动作方法:两脚左右开立,两手扶住杠铃片,连续向左、右两侧做体侧屈。

练习要求:上体直立,两腿不要弯曲,侧屈至极限时稍停。

练习目的:该练习主要发展脊柱同侧伸肌与屈肌的力量。

10.肩负杠铃转体

动作方法:两脚左右开立,两手扶住杠铃片,向左、右两侧沿垂直轴转体。

练习要求:上体挺拔直立,转体时两脚不能移动,转体至极限时稍停,动作要平稳、缓慢。

练习目的:该练习主要发展腹外斜肌、腹内斜肌和腰背肌力量。

11.杠铃平推

动作方法:站立,两手握杠铃置于锁骨,连续向前做快推动作。亦可两脚前后开立,向前上方做快推动作,两腿前后交替进行。

练习要求:动作快速、连贯、协调。

练习目的：该练习主要发展胸大肌、三角肌前部、前锯肌、肱三头肌力量等。

12.单臂划船

动作方法：橡皮筋一端固定在肋木上，一手握住橡皮筋套，另一只手握在小腿胫上，身体侧面前倾，吸气的同时握橡皮筋的手用力侧上提至头部高度，再呼气放下，连续做 8~12 次后换手。双手也可交替练习。

练习要求：注意调节呼吸，上拉时快，放下时慢。

练习目的：该练习主要发展背阔肌、腰肌及手臂肌肉力量。

13.后振躯干

动作方法：练习者以两大腿夹住同伴呈体前屈手着地，然后在同伴的帮助下做直臂后振躯干动作，再恢复原来姿势。

练习要求：后振展腹速度要快，前倾屈体应慢。

练习目的：该练习主要发展腰、背肌群和腹直肌力量。

三、下肢肌群的分布及常用练习手段

(一)下肢主要肌群分布与功能

下肢肌群可分为髋肌、股肌、小腿肌、足肌，其主要肌群的分布与功能见表8-5。

1. 髋肌

髋肌位于髋关节周围，作用于髋关节，分前、后两群，前群主要有髂腰肌，后群主要有臀大肌和梨状肌等。髂腰肌由髂肌和腰大肌组成，可使髋关节前屈旋外。

2.股肌

股肌也称大腿肌，分三群。前群包括股四头肌、缝匠肌等肌肉。内侧群为 5 块内收肌，即长收肌、短收肌、大收肌、耻骨肌、股薄肌（均可使髋关节内收）。后群包括股二头肌、半腱肌、半膜肌，三肌均可屈膝关节、伸髋关节。

3.小腿肌

小腿肌比较复杂，分为前群、外侧群和后群。前群多为足的伸肌和内翻肌，后群多为足的屈肌和内翻肌，外侧群为足的外翻肌。前群包括后长伸肌、趾长伸肌、胫骨前肌等。外侧群包括腓骨长肌、腓骨短肌等。后群浅层为小腿三头肌，以跟腱止于跟骨。后群深层有趾长屈肌、后长屈肌和胫骨后肌。内翻足的肌：胫骨前肌和胫骨后肌。外翻足的肌：腓骨长肌和腓骨短肌。

表 8 - 5　下肢主要肌群的分布与功能

肌群		位置	起点	止点	功能
髋肌	髂腰肌	由髂肌和腰大肌组成	髂窝、腰椎体侧和横突	股骨小转子	使髋关节前屈和旋外,下肢固定时,使躯干和骨盆前屈
	臀大肌	臀部浅层、大而肥厚,形成特有的臀部隆起,覆盖臀中肌下半部及其他小肌	髂骨翼外面和骶骨背面,肌束斜向下	髂胫束和股骨的臀肌粗隆	使大腿后伸和外旋。下肢固定时,能伸直躯干,防止躯干前倾,以维持身体的平衡
	梨状肌	骨盆的内面	骶骨前面骶前孔外侧	股骨大转子尖	使大腿外旋和外展
大腿肌	股四头肌	大腿前面,有四个头	股直肌起自髂前下棘;股中肌起自股骨体前面,股外侧肌起自股骨粗线外侧唇;股内侧肌起自股骨粗线内侧唇	四头合成一条肌腱包绕髌骨,向下延续成髌韧带,止于胫骨粗隆	伸膝、股直肌有屈髋关节的作用
	缝匠肌	股四头肌的前内侧,是全身最长的肌肉	髂前上棘	胫骨粗隆内侧面	屈大腿内旋小腿
	大收肌	在大腿内侧深层	坐骨结节、坐骨支和耻骨下支	股骨粗线内侧唇上 2/3 及股骨内上髁	使大腿在髋关节处内收、后伸和旋外。一侧收缩使骨盆向同侧屈,两侧同时收缩,使骨盆后倾
	股二头肌	在大腿后面外侧,有长、短两个头	长头起自坐骨结节,短头起自股骨粗线外侧唇的下半部	腓骨头	屈小腿伸大腿使小腿外旋
	半腱肌	在大腿后面内侧	坐骨结节	胫骨上端内侧	伸髋关节、屈膝关节并微旋外
	半膜肌	在半腱肌深面	坐骨结节	胫骨内侧髁后面	伸大腿屈小腿使小腿外旋

续 表

肌群	位置	起点	止点	功能
小腿肌	腓肠肌 在小腿后面	内侧头起自股骨内上髁,外侧头起自股骨外上髁	跟结节	屈小腿和足
	比目鱼肌 横插腓肠肌之下	胫骨和腓骨后面上部	同腓肠肌合成跟腱,止于跟结节	旋转脚面,提足
	胫骨前肌 在小腿前面,胫骨外侧	胫骨体外侧面	内侧楔骨内侧面和第一跖骨底	伸踝关节(背屈)、使足内翻

(二)发展下肢肌群的常用练习手段

1.体后屈伸

动作方法:身体俯卧在垫子或凳子上,髋部支撑,脚固定两臂前举连续做体后屈伸动作。

练习要求:体后屈时,上体尽量抬高。

练习目的:该练习主要发展伸髋肌和脊柱伸肌的力量。

增加难度练习:①俯卧,两腿伸直,两臂屈肘抱头后,连续做体后屈动作;②俯卧在矮木凳上,脚固定,两臂屈肘抱头后,连续做体后屈动作;③俯卧在跳箱上,两手抱头后,两脚由同伴扶着,连续做大幅度的体后屈伸动作;④俯卧在木马上,两臂伸直,两脚钩住肋木,连续做大幅度的体后屈伸动作等。也可以手持哑铃、杠铃片或身穿沙背心做上述练习。

2.连续跳跃

动作方法:用单腿跳跃和双腿跳跃进行水平跳、向前跳和向上跳。

练习要求:上体正直、蹬地有力、动作连贯。

练习目的:该练习发展大腿前后群肌、小腿群肌及踝关节力量。

主要练习方法:原地单腿跳、原地双腿跳、单腿在高物上交替跳、跳深、多级跨步跳等。

3.提踵运动

动作方法:在两腿底下放一块 5~6cm 厚的木板,前脚掌踏于木板上,脚后跟着地,然后尽量提高脚后跟再进行放下,连续进行。

练习要求:身体正直、上体挺拔、臀部不要后坐。

练习目的:该练习主要发展小腿后部的比目鱼肌、腓肠肌、腓骨肌等肌群力量,同时对踝关节处韧带的收缩亦有益处。

4.杠铃提拉

动作方法:站立于杠铃前,两腿自然开立。两膝稍弯曲,上体前屈,两手正握杠铃,握距约同肩宽,两臂伸直,调整好呼吸后,吸气用力慢慢提拉杠铃,此时头部及背部须保持平直,至直立再行放下,连续6～10次为1组,每次锻炼做3组。

练习要求:臀部低于肩膀,头、背保持平直,杠铃质量应逐渐加重。

练习目的:该练习发展下背收缩肌群及腿后肌群力量。

5.肩负杠铃体前屈伸。

动作方法:两脚左右开立,两手握住杠铃,身体由直立姿势屈至上体呈水平后再伸直,反复进行练习。

练习要求:两腿伸直,臀部不要后坐,前倾慢、抬体快,注意呼吸节律。

练习目的:该练习对发展髋和脊柱的伸肌群力量有较好效果,同时对腿后肌力量的发展也有一定益处。

6.肩负杠铃1/4屈膝蹲跳

动作方法:将杠铃置于颈后肩上,双手握杠略宽于肩,双脚左右开立约同肩宽,上体保持挺直,然后屈膝1/4,随即利用腿部肌力的收缩作用,做原位上跳,使两脚同时离地3～5cm。

练习要求:双手必须牢固握住杠铃,使其不可离开颈后部,上体正直紧腰,两腿充分蹬伸跳起。

练习目的:该练习主要发展臀大肌、臀中肌、股二头肌、股四头肌、腰大肌、缝匠肌、半腱肌、腓肠肌、比目鱼肌肌群力量,对提高爆发力和弹性有显著的效果,并可增强心肺的耐力。

7.高抬腿

动作方法:两手握双杠,左膝系橡皮筋,橡皮筋的另一端固定在杠柱上,上体前倾,做抬大腿动作,另一腿积极蹬直,连续练习,两腿轮换做。

练习要求:蹬、抬,送髋,抬腿用力,两手不要拉杠。

练习目的:该练习主要发展髂腰肌、大腿屈肌群力量。

8.仰卧屈伸

动作方法:仰卧,两脚系橡皮筋,橡皮筋的另一端固定在肋木上,连续交替做屈伸大腿动作。

练习要求:上体不要抬起。

练习目的:该练习主要发展大腿屈伸肌群力量。

9.俯卧屈伸

动作方法:俯卧,双脚系橡皮筋,橡皮筋的另一端固定,连续做屈伸小腿动作。

练习要求:脚后跟触到或靠近臀部。

练习目的:该练习主要发展股后屈小腿肌群力量。

10.俯卧腿屈伸

动作方法:练习者俯卧,同伴跪在练习者脚后面,用手拽着练习者的脚,练习者克服同伴的阻力连续做屈小腿动作。

练习要求:脚后跟触到或靠近臀部。

练习目的:该练习主要发展股后屈小腿肌群的力量。

11.坐蹲起

动作方法:两人面对面坐在地板上,对抗者压住练习者的脚,让练习者连续做蹲起。

练习要求:起立时身体要与地面垂直。

练习目的:该练习主要发展大腿后群肌力量。

12.蹲伸起

动作方法:双人背靠背,双臂互环绕,然后一起连续做蹲伸起。

练习要求:双方同时用力做蹲伸起。

练习目的:该练习主要发展臀大肌、股四头肌及腓肠肌等肌群力量。

13.仰卧屈伸

动作方法:练习者仰卧地上,手扶肋木;对抗者背对练习者,手扶肋木的适当高度;练习者双脚支撑对抗者的臀部上举,使之与地面平行,然后放下,连续进行。

练习要求:对抗者两腿挺直,身体保持一条直线。

练习目的:该练习主要发展大腿前群肌力量。

四、发展全身肌群的常用练习手段

克服阻力的力量练习是力量素质最常用的练习。上述发展上肢、躯干、下肢肌群的常用练习手段涵盖跑、跳及克服外界阻力的举重、哑铃、拉力器等器械练习,需要说明的是不同的练习手段可以发展某部位的肌肉群力量,也可以发展多部位的肌肉群。因此,要充分重视不同练习手段主要发展部位的肌肉群的锻炼效果。以下介绍部分锻炼全身肌群的练习手段。

1.立卧撑

动作方法:身体直立,动作开始时,两手置于两腿外侧,两腿向后伸展成俯卧撑,身体保持一直线,然后收大腿、收小腿成半蹲姿势,展腹向上垂直跳起来,两臂跟随摆动。重复以上动作。

练习要求:俯卧撑时身体成直线,撑跳要衔接好,完整动作不能停断。

练习目的:该练习发展手臂、肩、腹、背、腿部等肌肉力量。立卧撑是锻炼全身肌肉的简单易行的练习手段。

练习提示:立卧撑腿的姿势还可以有所变化,如交叉式立卧撑,两腿后摆在空中交叉,左右脚换位落地。回摆时,再恢复成并腿。

2.杠铃弓箭步抓举

动作方法:抓举杠铃,两腿成弓箭步,然后恢复原来姿势。连续交替进行。

练习要求:发力快,上下肢配合协调。

练习目的:该练习主要发展腰背肌、上肢肌和下肢肌群力量。

3.后抛壶铃

动作方法:上体前倾,两手提壶铃半蹲,向后抛壶铃。亦可采用实心球进行练习。

练习要求:腿部发力,挺髋、展体、挥臂。

练习目的:该练习主要发展腿部、腰部及上肢肌群力量。

4.后仰转动

动作方法:两人面对面,手拉手做后仰动作,同时围绕中心做连续转动。

练习要求:手臂伸直,全身挺拔。

练习目的:该练习主要发展三角肌、大圆肌、肱三头肌及腿部小肌肉群力量。

5.弓箭步推手

动作方法:两人面对面弓箭步站立,双手屈臂相握,然后相互用力做推手动作。

练习要求:用力应从小逐步加大,慢速进行。

练习目的:该练习主要发展肱二头肌、三角肌、胸大肌、腰大肌、股四头肌、缝匠肌、臀大肌、股二头肌等肌群力量。

第九章　体育锻炼与耐力素质

【内容提要】

有氧运动已成为风靡世界的大众健身运动。健康体适能理论认为有氧运动是发展心肺耐力的最佳手段。发展耐力素质被认为是预防治疗"现代文明病"的最有效手段。本章在介绍耐力素质的概念、生理机制的基础上,重点介绍有氧耐力的生理基础、测量与评价以及发展有氧耐力的方法与手段,提高锻炼者耐力锻炼的意识和行为水平,以远离"现代文明病"的侵扰。

【关键词】

耐力素质　有氧耐力　有氧运动　最大摄氧量　12min 跑　台阶试验　健步走　健身跑　跳绳运动

如果你想强壮,跑步吧! 如果你想健美,跑步吧! 如果你想聪明,跑步吧!

——古希腊名言

第一节　耐力素质与心肺耐力

一、耐力素质的概念及生理机制

(一)耐力素质的概念

耐力素质是指人体在长时间进行工作或运动中克服疲劳的能力,是身体素质的重要组成部分,也是反映人体健康水平或体质强弱的一个重要标志。耐力素质主要包括发展有氧耐力和无氧耐力。较之于无氧耐力,有氧耐力对于普通人群更为重要。

有氧耐力也称心肺耐力,是指人体长时间进行有氧供能的工作能力。在体育锻炼中,有氧耐力对人体身体素质锻炼具有重要意义,尤其对于中老年人的锻炼意义更大。这也是本章重点介绍的内容。

无氧耐力是指人体在缺氧状态下,长时间对肌肉收缩供能的工作能力。发展无氧耐力常采用短时间最大强度和间歇时间的重复运动的方法进行。具体方法为约 1min 的持续剧烈的运动,如快速的间歇跑,重复跑,400m 跑,对抗性球类比赛等。

(二)耐力素质的生理机制

耐力素质的生理本质是人体长时间克服疲劳。疲劳是一种生理现象,有机体经过长时间的活动,必然产生疲劳,使其工作能力下降,限制了运动的时间及水平的发挥,这是有机体的一种自我保护。然而,疲劳又是提高有机体工作能力所必需的,它是有机体机能恢复与提高的刺激物,没有疲劳的刺激,有机体机能就不会得到提高。

疲劳产生的原因是由多方面的因素所造成的。长时间活动后,体内能量物质大量被消耗,又得不到及时补充,于是产生疲劳;活动后某些代谢产物(如乳酸、二氧化碳等)在肌肉中大量堆积使肌肉收缩能力下降,造成肌肉疲劳;活动后血液中 pH 值下降,细胞外液水分、离子浓度以及渗透压发生变化,使内环境稳定性失调,从而导致疲劳;由于以上因素的变化,使皮层神经细胞能力降低,神经活动过程抑制占主导地位,形成大脑皮层的保护性抑制,出现疲劳。

根据不同的工作特征,疲劳可分为脑力疲劳和体力疲劳。不过在体育运动中,更值得重视的是体力疲劳。当疲劳出现时,运动速度、力量、神经肌肉的协调配合能力就会下降,从而导致灵敏性和动作准确性降低,妨碍技术水平的正常发挥,甚至会造成动作失败,影响体育锻炼效果。因此,提高人体克服疲劳的能力,在运动实践中非常重要。

(三)耐力素质的意义

耐力素质是人体的基本身体素质之一,在人体健身锻炼中具有重要意义,被认为是防治“现代文明病”的最有效手段之一。另外在体育竞技中,耐力素质在超长跑、中长跑、长距离游泳、自行车、滑冰、滑雪、划船等周期性运动项目中的意义是不言而喻的。耐力素质对其他项目,如摔跤、柔道等非周期性项目也有重要意义。

(1)通过耐力训练,提高人体呼吸系统、血液循环系统的功能,从而提高抗疲劳的能力。抗疲劳能力越强,有机体保持持久的高水平运动的能力越强,适度高水平的耐力素质对人体的健康也是非常有利的。

(2)通过耐力训练,呼吸及心血管系统机能得到发展,血氧供应充分,可以促使机体能量物质的储备增多,提高有关生理、生化功能,这能促进及加速训练后疲劳的消除。机体快速恢复可以使训练间歇缩短,增加重复次数,有利于完成大强度、大运动量训练任务。

(3)经过合理的耐力训练,人体提高了抗疲劳及疲劳后快速恢复的能力,使大脑皮层中兴奋与抑制过程有节奏的交替能力也很快恢复与提高,再加上充足能源物质的供应,这都成为其他素质(力量、速度、灵敏等)发展的物质基础,促进其他素质的发展。现代的运动训练中,在儿童、少年时期就逐步进行适度耐力素质的训练,改变了以往的传统观点。

(4)耐力训练还可培养人们坚毅、顽强、勇于克服困难的意志品质。这对人的心理素质的培养及技战术的发挥很重要。随着科学技术的发展、社会的进步,人们在享受高科技成果的同时,也承载着巨大的生活和工作压力。因此,人们更加需要培养耐力素质,以应对生活、工作中的挑战。

二、有氧耐力的概念及其生理基础

(一)有氧耐力的概念

有氧耐力是指长时间从事有氧运动的能力。通常,人们称有氧耐力为心肺耐力,心肺耐力是机体持久工作的基础。心肺耐力是指心脏、肺、血管、血液等将维持生命的氧气有效地输送到全身各处,同时肌肉组织、细胞能有效地利用这些氧气,进行新陈代谢作用产生能量的能力。有研究证实,心肺耐力可以经由长时间的耐力运动得到改善。

人出生后,无时无刻不依赖心肺循环系统的充分发挥功用而生存。一般心肺耐力较差者平日比较容易精神萎靡,稍微活动即气喘吁吁,耐力活动时间稍久,即容易显出疲劳状,同时罹患心血管系统疾病的比率也较高。因此锻炼心肺耐力是健康体适能最重要的任务。

心肺机能可以用定量的方式表示,具体表示的数值为:机体每分钟利用氧的数量,以 L 为单位,计为 L/min;机体每千克体重每分钟利用氧的数量,以 mL 为单位,计为 mL/kg/min;梅脱(MET),即安静代谢率的倍数,1 MET=3.5 mL/kg/min。

(二)有氧耐力的生理基础

决定机体有氧耐力的生理因素主要是运动中氧气的供应因素和作为能量物质的糖原含量,包括以下因素:

1.肺的通气功能

从呼吸系统看,肺的通气量越大,吸入体内的氧气就越多。在体育锻炼中采用深呼吸的方法,可有效地提高呼吸效率,增加肺的有效气体交换量。

2.血液的载氧能力

吸入肺内的氧气是通过血液中血红蛋白运送到各组织细胞的,在生理范围内,血液中血红蛋白的含量越高,其携带氧气的能力就越强。如果人体中血红蛋白含量下降 10％，就会明显影响有氧耐力。

3.心脏的射血能力

心脏的射血能力是血液循环的动力。单位时间内，心脏射出的血量越多，运送氧气的能力就越强。体育锻炼中影响心脏射血量的主要因素是心肌收缩的力量和心室容积的大小，心脏收缩力量越大，心脏的射血能力就越强。

4.骨骼肌组织的代谢能力

肌组织的有氧代谢能力是影响有氧耐力的重要因素，有氧代谢酶活性高，利用氧气的能力强，表现为机体的有氧代谢能力高。而肌组织的有氧代谢能力与肌纤维类型密切相关，肌肉中红肌纤维多，有氧代谢能力好。现在普遍认为，心脏的射血能力和骨骼肌的有氧代谢能力是影响有氧耐力的最重要因素。

5.肌糖原含量

肌糖原是肌肉进行有氧代谢的主要能源物质。它的供能特点为效率高，氧气消耗量相对较少，代谢时产生的代谢产物可及时排出体外，不致在体内堆积，对身体产生不利影响。因此，肌肉中糖原含量越高，有氧供能的潜力就越大。虽然脂肪也参与有氧运动的供能，但由于脂肪氧化供能时氧气消耗量大、代谢产物堆积等因素，容易使身体疲劳。

（三）有氧运动

有氧运动也叫做有氧代谢运动，是指人体在氧气充分供应的情况下进行的体育锻炼。即在运动过程中，人体吸入的氧气与需求相等，达到生理上的平衡状态。简单来说，有氧运动是指任何富含韵律性的运动，其运动时间较长（约 15min 或以上），运动强度在中等或中上程度（最大心率 70％～85％）。有氧运动的好处：可以改变血管的血流量（见图 9-1），对血管进行良性按摩（见图 9-2），可以提升氧气的摄取量，能更好地消耗体内多余的热量。因此，它的特点是强度低、有节奏、持续时间较长。要求每次锻炼的时间不少于 30min，每周坚持 3～5 次。通过这种锻炼，氧气能充分酵解体内的糖分，还可消耗体内脂肪，增强和改善心肺功能，预防骨质疏松，调节心理和精神状态。有氧运动是健身的主要运动方式。

图 9-1　有氧运动对血流量影响

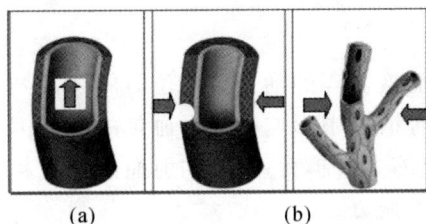

图 9-2　肌肉运动对血管的影响

(a)运动时的血液流量增加对静脉血管的"冲刷"；　(b)运动时的肌肉收缩对动脉血管、毛细管的"挤压"

常见的有氧运动项目：健步走、慢跑、滑冰、游泳、骑自行车、打太极拳、跳健身舞、跳绳、做韵律操等。有氧运动特点是强度低、有节奏、不中断、时间长。有氧运动的目的在于增强心肺耐力。

(四)极点、第二次呼吸

"极点"与"第二次呼吸"是长跑运动中常见的生理现象,极点出现的早晚,与人体的体质、训练水平等有直接关系。

1.极点

人体在剧烈运动时,由于内脏器官的活动能力落后于运动器官的需要,从而产生一种特殊的机能障碍,特别是氧债不断积累,身体内酸性物质逐渐堆积,引起呼吸和循环系统活动失调,使人产生一种非常难受的感觉,如呼吸困难、头晕胸闷、下肢沉重、动作迟缓,并伴有恶心等现象,这种运动生理反应现象称为极点。

2.第二次呼吸

极点出现后,凭着意志和毅力再继续坚持运动,随着机能的调节及内脏器官机能的改善,氧供应增加,运动能力又将提高,极点出现的现象及症状就会逐渐消失,生理过程将出现新的平衡。这种现象在运动生理学上称为第二次呼吸。

发生以上现象,是由于身体从平常安静的状态进入运动状态时,体内各器官及系统都需要一段时间适应。训练水平低、运动前的准备活动不足,都会增加出现极点现象的机会。反过来说,运动前做足准备活动,以及体适能状况得到改善后,极点现象就会推迟或减轻,甚至不再出现。

万一出现极点现象,千万不要因此停止下来,应该保持冷静并有意识地进行深长的呼气。这样,第二次呼吸就会很快到来,人体又可以轻松地持续运动。减轻和克服极点的方法如下：

(1)剧烈运动尤其是长跑运动前,做好准备活动,以提高中枢神经系统的兴奋性,加强各系统器官的机能活动,克服生理惰性,为运动做好体力和精神准备。

（2）极点出现后应坚持继续运动或跑下去，这时可以减小运动强度或减慢跑速，同时应注意加大呼吸深度，尤其是加深吸气，减少呼吸次数，使呼吸双循环系统机能提高，排出大量二氧化碳，并吸入氧气来满足肌肉活动的需要，必要时可以把两手叉在腰间，走一段距离，调整好节奏后，难受的感觉就会减轻，沉重的两腿也会轻松。

（3）提高人体的体育锻炼水平。人体经过系统锻炼或较长时间的长跑锻炼，可以有效地减轻极点时的难受程度，甚至可以推迟或者排除极点现象的发生，这也是克服极点最有效的"治本"方法。

第二节　有氧耐力的测量与评价

一、有氧耐力的测量意义与指标

（一）有氧耐力的测量意义

一般情况下，高水平的有氧耐力既可以保持机体在相对疲劳状态下持续工作的能力，又可以协助消除疲劳。一个人可以不需要有很好的肌力和柔软度来从事日常活动，但不能没有良好的心肺耐力。心肺耐力是一种测量人体工作效率的方法，也就是从事心肺活动时，肺、心血管（心脏和血管）和肌肉系统一起工作的能力。在长时间工作中或运动中，心肺耐力好的人比较容易运送足够的氧气到组织中；而心肺耐力较差的人，工作起来较辛苦，因为要供应细胞组织相同的氧气量时，心脏必须收缩得更快，结果导致更快疲劳。因此，运送和利用氧气的能力越高，表示心肺系统越有效率，工作或运动起来也就越轻松。

心肺耐力测试的结果可以用于评价受试者心肺耐力的机能状况，并对制订相应的运动处方有所帮助。测试获取的结果可以和健康标准得分进行对比，从而确定受试者个人的健康状况，并提醒受试者对其生活方式进行调整以增进和保持健康。可以对测试的类型和监控的水平进行调整，以适应各个年龄组的特殊要求，并取得需要的信息。选择测试的适应范围时要考虑以下因素：年龄和体适能水平的差异，是否患有疾病，是否具有冠心病的危险因素，甚至要考虑到受试者的经济状况等。

（二）有氧耐力的测量指标

对有氧或心肺耐力做出较全面的评价，需测量人体在三种状态时的反应，即安静状态、定量负荷和极量负荷。在安静状态下，普通人和经常锻炼者或运动员的心肺机能表现并无显著差异,只有在强度较大的负荷下,才能表现出明显的差异。因此,测试心血管机能的好坏,一般都采用定量负荷的方法,在最大负荷状态下能够很简单地区分两人的差异,但在此建议尽量不采用此状态下的机能测量。究其原因,一方面,此状态下的实验过程存在较大的危险因素;另一方面,针对不同人群的不同负荷要求,在实际操作中,可控性欠缺。

目前,世界对于心肺机能测量各具特点,测量仪器仪表的设计更加精密化,对不同年龄阶段、不同体质的人群测量更加细化,可用的测量指标也在进一步完善优化。心肺机能测量指标:

(1)心率(脉搏),包括安静中脉搏触摸法,基础心率曲线、波动差,立位、卧位姿势脉搏差。

(2)运动中简易心率遥测,POLAR 表心率遥测,运动后即刻心率测量,恢复期心率的测量与评价。

(3)心血管机能指数的测量与评价中包括布兰奇心功指数,体位平均血压指数,贝拉克(BARACH)能量指数,耐力系数(克瓦斯公式),克兰普顿血液下垂法。

(4)国外对心血管机能试验的测量有美国体力与运动系统审议的台阶试验、日本台阶试验、哈佛台阶试验、美国学者对哈佛台阶试验的改良型台阶试验、二阶梯指数、塔特尔指数、施奈德机能试验、列图诺夫联合机能试验、PWC170 机能试验等。

二、有氧耐力测量与评价的常用方法

(一)最大摄氧量及其测定

人体在进行有大量肌肉参加的长时间激烈运动中,心肺功能和肌肉利用氧的能力达到本人极限水平时,单位时间所能摄取的氧量称为最大摄氧量($V_{O_2\max}$)。它是评价心血管机能水平和机体有氧代谢能力的一个重要指标。$V_{O_2\max}$ 的表示方法有绝对值和相对值两种。绝对值是指机体在单位时间内所能吸入的最大氧量,通常以 L/min 为单位;相对值则按每千克体重计算的最大摄氧量,以 mL/kg/min 为单位。最大摄氧量的测定方法分为直接测定法和间接测定法。直接测试最大摄氧量有一定的难度和要求,必须有专门的设备。通常采用 12min 跑来间接地测试最大摄氧量,其相关度达到 90%。室外间接测定法常采用 12min 跑推算,即受试者竭尽全力地跑 12min 完成的距离 x(单位:km),通过公式 $V_{O_2\max}=35.97x/1.609-11.29$ 计算(单位:mL/kg/min)。

(二)12min 跑

12min 跑是美国运动专家肯尼斯·库珀博士创造出来的一种评定体育锻炼对

象体能情况的量化指标。即在 12min 里,每个人应尽可能跑更长的距离,在跑时要记录跑的圈数和时间,并计算所跑的实际距离。12min 跑的理论根据是当人体达到最大心输出量的运动强度时,训练效果最好。如果以脉搏数为指标,那么用接近极限运动时的脉搏次数(MHR)减去安静时脉搏数(RHR),然后乘以 70%,再加上安静时脉搏数,此时的运动量最适宜。假设前者为每分钟 200 次,后者为每分钟 60 次,计算方法为:$(MHR-RHR)\times 70\% + RHR = (200-60)\times 70\% + 60 = 158$ 次/min。在 12min 内尽力跑或跑出最大距离以后 3s 内的脉搏数应小于 180 减年龄数。只有脉搏数合格,跑出的距离才有效。评定标准见表 9-1。

表 9-1 库珀的 12min 跑评定法 单位:m

体力 距离\级别		30 岁以下	30～39 岁	40～49 岁	50 岁以上
极差	男	<1 600	<1 500	<1 400	<1 300
	女	<1 500	<1 400	<1 200	<1 000
差	男	1 600～1 999	1 500～1 799	1 400～1 699	1 300～1 599
	女	1 500～1 799	1 400～1 699	1 200～1 499	1 000～1 399
稍差	男	2 000～2 399	1 800～2 199	1 700～2 099	1 600～1 999
	女	1 800～2 199	1 700～1 999	1 500～1 799	1 400～1 699
好	男	2 400～2 799	2 200～2 599	2 100～2 499	2 000～2 399
	女	2 200～2 599	2 000～2 399	1 800～2 299	1 700～2 199
极好	男	>2 800	>2 600	>2 500	>2 400
	女	>2 600	>2 400	>2 300	>2 200

(三)台阶试验指数

台阶试验指数是反映人体心血管系统机能状况的重要指数。台阶试验指数值越大,则反映心血管系统的机能水平越高,反之亦然。

测试方法:使用台阶(基于性别、年龄不同,台阶高度也不同,我国成年男子台高 30cm,成年女子台高 25cm)、秒表和节拍器(频率为 120 次/min)或台阶试验仪测试。测试时,受试者直立站在台阶前方,按照节拍器发出的提示音做上下台阶运动。当节拍器发出第一声时,一只脚踏上台阶,第二声时,另一只脚踏上台阶,双腿伸直,第三声时,先踏上台阶的脚下台阶,第四声时,另一只脚下台阶,连续重复

3min 后,受试者立刻静坐在椅子上,记录运动停止后 $1\sim1.5$min,$2\sim2.5$min,$3\sim3.5$min 的 3 次脉搏数。如果受试者 3 次不能按照节拍器发出的节奏完成上下台阶或不能坚持运动,应立即停止运动,记录运动持续时间,并以同样方法记录 3 次脉搏数。最后,以下面公式计算台阶指数(心血管疾病患者,不得进行此项测试):

台阶试验指数=[踏台上下运动的持续时间(s)×100]/[2×(3 次测定脉搏数和)]

我国大学男生、女生使用的台阶高度分别为 40cm,35cm。《国家学生体质健康标准》中大学男生评分标准为,台阶试验指数 67 以上优秀、$53\sim65$ 良好、$46\sim52$ 及格、45 以下不及格。大学女生各测试项目评分标准中,台阶试验指数 60 以上优秀、$49\sim59$ 良好、$42\sim48$ 及格、41 以下不及格。中国 $20\sim59$ 岁成年人台阶指数评分标准见表 9 - 2。

表 9 - 2 中国 20～59 岁成年人台阶指数评分标准

年龄段	性别	1 分	2 分	3 分	4 分	5 分
20～24 岁	男	42.1～46.1	46.2～52.0	52.1～58.0	58.1～67.6	＞67.6
20～24 岁	女	40.9～46.1	46.2～52.2	52.3～58.0	58.1～67.1	＞67.1
25～29 岁	男	42.1～46.1	46.2～51.9	52.0～58.3	58.4～68.1	＞68.1
25～29 岁	女	40.7～46.8	46.2～53.2	53.3～59.1	59.2～68.6	＞68.6
30～34 岁	男	41.4～46.1	46.2～52.2	52.3～58.3	58.4～68.1	＞68.1
30～34 岁	女	39.5～47.0	47.1～53.7	53.8～59.9	60.0～69.1	＞69.1
35～39 岁	男	41.3～46.1	46.2～52.2	52.3～58.7	58.8～68.1	＞68.1
35～39 岁	女	37.0～46.8	46.9～53.8	53.9～60.3	60.4～69.7	＞69.7
40～44 岁	男	37.8～46.5	46.6～53.5	53.6～59.9	60.0～70.2	＞70.2
40～44 岁	女	31.5～46.8	46.9～54.8	54.9～61.5	61.6～71.3	＞71.3
45～49 岁	男	35.5～46.3	46.4～53.5	53.6～60.3	60.4～70.2	＞70.2
45～49 岁	女	30.0～46.8	45.7～54.4	54.5～61.5	61.6～71.3	＞71.3
50～54 岁	男	31.5～46.3	45.9～53.5	53.6～59.9	60.0～69.7	＞69.7
50～54 岁	女	27.9～43.8	43.9～54.1	54.2～61.5	61.6～71.3	＞71.3
55～59 岁	男	29.9～44.7	44.8～53.2	53.3～59.9	60.0～69.7	＞69.7
55～59 岁	女	27.3～39.8	39.9～52.8	52.9～60.3	60.4～70.2	＞70.2

第三节　发展有氧耐力的方法与手段

一、发展有氧耐力的方法和运动处方

(一)发展有氧耐力的方法

适宜运动负荷量和强度,即在最大限度利用机体有氧代谢系统使其处于最大应激状态下进行锻炼,才能有效地提高机体心肺耐力。目前,用于发展心肺耐力的训练方法主要有持续训练法、乳酸阈强度训练法和间歇训练法。

1. 持续训练法

持续训练法是指强度较低、持续时间较长且不间歇地进行训练的方法,主要用于提高心肺功能和发展有氧代谢能力。相关研究认为,对于发展有氧代谢能力来说,总的工作量远比强度更为重要。由于机体内脏器官的机能惰性较大,需在运动开始后约 3min 才能发挥最高机能水平。因此,为发展有氧代谢能力而采取的训练,练习时间要在 5min 以上,甚至可持续 20~30min。长时间持续运动可对人体生理机能产生诸多良好的影响,主要表现在:能提高大脑皮层神经过程的均衡性和机能的稳定性,改善参与运动的有关中枢间的协调性,并能提高心肺功能及最大摄氧量,使慢肌纤维出现选择性肥大,肌红蛋白也有所增加。因此,对于提高健康体适能心肺耐力者应以低强度的匀速持续锻炼为主。

2. 乳酸阈强度训练法

乳酸阈强度是发展心肺耐力和有氧耐力训练的最佳强度。以乳酸阈强度进行耐力训练,能显著提高机体的有氧工作能力。目前,在中长跑、自行车、游泳及划船等训练中,已广泛采用乳酸阈强度进行训练。有氧耐力提高的标志之一是个体乳酸阈提高。由于个体乳酸阈的可训练性较大,有氧耐力提高后,其训练强度应根据新的个体乳酸阈强度来确定。一般而言,无训练者以 $50\%V_{O_2\max}$ 的运动强度进行较长时间的运动,血乳酸几乎不增加或略有上升。经过良好训练的运动员可达到 $60\%\sim70\%V_{O_2\max}$ 强度,而优秀的耐力专项运动员(马拉松、滑雪)可以 $85\%V_{O_2\max}$ 强度进行长时间运动。这表明,运动员随训练水平的提高,有氧耐力也会明显提高。在具体应用乳酸阈指导训练时,常采用乳酸阈心率来控制运动强度。

3. 间歇训练法

间歇训练法是指在两次练习之间有适当的间歇,并在间歇期进行强度较低的练习,而不是完全休息。由于间歇训练对练习的距离、强度及每次练习的间歇时间有严格的规定,往往不等身体机能完全恢复就开始下一次练习,故对机体机能要求较高,能引起机体结构、机能及生物化学等方面较大的变化。因此本方法运用能否成功的关键是要根据不同年龄、不同训练水平及不同项目的特点,科学合理地安排每次练习的强度及间歇时间,适用于有一定训练基础的锻炼者。

(二)发展有氧耐力的运动处方

根据美国运动医学会有关的研究综合结论,改善有氧耐力的运动处方,应符合下列标准:

(1)运动形态:任何使用身体大肌肉群,可以长时间持续进行,且具有节律性与有氧形态的身体活动。例如,跑步、步行、游泳、溜冰、骑脚踏车、划船、越野滑雪、跳绳及多种耐力型的运动。

(2)运动强度:以脉搏数作为指标,运动时的每分钟脉搏数应达到最大脉搏数(可以用220减去个人的年龄作为预测)的70%～90%,这为合适的运动强度(我国学者认定的合适的运动强度为最大脉搏数的70%～85%)。如一位40岁的正常人,他的最大脉搏数预测值为180次,而他合适的运动强度应是运动脉搏数介于每分钟126次(180次×70%)与162次(180次×90%)之间。超出这个范围即表示运动强度不足或太大。

(3)运动持续时间:以70%～90%的运动强度持续进行20～60min。通常,持续时间需与运动强度配合,如果运动强度较弱,则持续时间相应延长;相反地,运动强度若偏强,则运动持续时间就可以缩短。但是,调整的范围必须控制在指定范围内。

(4)运动频数:原则上,每两天进行一次有氧运动。如果以周为作息单位,则至少实施三次,譬如每周的一、三、五或二、四、六规律进行。最多则是每天进行一次,但这不是绝对必要的,尤其必须慎防休息不足所引发的过度疲劳,或增加运动伤害的危险。

(三)个体有氧耐力运动处方的制订

每个锻炼者提高心肺耐力水平的运动处方通常包括三个阶段:起始阶段、渐进阶段和维持阶段。

1.起始阶段

许多人开始锻炼时热情饱满,期望值过高,结果造成锻炼初期运动量过大,导致肌肉酸痛和过度疲劳,以致影响个人坚持锻炼的信心。因此,在锻炼初期目标不宜过高。锻炼起始阶段最重要的是让机体慢慢适应运动,可根据不同适应水平持续2～6周。起始阶段的每次锻炼同样包括准备活动、锻炼模式(强度不应超过70%最大心率)和整理活动。起始阶段锻炼应注意以下几点:①在以某一强度锻炼时应比较轻松。②感觉不适时不要延长运动时间。③有疼痛或酸痛感时应停止运动，让机体充分恢复。

2. 渐进阶段

渐进阶段时间较长，持续 10～20 周。在这一阶段，锻炼的强度、频率和持续时间应逐渐增加。虽然每个人设置的目标不同，但锻炼频率应达到 3～4 次/周，每次锻炼的持续时间不短于 30min，强度应达到 70%～90% 最大心率。

3. 维持阶段

锻炼者通过 16～28 周的锻炼即进入维持阶段。锻炼者在这一阶段已经达到锻炼目标，没有必要再增加运动量，但怎样才能维持已有的锻炼效果，即多大的运动量可防止心肺适应水平的下降呢？维持心肺适应水平的主要因素是运动强度，若运动强度和锻炼时间都维持在渐进阶段最后一周的水平，以及锻炼频率降至 2 次 /周时，心肺适应水平也无明显降低；若保持渐进阶段的锻炼频率和强度，锻炼时间可减至 20～25min，心肺适应水平无明显降低。相反，在锻炼频率和时间都不变的情况下，强度减少 1/3 就可使心肺适应水平明显降低。因此在运动强度不变时，适当减少锻炼频率和时间仍然可保持锻炼效果。

二、发展有氧耐力的手段

发展有氧耐力多采用健步走、健身跑、长距离游泳等方式，一般负荷强度为最大负荷强度的 70%～85%，心率在 140～170 次/min。每次运动持续时间最少 15min，一般在 30min 以上。具体手段如下。

(一)健步走

"走"是人体最基本的运动技能之一，是人类进化的重要标志。日常生活中，人人都需要"走"。"走"能给人们带来很多的益处，每个人都希望"走"能够陪伴一生。走出健康、走出高质量的生活需要科学的指导。随着全民健身运动的深入开展，"健步走"作为一种科学有效的健身方法应运而生。

1. 健步走的概念和姿势

健步走是一项以促进身心健康为目的、讲求姿势、速度和时间的一项步行运动。通俗地讲，就是介于散步和竞走之间的一种健身运动。

健步走的姿势是在自然行走的基础上，躯干伸直，收腹、挺胸、抬头，随走步速度的加快，肘关节自然弯曲，以肩关节为轴自然前后摆臂，同时膝盖朝前，脚跟先着地，过渡到前脚掌，然后推离地面。健步走时，上下肢应协调运动，并配合深而均匀的呼吸，这样就可以走出节奏和韵律，走出矫健和轻盈，走出舒畅好心情。

2. 健步走的意义

从人体的形态结构来看,人更适宜于动,而不适宜于静。健步走可以强筋健骨,提高肌肉功效,抵抗骨质疏松;可以健脑益智,提高工作效率,延缓衰老,青春常驻;可以增强心肺功能,防治心、脑血管疾病;可以加速能量消耗,降低血脂,减肥瘦身,保持体形,增强自信;提高免疫力,预防疾病。对身体强壮者,健步走可以储蓄健康;对不同程度的患病者,适宜的健步走有益康复。

3. 健步走的实施

安全是健步走健康而广泛开展的前提和保证,在活动中要做到以下方面:

在准备以健步走锻炼身体之前最好检查身体(体检和简单的运动心肺功能测试);各种慢性疾病患者应遵医嘱,而且健步走时应有陪护,避免发生意外。

运动场地应选择空气良好、视野开阔、安全的场所,如操场和公园。尽量避免在车流量大的马路及人行道上健步走。

鞋要舒适合脚、柔软有弹性,以免在长时间快步走时造成身体伤害,如脚部受伤。

每次锻炼时在快步走之前应先用慢步走来热身,快步走之后要用中速走(每分钟 90～100 步)做整理运动。

在健步走的过程中保持适宜的运动量。走步速度快和持续时间长,总的运动量就大。运动强度可用心率快慢来监测。通常准备活动慢步走的心率为每分钟 100～110 次。快步走时心率约为最大心率的 70%(最大心率＝220－年龄),如 40 岁的人快步走时心率约为每分钟 126 次,60 岁以上约为 110 次。每天健步走的时间通常认为要持续 30～60min,约 3～5km,5 000～8 000 步,若一次坚持不下来,视身体情况分多次进行。通过 3～6 个月的健步走锻炼,身体运动能力很好的健走者争取达到每天走 1h,速度为 10 000 步/h。每周至少 4～5 次,持之以恒(见表 9-3)。要根据年龄和体质状况选择适宜的运动量,即适宜的健步走速度和持续时间,不同年龄的人群可根据自身情况合理安排(见表 9-3)。研究发现,对于大多数人而言,高于每分钟 120 步的健步走,对身体才有明显的锻炼效果。注意步幅不要太大,步幅太大会引起小腿和臀部肌肉酸痛,导致不必要的损伤。

另外,也有资料支持多种健步方法。①快速健步法,步行速度为 90～120 步/min,每次 30～60min。这种方法适合身体健壮的老人和慢性关节炎、胃肠病、高血压恢复期的患者。②反臂背向健步法。行走时把两手的手背放在后腰的命门,缓步背向行走 50 步,然后再向前行走 100 步。这样一退一进,反复走 5～10 次。这种步行法适合患有轻微老年痴呆症的人。不过,倒退行走时不能随时发现脚下道路、周围的人及车辆的情况,要特别注意安全。③摆臂健步法。步行时,两臂前后做较大幅度的摆动,每分钟行走 60～90 步。这种方法适合患有肩周炎、上下肢关节炎、慢性气管炎、肺气肿等疾病的老年人。④揉腹健步法,这是中医传统养生法。步行的时候,两手旋转按揉腹部,每分钟 30～60 步,每走一步揉腹一周,正转和反转交替进行,每次 3～5min。这种方法可以增强胃肠道的功能,有助于消化和吸收,适合有患胃肠疾病的老人。

表 9-3　各年龄组健步走运动处方

年龄 标准 周次	30 岁以下			30～39 岁以下			40～49 岁以下			50 岁以上		
	距离 /m	时间	每周 次数	距离 /m	时间	每周 次数	距离 /m	时间	每周 次数	距离 /m	时间	每周 次数
1	1 600	15′	5	1 600	17′30″	5	1 600	18′	5	1 600	18′30″	5
2	1 600	14′00″	5	1 600	15′30″	5	1 600	16′	5	1 600	16′30″	5
3	1 600	13′45″	5	1 600	14′15″	5	1 600	24′	7	1 600	16′	5
4	2 400	21′30″	5	2 400	14′	5	2 400	22′30″	7	2 400	24′30″	7
5	2 400	21′	5	2 400	21′15″	5	2 400	31′	10	2 400	23′	7
6	2 400	20′30″	5	2 400	21′15″	5	2 400	30′	10	2 400	22′30″	7

健步走锻炼的目的是使身体获得良好的运动适应能力,促进身心健康。只有坚持长期的健步走锻炼,才可以获得并保持良好的运动效果。人们加入到健步走活动中,就意味着走上了健康的身心之路。

(二)健身跑

健身跑运动处方被称为有氧代谢之王。其优点是安全省时,见效快,易控量,可随时随地进行。年轻人可选择强度大、时间短的健身跑;老年人由于体力较弱,选择强度小、时间长的健身跑运动方式。运动量和强度要慢慢增加,由于下肢承受力大,易引起膝痛。跑步时要掌握正确呼吸要领,两步一吸两步一呼或三步一个呼吸周期。一般采用鼻吸气用嘴呼气或口鼻间吸气呼气。

苏联医学博士、健身跑专家英特良斯卡娅和副博士叶鲁萨林姆斯基制订了一份四阶段健身跑计划,对跑步的距离、速度等都提出了科学具体的指标。该计划适合过去没有从事过系统体育锻炼的人群。第一阶段为快速走(见表 9-4)。开始可根据自我感觉走 300～500m 或更远,心率不应超过锻炼前的 50%。过一定时间后,根据自我感觉和心率恢复的程度,再延长 250～500m。经验证明,经过几个月的系统练习(一天两次),一天可以走 8～10km。开始步速较慢,每分钟 70～80

步,逐渐增加至中等速度,每分钟 90～100 步。每周可以有一天休息。第二阶段是结合跑的快速走(见表 9-5)。第三、四阶段都是持续跑,其方法及要求详见表 9-6、表 9-7,从表 9-4 至表 9-7 中可以充分了解四阶段中各阶段的运动量的大小。练习者可根据个人身体情况调整计划。如果运动量与练习者的身体状况相适应,那么,自我感觉会是良好的,心率应完全恢复或至少恢复到 75%。走或跑之前,应做简单的徒手操。如果是上午练习,早饭应少吃点;如果是下午练习,则可在饭后 1.5～2h 之后进行。

表 9-4 第一阶段 快速走

年龄/岁	阶段长短	距离/m	速度/(m·min^{-1})	心率/(次·min^{-1})
30～39	2 周	2 000	100	88～92
40～49	3 周	2 000	83.3	88～90
50～60	1 月	2 000	66.7～71.4	80～84

表 9-5 第二阶段 结合跑的快速走

年龄/岁	阶段长短	距离/m		速度/(m·min^{-1})	心率/(次·min^{-1})
		走	跑		
30～39	8 周	600～2 000	400～800	102～125	115～120
40～49	3 月	800～2 000	200～500	85.7～93.7	110～115
50～60	4 月	900～2 000	100～800	71.4～90.9	106～110

表 9-6 第三阶段 持续跑

年龄/岁	阶段长短	距离/m	速度/(m·min^{-1})	心率/(次·min^{-1})
30～39	13 周	2 000～5 000	125～166.7	130～135
40～49	3 月	2 000～5 000	100～125	125～130
50～60	3 月	2 000～3 500	90.9～107.2	120～125

表 9-7 第四阶段 持续跑

年龄/岁	阶段长短	距离/m	速度/(m·min^{-1})	心率/(次·min^{-1})
30～39	6 月	5 500～10 000	171.5～200	150～155
40～49	5 月	5 500～8 000	130.4～158.0	144～148
50～60	4 月	2 000 以上	90.9～107.2	120～125

（三）跳绳运动

跳绳是一种老少皆宜的健身运动。小学生在体育课就学习了跳绳,而青少年、成年人及经常锻炼身体的健康老年人也都可以采用跳绳来健身。只是有急慢性疾病,如膝和足关节、心血管和呼吸系统疾病的人不适宜,可采用其他健身方法配合医药治疗,治愈后可酌情考虑。但是老年人采用跳绳健身要慎重,长年不锻炼者、身体素质不好又有老年疾病者不要用跳绳锻炼。经常锻炼的老年人,一定要结合自己的身体情况选择采用。

1. 跳绳运动的作用

跳绳运动是有氧运动,可以加强身体的新陈代谢,及时把人体所需的氧气和营养物质输送到身体的各个部分,又把代谢产物排出体外,在这过程中同时增强了呼吸、心血管和其他系统的机能。如,提高肺活量、增加心脏搏出量储备、心率储备和降低安静时的心率等。跳绳运动能增强抵抗力,像对骨质疏松、高血脂、糖尿病、高血压等各种慢性疾病都会有一定的效果,同时也能调节各种心理状态。

跳绳运动可以提高人体的肌肉力量、速度、耐力、灵敏和协调能力。跳绳的摇绳可以提高肩关节、上臂、前臂和手腕的力量;跳跃时能提高颈椎、躯干、髋关节、膝关节、足关节和相关肌肉韧带的力量;保持较长时间的连续跳绳,可以发展身体的耐力;跳绳要想省力,想跳双摇、三摇和各种花样,身体就要灵敏,全身要协调配合才能做到,经过一段时间的各种跳绳练习,身体的灵敏和协调能力就会得到提高。

跳绳达到一定的运动量和一定的运动时间可以减肥。这与快走、慢跑、游泳、健美操和爬山等健身方法减肥的道理是一样的。如体重 60kg 的人,每分钟跳 115 次,坚持 10min,消耗 712kJ 的热量。这样,可根据每天准备要消耗的热量,制订减肥计划,确定跳绳的运动量。

2. 跳绳运动的技术要点

跳绳可以无师自通。但是要想跳好,需要掌握正确合理的跳绳技术。跳绳时,身体放松自然直立,两眼前视,两手握着绳的两端,两臂垂直靠近身体两侧,把跳绳放在身体的后面。开始跳时,主要是手腕和前臂用力,将绳从身后向身前摇,接近双足(双脚跳绳)或单足(单脚跳绳)时起跳,或是像慢跑一样,让跳绳通过足底,然后双膝和足微屈,身体缓冲落地,完成一次,这样重复连续进行。

跳绳时也可以把绳子放在身体的前面,反向摇绳跳。双摇是起跳一次摇两次跳绳,三摇是起跳一次摇三次跳绳。跳单摇时,两臂在身体前面交叉,再跳过绳子,这就是编花跳绳。还可以前后带人一起跳绳,还可以集体跳绳,两个人各持绳的一端摇绳,其他人可以跑过或跳绳,也可以进行各种花样跳法。跳绳的娱乐性很强,还可以组织个人和集体的各种跳绳比赛活动,丰富人们的业余生活。

3.跳绳运动的负荷安排

跳绳的运动量要因人而异,可根据年龄、性别和身体状况而定。跳绳的强度相对比较大,不经常锻炼的人,一定要循序渐进,适应了以后,再进行比较正规的锻炼。刚开始,以 100 次/min 左右的速度跳 1～2min,然后休息约 3min,再跳一次,可以跳 3～5 次。经过 1 个月左右(因人而定),技术熟练了,身体适应了,再增加运动量。速度可增加到 110 次/min,时间增加到 3～5min,跳 3～5 次。这样经过几个阶段,逐渐调整运动量,就可以根据自己能承受的速度,连续跳 10min,15min 或更长的时间。这样每次可以锻炼 30min 或更多的时间。每周最少练习 3 次。经常锻炼的人,开始就可以进行较长时间的跳绳。但是,每次跳完后,都要测即刻心率,心率要控制在最大心率的 70%～85% 范围内。锻炼后 30min 或更长一点时间疲劳可以消除。锻炼后,食欲好、睡眠好、精神愉快或是比以前有所改善,都表明运动量比较合适。

4.跳绳运动的器械及安全提示

跳绳的场地要求不大,个人跳几平方米就足够,集体跳绳需要有一定的空间。场地要平整,硬度要适中,最好是松软土地或地板。松软土地上不要有小石块,以防硌脚,一般不在硬的水泥地上跳,以防伤病。

跳绳的材质有棉绳、胶绳、塑料绳、丙纶绳和皮跳绳等。绳要中间细两端粗、中间轻两端重,这样有利于摇绳和做各种复杂的动作。跳绳合适的长度:两手握住跳绳的两端或把手,两脚并拢踩在跳绳的中间,两大小臂弯曲可呈 90°。集体跳的绳要再长一些。

跳绳时一定要注意,先要做好准备活动。要穿运动鞋,不要穿带后跟的鞋。要穿运动服,以免妨碍动作。各个关节一定要活动开,尤其是膝和足关节,这是容易出伤病的地方。膝与足关节受伤主要是脚落地时膝和足关节缓冲不够、场地不平整、绳子绊着脚或是跳的时间太长疲劳造成的。运动时出现头晕、恶心等身体不适症状时,要立刻休息,或找医生治疗,以免发生意外。

(四)其他有氧耐力运动处方

(1)游泳处方:游泳是全身运动,能促进全面发展,提高力量,使身体匀称。由于水阻力比空气阻力大 820 倍,更有助于肌肉锻炼。在水中锻炼比在陆上锻炼消耗更多热量,经研究,肥胖者每天不增加饮食,游泳 30min 就可以减肥。

(2)爬楼梯处方:1990 年美国报道爬楼梯是发展很快的有氧健身运动。现代社会中电梯、汽车代步,体力活动减少,心脏病增多。美国博士研究调查,登一级楼梯可延长生命 4s。一星期登 5 000 级(每天 714 级,相当于上下 6 层楼 3 次),死亡率比不运动低 1/3。爬楼梯的能量消耗比静坐多 10 倍,比散步多 3 倍,比步行多

1.7 倍,比打乒乓球多 1.3 倍,比打网球多 1.5 倍,比骑自行车多 1.5 倍。6 层楼跑 2～3 次相当于 800～1 500m 运动量。进行爬楼梯或楼梯机锻炼必须以身体健康为基础,因为爬楼梯属于较剧烈的运动,在锻炼时更要循序渐进,应以中等强度为主,不感非常吃力为度。一般不要采用比赛形式,对于老年人更是如此。

(3)自行车处方:自行车运动可以提高心肺功能,锻炼下肢力量和增强耐力。运动开始要注意运动强度的安排,一般控制在最大心率的 70%～85%,随着锻炼的深入逐渐增加运动强度。从事自行车运动要注意安全,配备必要的骑行装备,掌握正确姿势和骑行技术,切记不要高速冲坡,以免造成不必要的伤害。

另外,健身操也是发展有氧耐力的常见项目。锻炼者坚持每天做 30～40min,练习由易到难,并伴随音乐进行,以达到身心愉快、健身健美的目的。

第十章　体育锻炼与速度素质

【内容提要】

速度素质是人体的基本身体素质之一。体适能理论认为,速度素质属于竞技体适能的范畴。青少年处于身体健康成长的重要期,适当发展速度素质对于提高青少年的体质健康是必要的,也是可行的。而对于中老年则只要保持适度的速度素质就可以了。可见,速度素质对于不同群体的发展目标是不同的。本章介绍速度素质的概念、影响因素以及提高方法。

【关键词】

速度素质　反应速度　动作速度　位移速度　方法与手段

静止便是死亡,只有运动才能敲开永生的大门。

——泰戈尔

第一节　速度素质及其影响因素

一、速度素质的概念和作用

(一)速度素质的概念

速度素质是指人体进行快速运动的能力或以最短时间完成某种运动的能力。速度素质是人的基本身体素质之一。按其运动表现可分为反应速度、动作速度、位移速度三种形式。

反应速度是指人体对各种信号刺激发生快速反应的能力,如短跑运动员的起跑反应等。它以神经过程中的反应时为基础,反应时短,则反应速度快;反应时长,则反应速度慢。

动作速度是指人体快速完成某一动作的能力,如跳跃运动员的踏跳速度,投掷运动员器械出手的速度等。

位移速度是指在周期性运动中,单位时间内人体快速移动的能力,如各种跑、游泳等。

反应速度、动作速度、位移速度三者之间既有联系，又有区别。特别是在内部机制方面，反应速度和动作速度、位移速度具有较大的差异，前者着重表现在神经活动方面，而后者则着重表现在肌肉活动方面。

（二）速度素质的作用和意义

速度素质是人体的基本身体素质之一，在身体锻炼与体育训练竞赛中占有重要地位。球类运动等多种运动项目中，速度都起着重要的作用。尤其对于竞技运动项目，速度训练几乎与所有运动项目有关。

速度素质是决定运动成绩的重要因素。在体育比赛中，有些项目的比赛成绩直接受到速度素质的制约，如田径中的短跑、短距离游泳、划船、自行车、滑冰、滑雪等项目本身就是比拼运动员快速运动的能力。还有一些项目，虽然本身不是速度较量，但速度素质的好坏对运动成绩有直接影响，如跳远的助跑初速度决定了这些项目的运动成绩。球类运动中的快攻与快防，突然起动，快速改变方向，及时堵、截、抢、断等都要求速度领先一步，方能取得主动。

速度素质是重要的身体素质之一，它是衡量身体训练水平、竞技能力高低的客观依据。速度素质直接反映运动过程中的效果，提供改进技术、提高运动成绩的客观数据。竞技体育技术动作大多要求快速完成，良好的速度素质有助于运动员更好地掌握合理而有效的运动技巧。

速度素质练习不仅能提高人体的快速运动能力，而且能提高人体中枢神经过程灵活性及兴奋性的转换能力，提高人体三磷腺苷和磷酸肌酸的储存量，促进供能能力的提高及改善代谢过程。

速度素质不但是某些运动项目选材的客观依据之一，而且良好的速度素质对其他身体素质发展有着积极的影响。肌肉快速收缩能够产生更大的力量，高度发展的速度素质又能为耐力的发展提供更大的空间。

因此，速度对于体育竞技项目的作用是重要和积极的。通过一定的方法提高运动员的速度素质，对发展运动员的快速运动能力有积极的意义。但对于普通锻炼人群而言，保持适度的速度素质即可。尤其是中老年人群，在速度素质锻炼时一定要保持适度的强度。

二、影响速度素质的因素

（一）影响反应速度的因素

反应时是决定反应速度快慢的基础。反应时也称反应潜伏期，是指人体接受刺激与做出肌肉动作之间的应答时间。反应潜伏期的存在涉及以下过程:首先,某些感觉器官被刺激而唤起兴奋;其次,兴奋沿传入神经传到中枢;第三,一旦兴奋冲动传到大脑中枢,就要根据过去的经验进行分析,刺激方式越复杂,在中枢分析的时间就越长;第四,沿着传出神经,把中枢所发出的冲动传到相应的肌肉群;最后,肌肉根据刺激的特点与要求,做出相应的回答。整个过程兴奋都有时间延搁,其中以在大脑皮层内延搁的时间最长。

由于反应潜伏期具有以上特征,所以反应时间的长短主要取决于以下因素:

(1)感受器(视、听、触觉等)的敏感程度。感受器越敏感,越能缩短对各种信号刺激的感受时间。感受器的敏感程度在相当程度上受到注意力集中程度与指向,以及感受器疲劳程度的制约。如射击运动员长时间地进行瞄准练习后产生视觉疲劳,反应时就会延长。

(2)中枢神经系统机能。中枢延搁是大脑中枢对刺激信号分析的结果。刺激信号的选择性越大,反射活动就越复杂,历经的突触也越多,分析的时间也就越长。中枢对刺激信号的分析时间主要和两个因素有关:其一是中枢神经系统的兴奋性,其二是条件反射建立的巩固程度。例如,中枢系统兴奋性高时反应时就缩短,疲劳时反应时则延长。又如,随着动作技能的日益成熟,反应时就会明显缩短。简单反应时平均可以缩短 11‰～18‰,而复杂反应时则平均可以缩短 15‰～20‰,并且反应的稳定性也有很大程度的提高。

(3)效应器(肌纤维)的兴奋性。有材料表明,肌肉紧张时比放松时反应时要缩短 7‰左右,另外,肌肉疲劳时反应时间明显延长。

根据以上分析,注意力的集中程度与指向,疲劳程度与反应过程的巩固程度对反应速度有相当大的影响,在反应速度的锻炼中要引起充分的重视。

(二)影响动作速度、位移速度的因素

动作速度与位移速度的主要特点都是通过肌肉系统最大限度的快速活动形式,在最短的单位时间内完成动作。由于人体肌肉活动的形式与质量受到形态、生理、心理、力学和技术等方面的影响,所以影响动作速度、位移速度的因素也表现为多方面。

1.人体形态

人体形态对速度的影响,主要在于四肢的长度。在其他条件相同的情况下,上、下肢的长度与该部位的运动速度成正比。上、下肢的长度越长,该部位的运动速度就越快。人体四肢的运动形式是肢体绕关节轴的运动,效应部位(手或脚)离轴心的距离越远,运动速度就越大。拳击和击剑运动员手臂越长,出拳与出剑的速度就越快,径赛运动员下肢的长度也是影响运动成绩的重要因素。因此,对运动速度要求较高的体育竞技项目,都把人体形态作为一个重要的选材指标。

2.神经活动过程的灵活性

神经活动过程的灵活性主要指运动神经中枢兴奋与抑制之间快速转换的能力以及神经与肌肉之间的协调能力。人体部位各种形式的快速运动,都是神经中枢活动高度协调的表现。只有这种高度协调,人体才能保证在快速运动时,迅速地动员所有必要的肌肉协作参与活动,并抑制对抗肌的消极影响,发挥出最高速度。另外,神经活动过程的灵活性不仅能影响肌肉的猛烈收缩,而且对肌肉随意放松的能力也有直接作用。随意放松肌肉是神经中枢适度抑制的结果。人体在发展位移速度时,如果能充分放松肌肉,就能较长时间维持高速运动。

中枢神经系统兴奋与抑制转换的持续时间,与转换速度的快慢有关,转换速度越快,转换持续时间越短。在进行高速度活动时,中枢神经很快就会疲劳,从而降低运动速度,甚至会使运动完全停止。因此,发展最高速度时,要考虑中枢神经系统的特点,时间不能过长。否则,适得其反。

3.力量与技术发展水平

在许多运动项目中,力量与技术发展水平因素是影响动作速度和位移速度的重要因素。从力学公式中可以知道,力量等于人体质量与加速度的乘积,力量是引起人体加速度的原因,力量越大则加速度也越大,加速度越大,人体运动速度就越快。由于人体质量与人体加速度成反比,故要最大限度地提高人体加速度,对力量的要求更偏重于相对力量。相对力量越大,肌肉就能越容易克服内、外部阻力,产生快速的收缩速度。

另外,动作速度和位移速度往往也要受到技术的影响,运动员的快速能力在很大程度上取决于完善的运动技术。动作的幅度与半径大小、工作距离的长短与时间、动作的方向、角度及部位等均与速度的快慢有密切关系。合理、有效的技术可以通过缩短运动杠杆,正确调整重心,有效地使用能量等作用而快速完成动作,并能使动作完成得更省力、更协调。

4.肌纤维的类型和肌肉用力的协调性

肌肉的快速收缩是速度素质的基础。从肌肉的结构来说,人体骨骼肌分为快肌纤维(白肌纤维)、慢肌纤维(红肌纤维)和中间型纤维三种。快肌纤维主要靠糖酵解供能,并具有较高的脂肪、三磷腺苷和磷酸肌酸含量,但活动时容易疲劳。在不同的人体内,快、慢肌纤维所占的百分比是不同的,这种百分比受遗传影响,后天不可能相互转化,只能通过中间型肌纤维的作用进行功能上的代偿。人体肌肉中快肌纤维百分比越高,快速运动的能力也越强。例如,速度性项目优秀运动员的快肌纤维比耐力性项目运动员多得多。世界大赛短跑项目的前几名基本上都是黑人,原因也是黑人的快肌纤维百分比比其他人种高的缘故。

另外,良好的肌肉弹性以及主动肌和对抗肌之间的协调交替能力也是实现快速运动、准确完成动作的重要保证。关节的柔韧性对大幅度完成动作(如步幅)的作用十分明显,这对要求快速奔跑的项目十分重要。因此,在发展速度(特别是位移速度)的过程中,安排适量的柔韧练习,对速度素质的提高有积极意义。

5.肌肉中能量物质的储备与能量物质分解以及再合成的速度

肌肉收缩的速度首先决定于肌纤维中动用化学能的速度与强度以及化学能转变为收缩机械能的速度与强度。这在很大程度上取决于兴奋从神经向肌肉传导的速度与强度,以及取决于释放和分解三磷腺苷的数量和速度。因此,速度素质与肌肉中三磷腺苷的含量有关,与神经冲动传入肌肉时三磷腺苷的分解速度有关。

其次,快速能力是以肌肉收缩和舒张的迅速转换为前提的。要使肌肉舒张,并能进行下一次收缩,必须使它收缩时消耗的三磷腺苷有比较完全的恢复和再合成。如果三磷腺苷完全耗尽,肌肉就不能继续工作。因此,速度素质又取决于肌肉收缩间歇中三磷腺苷再合成的速度。肌肉快速收缩时,三磷腺苷的再合成是靠肌肉中的磷酸肌酸分解释放出能量来完成的。磷酸肌酸也是速度素质的物质基础。人体快速运动的能力越强,肌肉中磷酸肌酸的含量就越高,同时肌肉中糖酵解的活动能力也越强。同样,速度训练除了能增大三磷腺苷的再合成能力外,还能增加肌肉中能量物质的储备和能量物质迅速被利用的能力。

6.注意力的集中程度

动作速度、位移速度除受上述因素影响之外,还和运动员注意力的集中程度有很大关系。注意力的集中程度实际上是一种心理定向能力。这种能力不仅能影响中枢神经系统兴奋与抑制快速转换的速度,而且对肌肉纤维的紧张程度与收缩效果有重大作用。

另外,注意力集中程度的作用还表现在人体对快速随意运动的感觉与控制,这对发展人体快速能力是十分重要的。因此,在发展速度素质练习中,对运动员注意力的要求千万不能忽视。此外,运动员是否有勇敢顽强的精神,是否有坚定不移的意志以及果断的性格,能否保持适度的兴奋和稳定的情绪等心理素质,这些都是影响运动员速度素质的提高和发展的重要因素。

除上述影响速度素质的内在因素外,速度素质的提高还受到一些外部因素的影响,如气候、温度、环境等。这一切在发展速度素质的过程中都应引起充分的重视。

第二节　发展速度素质的方法与手段

一、发展速度素质的锻炼基点

要发展速度素质,需要在以下方面加强锻炼:

1. 提高动作速度的锻炼

大脑皮质神经过程的灵活性是实现高频动作的关键因素。为了改善和提高神经系统的灵活性,可采用变换各种刺激信号让练习者及时对其做出反应的练习,也可以做各种高频率动作的练习,如牵引跑等。这些练习均可提高神经过程的灵活性,使练习者在保持适当步长的前提下发展步频。

2. 发展磷酸原系统供能的能力

速度性练习是强度大、时间短的无氧训练,主要依靠磷酸原系统供能。因此,速度训练应着重发展磷酸原系统的供能能力。一般常用的方法是重复训练法,用30~60m 或 10s 以内的短距离反复疾跑,来发展磷酸原系统的供能能力。

3. 提高肌肉的放松能力

肌肉的协调放松能力对提高速度素质具有重要意义。研究表明,肌肉放松练习对力量及速度素质的发展都有良好的影响。这种练习不仅可减少肌肉收缩时的阻力,而且有利于三磷腺苷的再合成及速度素质的提高。

4. 发展腿部力量及关节的柔韧性

腿部力量及关节的柔韧性对发展步长是十分重要的,因此在短跑训练中应重视腿部力量及关节的柔韧性练习。腿部力量练习除利用杠铃等举重器械进行训练外,还可通过蛙跳、单腿连续跳、上坡跑及负重跑等方式进行练习。

二、发展反应速度的方法和手段

(一)发展反应速度的方法

反应速度的练习包括简单反应速度的练习和复杂反应速度的练习。简单反应速度练习的特点是通过练习尽量缩短感觉(视、听、触)—动作反应的时间。复杂反应速度练习的特点则是尽量缩短感受(视、听、触)—中枢分析选择判别—动作反应的时间。

1. 简单反应速度的练习

在体育运动实践中,简单反应速度往往受到中枢神经系统的兴奋程度,注意力的集中程度,肌肉组织的准备状态,动作技术的掌握程度,对信号特征、时间特征的感受与辨别能力,遗传因素等的制约。如果要把简单反应速度提高到一定程度,就必须针对上述原因(除遗传因素)采用相应的方法与手段。

简单反应速度练习的方法一般有以下几种:

(1)完整练习法:利用已经掌握的完整的单个动作或组合动作,尽可能快地对突然出现的信号或突然改变的信号做出应答反应,以提高反应能力。例如,反复完成蹲踞式起跑,对快速运动目标作出迅速反应等。

(2)分解练习法:由于简单动作反应是通过具体的、有目的的运动动作及其组合来完成的,因此采用分解练习能充分利用动作速度向简单反应速度转移效果。分解练习是相对完整练习而言的,就是分解回答反应的动作,使之处于较容易或更为简单的条件,提高分解动作的速度来提高简单反应速度。比如,人体采用蹲踞式低姿起跑较站立式高姿起跑,反应时间要慢,这是因为在蹲踞式起跑时,人体的手臂支撑着较大的体重,要较快离开支撑点是困难的。因此可进行分解练习:先用高姿起跑或手扶其他物体的形式,单独练习对起跑信号的反应速度,然后再逐步过渡到低姿起跑练习,这样将会取得好的练习效果。

(3)变换练习法:通过改变练习的形式让人体在变化的情况下完成练习。改变练习的形式主要包括两方面内容。第一,改变对刺激信号的接收形式,如由视觉接收的刺激信号改变成听觉触觉的形式。第二,改变回答反应的动作形式。利用变换练习,既能有效地提高人体各感受器的功能和缩短简单反应的时间,又能提高练习积极性避免兴奋不必要的扩散,提高训练的效果。

另外,人体的注意力指向与反应速度能力有关。在练习中应要求运动员把注意力集中在将要进行的动作上,因为注意力集中在动作比集中在信号反应速度要快一些。注意力的指向和肌肉紧张有关。注意力集中在动作上,完成该动作有关的肌肉群紧张就会升高,从而加快动作的完成。

2.复杂反应速度的练习

复杂反应在运动中大部分属于选择反应。选择反应一般包含两种形式。一是对移动目标的反应,即指对运动客体的变化做出反应;二是选择动作的反应,主要指根据对手动作变化做出相应动作反应。因此,复杂反应速度的练习也包括移动目标练习和选择动作练习。

(1)移动目标练习法:对移动目标产生反应并作出选择,一般要经历四个阶段。如对球类运动中的运动客体——球——的反应,首先要看到球,二是判断球的速度与方向,三是选择自己动作的方案,四是实现这个方案。这四个阶段组成了复杂反应过程,整个过程时间一般为 $0.25\sim1s$。实践表明,前两个阶段的时间大约要耗费整个反应时间的一半以上。就是这两个阶段中,时间分配也不平均,绝大部分时间用在第一阶段,第二阶段只占极少部分,约 0.05s。因此,移动目标练习中要特别考虑到反应时间分配的特点。

首先,要重视视觉观察移动物体能力的练习。通过不同的位置、方向和以不同速度的传球,这种能力可以得到提高。不过在练习中要注意注意力的指向与分配。其次,加强"预判"能力的培养,培养在视野内预先"观察到"和"盯住"运动物体,以及预先确定运动物体可能移动的方向和速度的能力。这种能力要在技术和战术动作的提高过程中得到相应的提高。再次,有意识地引入和增加外部刺激因素,如可以在专项训练练习时增加球的数量,采用球类游戏法练习,安排一对二的训练等。还可采用带有程序设计装置的练习器和其他专门设备,如乒乓球、排球发球机,射击移动靶等。

(2)选择动作练习:根据对手动作变化作出相应的动作反应是人体反应与专项运动密切相结合的一种形式。这种练习专项化程度很高,但对专项运动的作用却十分明显。选择动作练习内容包括两部分。其一,在专项训练练习中使需要选择的情况复杂化。例如,在练习中提供更多的需做出反应的动作。由此增加反应过程中的选择面和难度,促进中枢神经系统的分析辨别能力,缩短反应的时间。其二,练习中努力指导运动员合理利用对手可能作出动作变化的"预先信息"。这种预先信息可从观察对手的姿态、面部表情、眼神、准备动作、总体风格中得到。一旦能准确意识到对手可能采用的动作变化,就可以快速、准确地选择相应的动作来应答。

(二)发展反应速度的练习手段

1.听到信号后做各种快速反应的动作练习

主要练习有:听信号起动加速跑,慢跑中听信号后突然加速冲跑 10m;原地或行进间的小步跑或高抬腿跑,听到信号后突然加速冲跑 10～20m;反应突变练习:练习者听各种信号做各种滑步、上步、交叉步等移动、转身、急停、接球、上步垫球等模仿练习;听口令做对应的相反动作:叫立正练习者做稍息,叫向左转练习者做向右转;等等。以上练习可以重复进行。

2.分组练习反应速度

伙伴数字组合:练习者绕圈跑,听教练口令,几人组合,练习者即几人成组,不符合组合人数者为失败,失败者罚做俯卧撑、高抬腿等练习或表演节目;追逐游戏:两人相距 2m 面向站立,根据教练规定哪队是单数哪队是双数(或其他信号),听教练口令发出是单数还是双数(教练叫一个数字),按事先的规定(叫到单数,单数跑或追),一队跑一队追,在 15～20m 左右距离内追上为胜,追不上为败;起动追拍:两人一组前后相距 2～3m 慢跑,听到信号开始加速跑,后者追前者,追上并拍击他背部就停止,要求在 20m 内追上有效。也可在追赶时,教练发出第二个信号,让其后转身互换追赶。

3. 带器械练习反应速度

猎人与野鸭:把游戏者分成"猎人"和"野鸭"两队。猎人站成一圆圈,相互间隔两臂长,猎人脚前划一大圆圈(圈的大小根据人数的多少确定)。野鸭站圈内,1 至 2 名猎人手持排球。猎人在圈外用球掷野鸭,被击中的野鸭退出游戏,野鸭在圈内闪避来球。猎人可以用传球袭击野鸭,直至野鸭打尽。然后再互换角色。规则要求猎人不能进圈,不能击野鸭头部。抢球游戏:用实心球围成一个圆圈,球数比练习人数少一,游戏开始练习者绕球圈外慢跑,听到信号各人就近抢球,谁没有抢到被淘汰,并去掉一球继续进行,每进行一轮成功者得一分,看谁得分多为胜。

三、发展动作速度的方法和手段

(一)发展动作速度的练习方法

动作速度寓于具体的动作之中。在动作速度的练习中,基于体育运动项目要求不同,动作速度练习的任务和内容也有区别,因此,动作速度和动作技术的完善程度紧密联系在一起。另外,动作速度直接受到力量、柔韧、灵敏等其他身体素质发展水平的制约,所以动作速度的练习与其他素质的发展也密切有关。动作速度的培养,必须通过技术水平的巩固与提高,以及有关身体素质的发展才能实现。

1. 完善技术练习

动作速度的提高,在很大程度上取决于完善的动作技术,因为动作幅度大小、工作距离长短、工作时间多少以及动作的方向、角度与部位等都与动作速度大小有着极为密切的关系。其次,在技术练习中,人体协调性会得到相应的提高。那么完成动作时,人体各肌肉群之间,肌肉活动与内脏活动之间,各内脏活动之间就会表现出同时或前后配合协作一致的现象,这将有利于在发展动作速度时最大限度地减少人体内部的阻力(如被动肌肉群的阻力、人体运动时内脏器官的阻力等),从而提高动作速度。

2. 利用助力练习

利用助力练习指在动作速度练习中,利用外界自然条件的助力和人为因素的助力来发展动作速度。外界自然条件的助力是指利用风的方向或水的流向,如自行车锻炼者顺风骑、短跑锻炼者顺风跑和游泳锻炼者顺水游等。这种方法对提高动作速率既经济又有效。人工因素的助力可分为机械助力和人为助力,机械助力是由专门机械设备的牵引形成的,如摩托车的牵引、牵引机的牵引等。人为助力是他人直接或间接施加给锻炼者与运动相同方向的力,帮助运动员提高动作速率或完成某一技术环节的动作速度。如短跑项目一带一、快带慢的牵引跑等。不论是哪一种助力形式,运用时都应循序渐进。以提高动作速率为主的练习,助力应逐渐加大;以提高单个动作为主的练习,助力应逐渐减小。

3.利用后效作用练习

利用后效作用练习是利用动作加速和器械质量变化而获得的后效作用来提高动作速度。如利用下坡跑可获得加速的后效作用等。这是由于在第一次动作完成后,神经中枢剩余的兴奋在随后动作过程中仍然保持着运动指令,从而可以大大缩短动作进行的时间,提高动作速度。但是,这种后效作用的产生取决于负荷的大小和随后减轻的情况,以及练习质量的重复次数和不同质量的练习交换次数与比例。例如,在同一次课中,把3种质量的速度练习组合在一起,顺序安排应是加重—标准—减轻。在短跑练习中应该是上坡跑—水平跑—下坡跑。这种由重到轻的安排就是要利用动作的后效作用。

4.加大难度练习

加大难度练习主要是通过缩小练习完成的空间与时间界限,用特定的要求来促使动作速度的发展。如球类小场地快速完成练习。因为运动活动中动作速度表现的平均水平和快速动作的完成,在相当程度上受专项活动持续时间和活动场地等影响,因此,在动作速度的练习中,限制练习的时间、空间条件,使运动员以最大速度完成动作,从而提高训练效果。

(二)发展动作速度的练习手段

1.徒手动作速度练习手段

(1)听口令、击掌或节拍器摆臂:两脚前后开立或弓箭步,根据口令、击掌或节拍器的节奏,做快速前后摆臂练习20s左右,节奏由慢至快,快慢结合。摆臂动作正确、有力。重复2～3组,组间歇3～5min。

(2)原地快速高抬腿或支撑高抬腿:站立或前倾支撑肋木或墙壁等,听信号后做高抬腿10～30s,大腿抬至水平,上体不后仰。可重复练习4～6组,组间歇5～7min。

(3)仰卧高抬腿:仰卧,两腿快速交替做高抬腿练习,要求以大腿工作为主。每组练习做10～30s,练习可重复4～6组,组间歇5～7min。

(4)悬垂高抬腿:两手握单杠成悬垂,两腿快速交替做屈膝高抬腿和下蹬伸直动作,速度越快越好。每次两腿各抬20～50次,重复2～3组,组间歇3～5min。

(5)快速小步跑转高抬腿跑:快速小步跑5～10m后,转高抬腿跑20m。小步跑要放松而快,转高抬腿跑时频率不变,只是幅度加大。重复3～5组,组间歇3～5min。

(6)快速小步跑或高抬腿跑转加速跑:快速小步跑或高抬腿跑10m左右转入

加速跑。加速跑时频率节奏不能下降,跑出 20～30m 放松。重复 3～5 组,组间歇 3～5min。

(7)利用转动跑道高频跑:利用机械控制速度的转动跑道进行高频跑,速度控制在比运动员的速度稍微快些(运动员实际是原地跑),每次练习 10～15s,每组 2～3 次,重复 2～3 组,组间歇 8～10min。

(8)跨步跳接跑台阶:开始跨步跳台阶,听信号后变快速跑台阶。要求逐个台阶跑,不许跨越,速度越快越好。如果台阶数目固定可以计时跑。每组 5～7 次,重复 2～3 组,组间歇 3～5min。

(9)纵跳转体:原地跳起转体 360°,落地连续进行 10～20 次,可计时进行。强调转体,速度要快,不要求跳得高。重复 2～3 组,组间歇 5min。

(10)跳起屈体:原地分腿上跳,同时体前屈手触脚尖,连续跳 5～10 次。要求动作速度越快越好,可计时进行。重复 3 组,每组间歇 5min。

2. 带器械动作速度练习手段

(1)高抬腿拉胶皮带:将胶皮带分别固定在肋木(或树干)上和两脚踝关节处,以高抬腿拉力对抗阻力,胶带固定的一端要低于垫子平面约 20cm,也可拉完胶带后再徒手练习,以提高动作速率。

(2)单杠弧形摆下:单杠上成正撑,上体后倒,做正撑弧形前摆转体 180°跳下。要求前摆转体速度越快越好。每组 5～8 次,重复 2～3 组,组间歇 5min。

(3)吊绳支撑转体:面对吊绳站立,吊绳后放置一个高跳箱,三步助跑起跳手抓吊绳,收腹举腿,脚放在跳箱上,做快速支撑转体 180°。要求整套动作快速、连贯。每组 5 次,重复 3～5 组,组间歇 5min。

(4)快速挥臂击球:把排球吊在距墙 1m 处,高度因人而异。原地站立,连续挥臂用手掌拍击碰墙反弹回来的球。要求速度越快越好,击球时做出鞭打动作。每组 20～30 次,重复 2～3 组,组间歇 7～10min。

(5)快速移动起跳:篮板左下角站立,跳起双手摸篮板,落地后迅速移到篮板右下角起跳摸篮板。连续移动起跳,10 次为一组,重复 2～3 组,组间歇 5～7min。

(6)运球绕障碍:篮球场上纵向放置 5 个障碍物间距 2m,听信号后做快速运球绕过障碍物往返跑,可以竞赛方式计时,不得触碰障碍物。每组往返 2～3 次,重复 3～5 组,组间歇 5～7min。

四、发展位移速度的方法和手段

(一)发展位移速度的练习方法

位移速度在某种意义上可看成是一种人体综合运动能力。位移速度的快慢,不仅和动作技术水平有关,而且和力量、柔韧、速度耐力以及协调性的发展也有着十分密切的关系。从另外一个角度看,也可把位移速度看成是动作速度、速度耐力与意志力的组合。位移速度练习可采用以下方法:

1.力量练习

力量练习是提高位移速度的基本方法之一。常用的发展位移速度的力量练习有负重杠铃、各种单双足跳、多级跳和跳深等形式。力量水平,特别是爆发力水平的提高对位移速度的提高具有重要的意义。在力量练习中应注意以下几点:①以提高速度力量为主的练习,通常是强调负重力量练习的速度,力争快速完成;②注意采用极限和次极限负荷强度,以提高快肌纤维的功能;③练习的次数与组数不宜过多;④通过力量练习提高肌肉、韧带的坚韧性,防止在速度训练中受伤;⑤力量练习后应有 2～6 周的减量练习阶段,以便通过"延缓转化"把所提高的力量能力转移到速度能力上;⑥多做一些超等长的力量练习(如多级跳、跳深等),以提高肌肉收缩时的快速力量。

2.重复练习

重复练习是指以一定的速度,多次重复一定距离的练习。这种方法对提高人体在快速移动中克服各种内外阻力以及速度耐力十分重要。采用重复练习时要重视以下问题:

(1)练习强度:提高运动员快速移动能力的主导因素。位移速度属极限强度,应以高强度进行位移速度的练习,强度一般可控制在 90%～95%,在此之前要安排一些中等或是中上等强度的练习作为适应。在高强度练习中,运动员高度集中注意力,最大限度地动员肌肉力量,并加大动作速度与幅度,发挥最高速度水平。

(2)练习量:位移速度练习要保证一定时间,但不宜太长。高强度练习一般持续时间在 20s 以内,快跑距离 30～60m,游泳 10～15m,速滑 100～200m 为宜。次数和组数的确定应根据运动员高速度出现与保持的时间,以及克服疲劳和机体恢复能力来决定。一般来说,极限负荷时间短,一组 6～7 次,重复 5～6 组。非极限负荷时间长,重复次数与组数相应减少。

(3)间歇安排:应以运动员机体相对得到恢复为标准。运动员在下一次练习开始前,中枢神经系统又再度兴奋,机体内物理化学变化在很大程度上已经中和,能保证下次练习的能量供应。间歇时间的长短主要和练习持续时间有关。一般来说,练习持续时间 5～10s,每次练习间休息 1～2min,组间歇 2～5min;若练习持续时间 10～15s,每次练习间休息 3～5min,组间歇 10～20min。

(4)肌肉的放松能力:在重复练习中,肌肉在极限强度负荷下完成最快的收缩功能,容易疲劳,恢复较慢。因此,在练习中要重视提高肌肉的放松能力,也就是肌肉主动消除疲劳的能力。大量的材料表明,放松能力对速度运动项目的影响越来越大。

3.步频、步幅练习

步频和步幅是影响位移速度的两个主要因素。步频受肌纤维类型和神经活动灵活性制约,步幅受腿的长度、柔韧性、后蹬技术与力量的制约。这五个因素中,只有柔韧性和后蹬技术通过训练能得到改善,其他三个因素受遗传的影响,后天改善的程度有限。因此,对有一定训练水平的运动员,主要是通过提高步幅来提高移动速度。目前,通过人为条件发展步频、步幅的手段很多,如牵引机、转动跑道、惯性跑道等。

4.比赛法、游戏法练习

比赛法是速度训练中经常采用的方法。由于移动速度练习时间短,经常采用比赛法是可行的。采用比赛法能促使运动员情绪高涨,表现最大速度的可能性就会增加。通过比速度、比技术、比成绩等可以起到激励斗志,鼓舞情绪的作用。在比赛的条件下,运动员往往能比平时更快地做出反应,完成快速移动。游戏法同比赛法作用一样,可以激起运动员高涨的情绪。同时,由于游戏过程能引起各种动作变化,还可以防止因经常安排最大速度练习而引起的"速度障碍"形成。

(二)发展位移速度的练习手段

(1)小步跑转加速跑:行进间快频率小步跑,听到信号后转加速跑 20～30m。要求起动快,在高速下完成练习。每组 2～3 次,重复 2～3 组,组间歇 5～7min。

(2)单足跳变加速跑:开始做 10～15m 单足跳,听信号后变加速跑 20～30m。要求以左右脚各做一次练习后变换,加速跑要达到最快速度。每组 2～4 次,重复 2～3 组,组间歇 5～7min。

(3)加速跑:逐渐加速至最高速度后保持一定距离,然后放松跑。加速跑 50m,80m,100m,每组 3～5 次,重复 2～3 组,组间歇 5～10min。

(4)连续加速跑:逐渐加速跑至最高速度,然后随惯性高速度跑 3～4 步后,随惯性放松至慢跑后再加速跑,连续练习。每组 2～3 次,重复 2～3 组,组间歇 5～7min。

(5)行进间跑:加速跑 20～30m,在到达规定行进间的距离前达到最高速度,在规定距离内保持最高速度跑,跑出规定距离后随惯性放松至慢跑,行进间距离可 20m,30m,50m,60m,80m,100m 等。一般计时进行。每组 2～3 次,重复 2～3

组,组间歇 5～10min。

(6)重复跑:以 95％或以上的速度,重复多次跑短于专项的距离。也可以重复跑一组不同的距离。每组 3～5 次,重复 2～3 组,组间歇 10min。

(7)变速跑:加速快跑 30m,50m 或 80m,然后放松慢跑 30m,50m 或 80～100m。或直道加速快跑弯道慢跑,或弯道快跑直道慢跑等。要求慢跑休息,不能走。每组 4～6 个变速段,重复 3～5 组,组间歇 7～10min。

(8)变速越野跑:在公路、公园等自然环境中进行越野跑,或慢跑游戏在平坦地面进行不等距离加速快速跑。根据自然环境及运动员水平,决定加速距离及次数。一般为 5～10 次快跑段较适宜。

(9)上坡跑:站立式起跑后上坡加速跑 30m,60m,80m。在坡度为 7°～10°的斜坡跑道上进行。要求大腿高抬,加强后蹬力量。每组 3～5 次,重复 2～3 组,组间歇 5～7min。

(10)上下坡跑:听信号起跑后沿 7°～10°的斜坡跑道全速上坡跑 30m,接着转身下坡跑 30m 返回为一组,重复 3～5 组,组间歇 5min。

(11)迎面接力跑:两组练习者相距 30m 或 60m,做往返迎面接力跑,可分几队进行比赛。每组 3 次,重复 2～3 组,组间歇 5～7min。

(12)全速跑楼梯:听信号起跑,全速往返跑 3～4 层楼的楼梯。要求不能扶手,上下跨越台阶,每组往返 2～3 次,重复 2～3 组,组间歇 5min。

(13)变向带球跑:6 名队员站成一排,间隔 5m,每人一球,根据教练的手势做向前后、左右变换方向带球,最后急停,转身带球跑 20m。要求球离脚不能超过 3m,重复 3～5 次,每次间歇 5min。

(14)停球接运球:手持足球向前抛出,立即往前跑用脚内(外)侧停反弹球动作,接着做快速运球跑 30m。要求规定抛球的远度,也可以竞赛方式进行。重复 5～7 次,每次间歇 3min。

(15)往返移动:按正方形放置 4 个球,各相距 5m。从一个角开始依次用手去摸各角的球,每次触球后都要返回起始点,重新开始向下个球跑去。每组 3～4 个循环,重复 2～3 组,组间歇 5～7min。

(16)滚球接力:篮球场端线站立,球放在地上。信号开始用手滚动球到另一端后返回,手递手将球传给第二人,依次进行。要求球不能离开地面,以竞赛方式计时进行。每组往返 3～5 次,重复 2～3 组,组间歇 5min。

(17)运球追逐跑:以 10m 为半径画一个圆圈,两人在圈外相距 4m 做原地运球,听信号后转身沿弧线运球追逐跑,后面人追上前面的人用手拍击背部,则两人同时转身运球交换追逐。连续 30~50s 为一组,计算追拍次数。重复进行 3~4组,组间歇 5min。

(18)运球接力:在篮球场端线站立,听信号后快速运球跑到另一端线折回,以手递手方式收球传给第二人,两人循环往返,4~6 次为一组,重复 3 组,组间歇3min。也可分组竞赛。

(19)全场运球上篮:从端线开始,听信号做全场运球上篮,投中后返回,不中要补中。连续往返 5~7 次为一组。可计时进行。要求不准带球跑。重复 3~5 组,组间歇 5~7min。

第十一章　体育锻炼与柔韧素质

【内容提要】

柔韧素质是重要的身体素质之一,却是锻炼者容易忽视的身体素质。健康体适能理论对于柔韧素质的研究也尚不系统完整。不容置疑的是柔韧素质对于增大动作幅度,掌握与提高动作质量,以及避免伤害事故方面都有积极作用。本章介绍柔韧素质的概念、作用、影响因素、测量与评定及发展柔韧素质的方法与手段,并对脊椎的柔韧与腰背痛的预防与康复做了全面介绍,便于锻炼者科学进行柔韧素质的发展。

【关键词】

柔韧素质　动力性柔韧　静力性柔韧　拉伸法　坐位体前屈　脊椎　腰背痛

从锻炼角度看,躺着不如坐着,坐着不如站着,站着不如走着。

——卢梭

第一节　柔韧素质及其影响因素

一、柔韧素质的概念、分类及作用

(一)柔韧素质的概念

柔韧素质是指人体关节活动幅度的大小以及跨过关节的韧带、肌腱、肌肉、皮肤及其他组织的弹性和伸展能力,在健康体适能理论体系中也称柔韧性适能。柔韧素质包括两方面的含义:其一是关节活动幅度的大小,其二是跨过关节的肌肉、肌腱、韧带等软组织的伸展性。关节的活动幅度主要取决于关节本身的装置结构。跨过关节的肌肉、肌腱、韧带等软组织的伸展性,则主要通过合理的训练获得。发展柔韧素质对于增大动作幅度,掌握与提高动作质量,以及避免伤害事故都有积极作用。

在日常锻炼中,人们通常把柔韧素质简称为柔韧性。一些锻炼者把柔韧性和柔软性混为一谈,因为两者都可用人体活动幅度的大小来衡量,但是两者在本质上是有区别的:从字义上讲,柔韧是既柔又韧,即柔中有刚,刚柔相济;而柔软只是柔与不硬,或曰柔中无刚,刚柔不济。从性能上看,韧是在活动幅度中含有速度和力量的因素,即在做大幅度动作时,肌肉仍能快速有力收缩,既能变曲又能迅速伸直。而柔软是幅度大,却缺乏速度和力量,做动作时软绵绵的,打得开却收不合。体育运动中需要的是柔韧性而不是柔软性。

(二)柔韧素质的分类

基于不同的标准,柔韧素质可以有不同的类别。

(1)从柔韧素质与专项的关系看,可分为一般柔韧性与专项柔韧性。一般柔韧素质是指机体中最主要的关节的活动幅度,是为适应一般技能发展所需要的柔韧素质,如肩、膝、髋等关节的活动幅度,这对任何运动项目都是必要的。专项柔韧素质是指专项运动所需要的特殊柔韧性,专项柔韧素质是掌握专项运动技术必不可少的重要条件。由于专项柔韧性具有较强的选择性,所以同一身体部位具有的柔韧性由于项目的需求不同,在幅度、方向等表现上也有差异。

(2)从柔韧素质外部运动状态的表现看,可分为动力性柔韧性和静力性柔韧性。动力性柔韧性是指肌肉、肌腱、韧带根据动力性技术动作需要,拉伸到解剖学允许的最大限度能力,随即利用强有力的弹性回缩力来完成所要完成的动作。所有爆发力前的拉伸均属于动力性柔韧性。动力性拉伸常常超过静力性拉伸时的长度。由于被拉伸后快速恢复原位,经反复练习,肌肉、韧带更富有弹性,有利于发展关节的灵活性。静力性柔韧性是指肌肉、肌腱、韧带根据静力性技术动作的需要,拉伸到动作所需要的位置角度,控制其停留一定时间所表现出来的能力。如体操中的控腿、平衡动作、"桥"、劈叉,体育舞蹈中的各种造型;跳水运动员保持体前屈的姿势等就是这种能力的体现。动力性柔韧性建立在静力性柔韧性的基础上,但必须要有力量素质的表现。静力性柔韧性好的人,其动力性柔韧性不一定好。

(3)从完成柔韧性练习的表现上看,柔韧素质又分为主动柔韧性和被动柔韧性。主动柔韧性是人主动运动中表现出来的柔韧素质水平。被动柔韧性则是在一定外力协助下完成或在外力作用下(如教练员协助运动员做压腿练习)表现出来的柔韧素质水平。主动柔韧性不仅反映对抗肌的可伸展程度,也可反映主动肌的收缩力量。一般来说,主动柔韧性比被动柔韧性要差,这种差距越小,说明柔韧素质的发展水平越均衡。

(4)从柔韧素质在身体不同部位的表现看,又可分为上肢柔韧性、下肢柔韧性、腰部柔韧性、肩部柔韧性等。

(三)柔韧素质的作用

柔韧素质是人体的一种重要身体素质。武术、竞技体操、艺术体操、技巧、跳水、花样滑冰、蹦床、毽球、散打、游泳等运动项目,对运动员的柔韧素质都有很高的要求。发展柔韧素质不仅可以加大动作幅度,使动作更加优美、协调,而且能加大动作力量,减少受伤的可能性。因此,正确地进行柔韧素质练习,对于提高运动技术水平具有重要的意义。

根据人体生理解剖结构,柔韧包括四肢和躯干各关节的柔韧,主要关节有肩、肘、腕、胯、膝、踝及脊柱等各关节。柔韧性的训练就是对上述各关节灵活性的练习。在体育运动中,运动项目不同对各关节活动幅度要求的程度也就不同。但各关节全面柔韧的发展是基础,只有在全面发展的基础上,才能突出专项需要的关节部位柔韧的重要。

如投掷、体操、举重、游泳等项目需要肩关节柔韧性较高。投掷标枪时,肩部柔韧差不能满弓,游泳运动员肩部柔韧差将被列入淘汰之列,举重运动员肩部柔韧差将不能从事举重运动,体操运动员肩部柔韧差则大量动作不能到位,技术发展受到限制而会被淘汰。这些项目的运动员必须以全面发展关节柔韧性并适应本专项需要为前提,这样才能突出肩部柔韧性的重要。

篮球、排球、小球项目的运动员腕部柔韧性要求较高。如排球运动员的扣球动作,首先是腕部的柔韧,因为它是控制球的关键部位,可控制球的方向、速度。但扣球力量需要肩、胸、腰、髋的柔韧性都好,这样才能有利于体前肌群的拉长,然后发力传递于手使球扣得有力。下肢柔韧性好,将充分发挥弹跳力以赢得空中发力的时间。如果腕部柔韧性差,扣球时将使球失去方向和全身传递于手应有的力量。因此,对任何一个具体项目来说,全身各关节的柔韧在每一个动作中都有其具体作用,哪一个部位差都会影响动作的掌握和技术的发挥。因此,各关节柔韧的发展是相互交替促进的发展。还有的项目,因专项技术的需要对全身各关节的柔韧要求都很高。如竞技体操、技巧、艺术体操、跳水等项目,不仅对肩、腰、胸、髋、腿有较高的柔韧要求,甚至对脚面的柔韧也有较高的要求。

可见,柔韧素质对各项运动技术的掌握和发挥具有重要的作用,其具体作用如下:

(1)加大运动幅度,有利于肌力和速度的发挥。

(2)提高关节的灵活性,增加动作的协调优美感,可获得最佳的机能水平。

(3)加速动作掌握进程,有利于技术水平的提高,使技术动作显得轻巧灵活,更加协调和准确。

(4)防止、减少伤害事故的发生,延长运动寿命。

二、柔韧素质的影响因素

基于人体结构及其他有关情况可知,影响柔韧素质的因素是多方面的,主要有骨关节结构,跨过关节的肌肉、肌腱、韧带等伸展性,关节周围组织的大小、年龄及性别,以及活动水平、温度、疲劳程度等。了解这些因素,能掌握发展柔韧素质的规律,正确运用发展柔韧素质的练习方法、手段,也可防止受伤和少走弯路。影响柔韧素质的主要因素如下:

(一)骨关节结构

骨关节结构是依据人体生长规律需要而形成的,这种结构装置是被限定的。因为关节运动的幅度被限定在一定范围之内,通过训练是难以改变的。它们的活动范围是关节头和关节窝两个关节面之差所决定的,两个关节面之差越大,关节活动幅度也就越大,但骨关节结构因人而异。如肘关节中的肱尺关节,它可使肘屈伸幅度被固定在140°范围(因肱骨臼的幅度为320°,尺骨半月切迹的角度为180°,它们之差为140°)。如果鹰嘴突较长,会使肘关节不能完全伸直,其伸展受到一定影响;如果鹰嘴突较短,又会使肘关节过分伸展出现倒弯。这种骨关节结构的生长是先天的,各自差异的骨关节结构通过训练是难以改变的。但通过训练可以使各个关节达到它最大的活动范围,充分挖掘其潜力。而未经过训练的人,各个关节具有的活动潜力非但不能发挥,并且还会消退。

关节运动轴决定关节的灵活性,如指关节是单轴关节,只能屈伸;腕关节是双轴关节,可屈伸、内收、外旋、绕环,可见腕关节灵活于指关节。

(二)跨过关节的肌肉、肌腱和韧带

关节的加固主要是肌腱和韧带,肌肉从关节外部补充加固关节力量,控制关节的活动幅度。

韧带本身是抗拉性很强的组织,它主要的作用是加固关节,限制关节在一定范围内运动,从而保护关节不致超出解剖允许的限度而受伤。

在一般活动中,活动幅度很少能达到关节面所允许的解剖限度。这是因为与运动方向相反的对抗肌伸展不足,造成进一步的限制所致。当举腿在水平面时可任意屈膝伸膝,可当大腿贴胸时,屈膝自如,但伸膝感到困难,这是因为大腿后侧肌群及韧带伸展不足所致。为力求达到解剖的最大限度,就必须完全克服对抗肌的阻力后仍然拉伸,从而牵拉到肌腱,此时肌腱的拉伸完全受外力和对抗肌回缩力的作用而拉伸,从而进一步增强了肌肉、肌腱的弹性和伸展性。

具体发展某一关节的柔韧性时,主要发展控制关节屈、伸肌的伸展性及协调能

力。如发展膝关节的伸膝能力,主要发展大腿后部肌群及小腿后部肌群的伸展性。发展屈膝能力,主要发展大、小腿前部肌群的伸展性。再如发展体前屈的柔韧性,主要发展腰背肌群及大、小腿后部肌群的伸展性。发展体后仰的柔韧性,主要发展肩部肌群、胸大肌、腹肌及大腿前部肌群的伸展性。在发展某一部分柔韧性时,应让屈、伸肌相互协调发展才能提高其关节的柔韧性。因此,增强跨过关节的肌肉、肌腱和韧带等伸展性是探求提高柔韧性的重要途径,应予以足够的重视。

(三)关节周围组织的大小

关节周围的肌肉块过大或脂肪过多,都影响着柔韧性的提高。如肩部三角肌过大,会影响肩关节的活动范围;肱二头肌过大,会影响肘关节的弯曲程度等。因此,在练完三角肌和肱二头肌的力量后,要做肩肘部的伸展和放松练习,尽量拉长肌纤维和增强肌肉弹性,从而既加大肩肘部的力量,又增强肩肘部的柔韧性。此外,皮下脂肪过多的人,肌肉收缩力量相对较弱,加之脂肪占一定空间,会影响柔韧的有效幅度。大腹便便者,很难做体前屈使手触地动作,只有减少腹部的脂肪,前屈的幅度才会增大。

(四)年龄与性别

1.年龄

根据人的生理自然生长规律来看,初生的婴儿柔性最好。随着年龄的递增,骨的骨化过程,肌肉的增长,韧性逐渐加强。柔韧性的增长在10岁以前获得发展,10岁以后随年龄的增长,柔韧性相对降低。特别是髋关节,由于腿的前后活动多,加之肌肉组织增大,使左右开胯幅度明显下降。因此在10岁以前就应给予应有的柔韧练习,使其自然增长的柔韧性得到提高。在10～13岁应充分发展柔韧练习,因这个年龄是性成熟前期,骨的弹性增强,肌肉韧带的弹性、伸展性仍有较大的可塑性,给予充分柔韧练习,使各关节幅度达到最大解剖限度,充分提高肌肉韧带的伸展性,这不仅能提高各关节的柔韧性,而且对青春期的身高增长也是有利的。

13～15岁为生长期。在这个时期,骨骼生长速度超过肌肉的生长,因此柔韧性有所下降。在这个时期特别注意身体发育的匀称性,多做全身性的伸展练习,巩固已获得的柔韧效果,不要过分进行柔韧性练习以免拉伤。

16～20岁,由于13岁以前获得了良好的柔韧效果,在青春期虽有些下降,但在这个年龄整个身体发育趋向成熟,可加大柔韧负荷、难度,从而在已获得的柔韧基础上,进一步获得专项所需要的柔韧素质。

2.性别

根据生理解剖特点,男子的肌纤维长,横断面积大于女子,伸缩度较大,全部肌纤维的 3/4 强而有力;女子的肌纤维细长,横断面积小于男子,伸展性好,对关节活动限制小,全身仅有 1/2 的肌纤维强而有力,因此女子关节的灵活性优于男子。

(五)疲劳程度与温度

当肌肉由于长时间工作产生疲劳时,其弹性、伸展性、兴奋性均降低,造成肌肉收缩与放松的不完善,各肌群不能协调工作,从而导致关节柔韧性的降低。

另外,当肌肉温度升高时,新陈代谢加强,供血增多,肌肉的黏滞性减少,从而能有效提高肌肉的弹性和伸展性,柔韧性得以提高。

影响柔韧性的温度包括外界环境温度和体内温度,体内温度的调节用于补偿外界环境对机体产生的不适应。当外界环境温度低时,必须做好充分的准备活动,提高肌肉温度,增加柔韧性。当外界环境温度高时,将排除一定量的汗液降低温度,以免肌肉过早出现疲劳,降低关节的柔韧性。一天内的不同时间的外界温度有所不同,但更重要的是一天内人体的机能状态也不同。例如,刚睡醒后柔韧性较差,早晨柔韧性明显下降,中午比早晨好。

(六)神经过程转换的灵活性

神经系统兴奋与抑制过程转换的灵活性与运动活动中肌肉的基本张力有关,特别是中枢神经系统对主动肌、对抗肌之间的协调性,以及对肌肉收缩和放松的调节能力具有重要影响。神经过程灵活性高,则肌肉兴奋性强,肌肉、肌腱、韧带的弹性和伸展性好,支配肌肉收缩与放松的能力强,使参与工作的诸多肌肉协调活动,从而使柔韧性提高。

(七)活动水平

不爱活动的人比经常活动的人柔韧性差,其原因是长期不运动,膝、髋关节等总是处于特定的位置,会使相应肌群变短和僵硬,导致肌肉韧带的正常伸展性丧失,关节活动范围缩小。另外,不爱活动将造成人体内脂肪堆积,也会限制柔韧性的发挥。即使是参加活动的人,中断活动后,柔韧性也会降低。同样是经常参加活动的人,由于活动的方法、手段和强度不同,其柔韧性也有差异。因此,活动水平对柔韧性的影响很大。

(八)心理因素

心理紧张度可通过中枢神经系统影响到人体各部位的工作状况,心理紧张度过强、时间过长,会使神经过程由兴奋转为抑制,严重影响人体各部位的协调能力,从而影响柔韧性。

柔韧素质要经过长期艰苦的练习才能逐步发展,而且练习过程中经常伴有疼痛感,停止练习后又容易消退。因此,发展柔韧性需要毅力和耐心,只有意志坚强的人,才能忍耐住痛疼,坚持不懈地练习,从而取得良好的效果。

第二节　发展柔韧素质的方法和手段

一、发展柔韧素质的原则和方法

(一)发展柔韧素质的原则

1. 柔而不松,韧而不僵

柔韧并非柔软,但练习不当,肌肉便会消极地被动拉长,减少了肌肉、韧带的弹性,引起柔而无力,并影响力量素质发展。因此,须将静力性拉伸法和动力性拉伸法有机地结合起来。主动性练习与被动性练习交替进行锻炼,会使机体达到柔而不松、韧而不僵、柔中有刚的水准。

2. 循序渐进,持之以恒

柔韧素质的发展是意志的练习。痛感强,见效慢,停止训练便有所消退,这是柔韧素质练习的特点。当初次练习时易见效,第二天再练习有痛感,第一次练习获得的效果全部消退并差于第一次练习前。这是由于肌肉被拉长回缩力增加的原因,应继续将其慢慢拉开,消除痛感。经过一段时期的练习,该长度的伸展已适应,应进一步拉长肌肉、牵拉肌腱,进一步增强回缩力。柔韧练习本身就是由不适应到适应逐步提高的过程。

由于肌肉、韧带等软组织的伸展并不是练习一时一刻就能得到提高的,所以练习应逐步提高要求,不能急于求成,做到循序渐进。假如停止柔韧练习一段时期,已获得的柔韧效果就会有所消退,柔韧性练习要做到系统化、经常化。特别是当某一部位因伤停止练习后,该部位所获得的柔韧效果将全部消退,其恢复期相对延长,因此在某一部位受伤后,其他部位仍应适当练习,否则柔韧性会因停练而消退。

3. 整体性锻炼

发展柔韧素质,要注意身体各个部位都得到锻炼,尤其要重视颈、肩、腰、髋、膝等主要关节和肌群的锻炼。一般从上至下依次进行练习,每个部位重复 4～6 次练习后再转入另一部位练习。

4. 锻炼的安全性

在进行大强度肌肉伸展练习之前,须做好充分的准备活动,使体内温度升高,出汗。肌肉拉伸产生了紧绷感或不舒服时就应该停止练习。既要伸展绷紧、柔韧性差的肌肉,又要加强薄弱、松弛肌肉的柔韧性。进行伸展练习时,要保持正常的呼吸状态,不要屏气。

(二)发展柔韧素质的方法

发展柔韧素质的目的是为了提高跨过关节的肌肉、肌腱、韧带等软组织的伸展性。发展柔韧素质基本上采用拉伸法,分为动力拉伸法和静力拉伸法。即主动或被动形式的静力拉伸法和主动或被动形式的动力拉伸法。这两种练习方法的特点,都是在"力"的拉伸作用下,有节奏地逐渐加大动作幅度或多次重复同一动作,使软组织逐渐地或持续地受到被拉长的刺激。

动力拉伸法是指有节奏地多次重复同一动作的练习使软组织逐渐地被拉长的练习方法。每次动力拉伸练习(如踢腿、摆腿等)一般控制在 5～30 次,练习持续时间为 10s 左右。

静力拉伸练习时,先通过动力拉伸缓慢的动作将肌肉等软组织拉长,当拉伸到一定程度的时候暂时静止不动,使这些软组织得到一个持续被拉长的机会。静力拉伸力量的大小,以感到酸、胀、痛为限,并保持 8～10s,重复 8～10 次即可。

在体育锻炼实践中,常常把两种方法结合起来,即在拉伸练习时有动有静,动静结合。如发展肩部、腿部、臂部和脚部的柔韧性,可采用压、搬、劈、摆、踢、绷及绕环等练习;发展腰部柔韧性,可采用站位体前屈、俯卧背伸、转体、甩腰、腰绕环等练习。

在体育锻炼时,要注意主动或被动状态下两种方法的练习特点。

主动或被动的静力拉伸方法的练习特点:缓慢地将肌肉、肌腱、韧带拉伸到一定酸、胀、痛的感觉位置并略有超过,然后停留一定时间。该方法可减少或消除超过关节伸展能力的危险性,防止拉伤,由于拉伸缓慢而不会激发牵张反射。一般要求在酸、胀、痛的位置停留 6～8s,重复 6～8 次。

主动或被动的动力性拉伸方法的练习特点:有节奏地、速度较快地、幅度逐渐加大地多次重复一个动作的拉伸。在运用该方法时,用力不宜过猛,幅度一定要由小到大,先做几次小幅度的预备拉长,然后加大幅度,避免拉伤。每个练习重复 5～10 次(重复次数可根据专项技术需要而增加)。主动的动力性拉伸方法是靠自己的力量拉伸,被动的动力性拉伸方法是靠同伴的帮助或负重借助外力的拉伸,但外力应与运动员被拉伸的可能伸展能力相适应。

(三)发展柔韧素质的注意事项

1.柔韧性练习要因项因人而异

柔韧性练习必须根据专项特点和练习者的具体情况安排。例如,跳跃项目的运动员主要要求腿部和髋部的柔韧性;游泳运动员主要要求踝关节和躯干的柔韧性;体操运动员主要要求肩、髋、腰、腿部的柔韧性。因此,在全面发展身体各部位柔韧性的基础上,要重点练习本专项所需要的几个部位的柔韧性。另外练习者的具体情况不一样,在进行柔韧素质练习过程中必须区别对待,突出针对性、应用性,这样才能收到良好的练习效果。

在运动训练中,虽然各项目对柔韧性都有一定的要求,但一般没有必要使柔韧性的发展达到最大限度,柔韧性的发展程度只要能满足专项运动技术的需要即可。

2.柔韧素质的发展应与力量素质的发展相适应

柔韧的发展应是在肌力增长下的发展,而肌力的增大不能因体积的增长而影响关节活动幅度。力量练习是发展肌肉的收缩能力,柔韧练习能发展肌肉的伸展能力。因此力量结合柔韧的练习提高肌肉质量最为有效,既能达到力量和柔韧的同时增长,又能保证关节灵活性的稳固。

3.柔韧素质的发展要兼顾相互关联的身体各个部位

在有些动作中,柔韧性的表现不仅仅是在一个关节或某个身体部位,而是牵涉几个相互关联的部位。如为发展腰部柔韧性若采用"桥"的练习,就是由肩、脊柱、髋等部位的关节所决定的。在练习过程中对这几个部位都应该进行发展,倘若忽视某一部位就有可能出现外伤。如果发现某一部位稍差,就应立即采取措施使其得到改善。另外,也可通过其他部位的有效发展使其得到补偿,这样做可以使各部位的柔韧性得到发展,保证专项运动训练的需要。

4.柔韧素质练习要注意外界温度与练习的时间

外界温度过高或过低,都会影响肌肉的状态,影响到肌肉的伸展能力。一般来说,当外界温度在18℃时,有利于柔韧素质的发展。温度过高,肌肉紧张或无力都会影响其伸展能力。如跳高运动员每做完试跳之后,总要穿上衣服,目的在于保持体温,使肌肉处于良好的状态,以便迎接下一次试跳。

一天之内在任何时间都可以进行柔韧性练习,只是效果不同。

早晨柔韧性会明显地降低,可做一些强度不大的"拉韧带"练习;在10:00—18:00,人体能表现出良好的柔韧性,可进行一些强度较大的柔韧性练习。

5.柔韧性练习之后应结合放松练习

每个伸展练习之后,应做相反方向的练习,使供血、供能机能加强,这样有助于伸展肌群放松和恢复。如压腿之后做几次屈膝练习,体前屈练习之后做几次挺腹挺胯动作,下完腰后做几次体前屈或团身抱膝动作等。

6.柔韧素质的发展要从小培养

我国体操界、武术界、技巧界柔韧性练习都是从小开始的,并在这方面积累了丰富的经验。从小发展的柔韧素质,是在人体自然生长发育过程中实现的,因此能得到保持和巩固,不易消退。此外,柔韧素质发展的敏感期是5～10岁,在此期间要抓紧练习,并在 10 岁以前使柔韧素质得到较好发展。

7.柔韧练习时要防止受伤

柔韧练习主要是运用各种方法,拉长人体关节肌肉、韧带的长度。但如果不注意科学的方法,非常容易出现肌肉拉伤事故。因此,要提高柔韧练习的最终效果,必须防止在练习时受伤。一般在柔韧练习前,可做一些热身活动,减少肌肉的黏滞性;在拉长肌肉的过程中,不易用力过猛,特别是在被动练习时,教练员施加的外力要循序渐进,要了解运动员的个性特征,还要及时注意运动员的练习反应,以便合理地加力与减力,保证柔韧练习的正常进行。

二、发展柔韧素质的手段

发展柔韧素质可采用的手段:①在器械上的练习:利用肋木、平衡木、跳马、把杆、吊环、单杠等;②利用轻器械的练习:利用木棍、绳、橡皮筋等;③利用外部的阻力练习:同伴的助力、负重等;④利用自身所给的助力或自身体重的练习:如压腿时双手用力压同时上体前压振,在吊环或单杠上作悬垂等。

发展各部位关节柔韧所采用的动作:压、踢、摆、搬、劈、绕环、前屈、后仰、吊、转等。

(一)颈部柔韧性练习手段

练习手段:低头—抬头,头右转—左转,头右倒—左倒,颈部绕环等练习。

锻炼伸展的肌肉:斜方肌、胸锁乳突肌。

锻炼功效:增大颈部关节活动范围,促进颈部血液循环,防治颈椎病。

(二)肩关节柔韧性练习手段

练习手段:各种不同体位压肩,各种不同姿势拉肩,各种不同方法牵引和绕肩。①手扶一定高度体前屈压肩;②双人手扶对方肩,体前屈直臂压肩;③面对墙一脚距离站立,手、大小臂、胸部接触墙面压肩(逐渐加大脚与墙的距离);④练习者仰卧在鞍马上,另一人在后面扶着他上臂下压;⑤双人背向两手头上拉住,同时作弓箭步前拉;⑥练习者站立,两手头上握住,帮助者一手拉练习者头上手,一手顶住其背部适当用力拉;⑦练习者俯卧,两手相握头上举或两手握木棍,帮助者坐练习者身上,一手拉木棍,一手顶住其背部适当用力拉;⑧背对肋木坐,双手头上握肋木,以脚为支点,挺胸腹前拉起成反弓形;⑨背向肋木站,双手反握肋木,下蹲向下拉肩;⑩背对肋木屈膝站于肋木上,双手头上握肋木,然后向前蹬直双腿胸腹用力前挺;⑪侧对肋木,一手上握一手下握肋木向侧拉;⑫单杠各种握法(正、反、反正、翻等握法)的悬垂摆动;⑬单杠负重静力悬垂;⑭杠悬垂或加转体;⑮后吊:单杠悬垂,两腿从两手间穿过下翻成后吊；⑯转肩：用木棍、绳或橡皮筋作直臂向前、向后的转肩（握距逐渐缩小）。

锻炼伸展的肌肉：胸大肌、背阔肌、肩带周围肌群。

锻炼功效：增强肩带肌群的伸展力，扩大肩关节活动范围，提高肩关节的灵活性，促进肩部血液循环，防止肩周炎。

(三)腰腹部柔韧性练习手段

练习手段：①弓箭步转腰压腿；②两脚前后开立，向左后转，向右后转，来回转腰；③体前屈手握脚踝，尽量使头、胸、腹与腿相贴；④站在一定高度上作体前屈，手触地面；⑤分腿体前屈，双手从腿中间后伸；⑥分腿坐，脚高位体前屈，帮助者可适当用力压其背部；⑦后桥练习，逐渐缩小手与脚距；⑧向后甩腰练习；⑨俯卧撑交替举后腿，上体尽量后抬成反弓形；⑩双人背向，双手头上握或互挽臂互相背；⑪肩肘倒立下落成屈体肩肘撑。

锻炼伸展的肌肉：腰背及股后肌群，体侧肌群。

锻炼功效：有效增强腰腹部肌力与扩大腰部关节的活动范围，提高腰部血液循环与代谢能力，防治腰脊病变。

(四)下肢柔韧练习手段

练习手段：①前后劈腿，可独立前后振压，也可以将腿部垫高，在同伴帮助下压；②左右劈腿，练习者仰卧在垫子上，屈腿或直腿都可以，由同伴扶腿部不断下压；③压腿，将脚放在一定高度上，另一腿站立脚尖朝前，然后正压(勾脚)、侧压、后压；④踢腿，原地扶把杆或行进，正踢(勾脚)、侧踢、后踢；⑤摆腿，向内、向外摆腿；⑥控腿，手扶支撑物体，前控、侧控、后控；⑦弓箭步压腿；⑧跪坐压脚面；⑨用脚内侧、外侧、脚跟、脚尖走；⑩负重深蹲，脚跟不离地使脚尽量弯曲；⑪双人对坐，双脚互相顶位，双手相拉，一人前俯，一人后仰；⑫两人背对背坐，双手头上拉，一个前俯，一人后仰。

锻炼伸展的肌肉：股后肌群，股四头肌，小腿三头肌，大腿内侧肌群。

锻炼功效：增加肌肉跨髋关节、膝关节的伸展力，提高髋、膝关节的灵活性。

(五)其他部位柔韧练习手段

(1)腕关节柔韧练习：①手腕伸屈、绕环；②手指垫高的俯卧撑；③杠铃至胸，用手指托住杠铃杆；④用左手掌心压右手四指，连续推压，交换练习；⑤面对墙站立，连续做手指推撑；⑥左、右手指交替抓下落的棒球(或小铅球)；⑦靠墙倒立。

(2)胸部柔韧练习：①俯卧背屈伸，练习者腿部不动，积极抬上体、挺胸；②虎伸腰，练习者跪立，手臂前放于地下，胸向下压，要求主动伸臂，挺胸下压；③练习者面对墙站立,两臂上举扶墙,抬头挺胸压胸,要求让胸尽量贴墙,幅度由小到大;④练习者背对鞍马头站立,身体后仰,两手握环使胸挺出,要求充分伸臂,顶背拉肩,胸;⑤练习者并腿坐在垫子上,臂上举,同伴在背后一边向后拉其双手,一边用脚蹬练习者肩背部,向后拉肩振胸。

(3)踝关节和足背部柔韧性练习:①练习者手扶腰部高度肋木,用前脚掌站在最下边的肋木杠上,利用体重上下压动,然后在踝关节弯曲角度最大时,停留片刻以拉长肌肉和韧带;②练习者跪在垫子上,利用体重前后移动压足背,也可将足尖部垫高,使足背悬空做下压动作,增加练习时的难度;③练习者坐在垫子上,在足尖部上面放置重物,压足背;④做脚掌着地的各种跳绳练习;⑤做脚前掌着地的各种方向、各种速度的行走练习。

三、发展柔韧素质的运动处方

(一)准备活动

准备活动的目的是提高神经、肌肉的兴奋度,减少肌肉的黏滞性,提高跨关节韧带、肌肉、肌腱以及其他组织的弹性与伸展能力,防止运动损伤,时间为5～10min,要选择与练习方式相对应的准备活动。比如进行下肢柔韧性的准备活动练习可以选择如下:1～3min 原地小步跑。2～3min 中等速度行走。2～4min 慢跑。

(二)锻炼模式

锻炼模式是运动处方的主要环节,它包括锻炼方式、锻炼强度以及锻炼时间与次数。

1.锻炼方式

(1)合理运用静力性拉伸法。静力性拉伸法是一种富有成效且广为流行的伸展肌肉的方法,它是通过缓慢到静止的动作过程,逐渐将肌肉、肌腱、韧带拉伸到有一定酸、胀、疼痛的感觉位置(程度),使这些软组织产生适应性,并维持该动作姿势一段时间,然后再恢复原位,至于在酸、胀、痛的敏感位置逗留多少时间为佳,目前的研究尚未定论,从3～60s 不等。静力性拉伸法的优点在于节省体能,更好地控制使用的力量,尤其适宜活动少和未经训练的人群。它可以减少突然用力伸展而造成肌腱和韧带等软组织的损伤,消除超过关节伸展功能的危险性。由于拉伸缓慢,不会产生激发牵张性反射。研究认为,合理控制被拉伸肌肉、韧带的长度及拉伸后停留的时间,可获得最佳锻炼效果。如果拉伸强度超过肌肉、韧带的忍受限度,就会造成软组织损伤;反之,不能达到应有的效果。实践证明,在酸、胀、痛位置停留 10～30s,是一个比较理想的时间,每块肌肉如此反复练习 4～6 次为宜。

（2）合理运用动力性拉伸法。动力性拉伸法是通过快速、有节奏的动作,使幅度逐渐加大并多次重复一个动作的拉伸方法。动力性拉伸法的优点是练习时经常会超越静力拉伸时的长度,因此会产生更好的锻炼效果。由于被拉伸后快速恢复原位,如此重复练习,使肌肉、韧带更富有弹性,有利于增大肌力,有利于发展关节灵活性和机体的灵敏度。为使动力性拉伸法获得最佳的效果,关键在于控制拉伸的速度和用力程度。一般认为,练习时适当地超过被拉伸时的指标,并反复进行练习,使机体适应后,再适当增加力度,切忌用力过猛或采用不恰当的爆发性用力,以防止软组织损伤。以上两种方法均可采用主动性和被动性练习方式,主动性练习方式是依靠自己的力量拉伸软组织。

2.锻炼强度

务必掌握适宜的练习强度。强度太小,不能产生效果;强度过大,有损健康。采用缓慢、放松、有节制、无疼痛的练习,这样有利于调节与控制强度。在练习时,肌肉的伸展会不同程度地引起酸、胀,但不宜过分伸展而导致不适,拉伸的强度是随关节活动范围的增加而改变。随着柔韧性训练的适应能力的提高,可考虑逐渐加大强度,做到"酸加、痛减、麻停"。

3.锻炼的时间与次数

在掌握一般的锻炼强度之后,再配上相应合理的练习时间与次数（包括每个动作的重复次数及每周锻炼的次数）,柔韧性练习就更趋科学。每个姿势的持续时间和次数都是逐渐增加的,应从最初的 10s 起步,经过一段适应训练,增加到 30s（或增至 35s）,重复练习次数在 3～4 次或以上。例如,一般体育锻炼的柔韧性练习,5～10min 即可,如果是专项柔韧性练习或运动员训练,则需 15～30min 不等的练习时间。

（三）整理活动

整理活动的目的是帮助人体消除柔韧练习时产生的酸、胀、痛等感觉,促使伸展肌群的放松与恢复。采用的方法是做些与练习时相反的对应动作,如压腿以后做几次屈膝动作,体前屈练习以后做几次挺胸伸髋的动作等。

第三节　柔韧素质的测评与脊椎的柔韧

一、柔韧素质的测量与评价

在体育锻炼和竞技比赛中,柔韧性不仅对发展速度和力量起重要作用,而且能保证运动项目所要求的动作幅度及协调性;同时,柔韧性对防止运动损伤也有重要意义,特别是在体操、技巧、游泳、跳水、艺术体操等项目中尤显重要。

柔韧性一般可采用坐位体前屈、纵劈叉、肩背上抬、旋肩等方法评定。坐位体前屈测量髋、腰、背弯曲和股后伸肌群的伸展程度;纵劈叉测量两腿前后伸展能力;肩背上抬测量肩、臂和手腕的柔韧性;旋肩测量肩关节的柔韧性。

(一)坐位体前屈

测试目的:测量髋关节和腰椎的灵活性及有关肌肉、韧带的伸展性。

器材:坐位体前屈计。

方法:测定台高约 30cm,受试者直腿坐在地上,双足跟(赤足)置于台面,背部、后腰紧靠壁面,双臂及手指伸直下落至台高的指尖点为测定基点(0cm),上体尽量前屈,两臂及手指伸直,两手并拢,指尖轻轻推动尺上的游标下滑直到腰部无法弯曲,手臂不能前伸为止,两指尖到达点保持数秒的位置,记录基点到指尖到达点的垂直距离。我国成年人坐位体前屈评分表见表 11－1。

表 11－1　成年人坐位体前屈评分表　　　　单位:cm

年龄	性别	1分	2分	3分	4分	5分
20～24 岁	男	－3.5～1.7	1.8～8.9	9.0～14.1	14.2～20.1	＞20.1
20～24 岁	女	－2.1～2.8	2.9～9.4	9.5～14.3	14.4～20.2	＞20.2
25～29 岁	男	－5.5～0.9	1.0～7.8	7.9～13.4	13.5～19.7	＞19.7
25～29 岁	女	－3.5～1.9	2.0～8.2	8.3～13.9	14.0～19.7	＞19.7
30～34 岁	男	－7.0～0.1	0.0～6.4	6.5～11.9	12.0～18.3	＞18.3
30～34 岁	女	－4.0～1.6	1.7～7.9	8.0～13.3	13.4～19.2	＞19.2
35～39 岁	男	－8.7～－2.4	－2.3～4.9	5.0～10.7	10.8～17.1	＞17.1
35～39 岁	女	－8.7～－2.4	－2.3～4.9	5.0～10.7	10.8～17.1	＞17.1
40～44 岁	男	－9.4～－3.8	－3.7～3.9	4.0～9.9	10.0～16.2	＞16.2
40～44 岁	女	－5.9～0.1	0.2～6.5	6.6～11.9	12.0～17.9	＞17.9
45～49 岁	男	－10.0～－4.4	－4.3～3.2	3.3～9.1	9.2～15.9	＞15.9
45～49 岁	女	－6.3～0.1	0.2～6.1	6.2～11.8	11.9～17.9	＞17.9
50～54 岁	男	－10.7～－5.6	－5.5～2.1	2.2～7.9	8.0～14.8	＞14.8
50～54 岁	女	－6.5～0.6	0.5～5.9	6.0～11.4	11.5～17.9	＞17.9
55～59 岁	男	－11.2～－6.3	－6.2～1.7	1.8～7.2	7.3～13.8	＞13.8
55～59 岁	女	－6.6～0.8	0.7～5.7	5.8～11.1	11.2～17.7	＞17.7

(二)俯卧背伸

测试目的:测量脊柱的伸展性。适用于 7 岁以上男女生。

器材:地板,挠度测量尺。

测量方法:受试者取直腿端坐姿势。置挠度测量尺于两腿间,测量其坐高(躯干和颈的总长:鼻尖至地面之距)。然后,受试者俯卧于地,双手背叠于臀上,腿伸直。由一同伴按压其两大腿,受试者尽力向后仰体抬头。测试者在其前方,直尺的零端于地,当受试者后仰至最高点时,迅速上移引尺直至引尺上端触及其鼻尖(要求后仰至最高点对保持 1~2s 的稳定,以便测量)。测量 2~3 次,记录量尺的读数(单位:cm),取最佳成绩。

评价方法:坐高减去躯干上抬的最佳成绩,差值越小,表明躯干和颈的伸展能力越好。

(三)肩臂上抬(俯卧抬臂)

测试目的:测量受试者肩臂和腕部的柔韧性。适用于 7 岁以上男女生。

器材:地板、挠度尺。1m 长(直径为 2cm)的圆木棍或竹竿。

测量方法:受试者直立,两手下垂于体侧,测量右臂长。令受试者俯卧下额着地,两腿伸直,双臂前伸,两手相距与肩同宽,正握木棍,然后两臂尽力上抬(可伸腕)。肘伸直,双臂保持在同一水平面上。测试者持尺在受试者前方,置尺的零端于地,当受试者两臂上抬至最高点时,迅速上移引尺直至触及木棍下缘中点为止,要求测验时下额始终着地。测 2~3 次,记录量尺的读数(单位:cm),取最佳成绩。

二、脊椎的柔韧与腰背痛

(一)脊椎的结构和功能

1.脊椎的结构

脊椎亦称脊柱、脊梁骨(见图 11-1),由形态特殊的椎骨和椎间盘联结而成,位于背部正中,上连颅骨,中部与肋骨相连,下端和髋骨组成骨盆。自上而下有颈椎 7 块、胸椎 12 块、腰椎 5 块、骶骨 1 块(由 5 块骶椎合成)和尾脊骨 1 块(由 4 块尾椎合成),共 26 块独立的椎骨。脊椎内部自上而下形成一条纵行的脊管,内有脊髓。

在正常情况下,脊椎有 4 个弯曲,从侧面看呈 S 形,即颈椎前凸、胸椎后凸、腰椎前凸和骶椎后凸。长期姿势不正和某些疾病(如胸椎结核、类风湿性脊椎炎等)可使脊椎形成异常弯曲,如

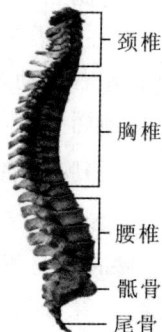

图 11-1　脊椎

驼背。

2.脊椎的功能

(1)保护功能:脊椎为人体的中轴骨骼,是身体的支柱,具有负重、减震和保护等功能。人体直立时,重心在上部通过齿突,至骨盆即位于第 2 骶椎前左方约 7cm 处。脊柱上端承托头颅,胸部与肋骨结成胸廓。上肢借助肱骨、锁骨和胸骨以及肌肉与脊柱相连,下肢借骨盆与脊柱相连。上下肢的各种活动,均通过脊柱调节,保持身体平衡。脊柱的四个生理弯曲,使脊柱如同一个弹簧,能增加缓冲震荡的能力,加强姿势的稳定性,椎间盘也可吸收震荡,在剧烈运动或跳跃时,可防止颅骨、大脑受损伤,脊柱与肋骨、胸骨和髋骨分别组成胸廓和骨盆,对保护胸腔和盆腔脏器起到重要作用。

(2)运动功能:脊椎除支持和保护功能外,具有灵活的运动功能。虽然在相邻两椎骨间运动范围很小,但多数椎骨间的运动累计在一起,就可进行较大幅度的运动,其运动方式包括屈伸、侧屈、旋转和环转等项。脊柱各段的运动度不同,这与椎间盘的厚度、椎间关节的方向等制约因素有关。骶部完全不动,胸部运动很少,颈部和腰部则比较灵活。人在立正姿势时,通过身体所引的垂直重力线经过颈椎体的后方,在第 7 颈椎和第 1 胸椎处通过椎体,经胸椎之前下降,再于胸腰结合部越过椎体,经腰椎后方并穿过第 4 腰椎至骶骨岬再经骶骨前方、骶髂关节而传至下肢。脊柱的弯曲,特别是颈曲与腰曲,随重力的变化而改变其曲度。

(二)脊椎的柔韧

脊椎由 26 块椎骨组成,椎骨之间靠椎间盘连在一起。其中有 23 块椎体有椎间盘,椎骨之间由于椎间盘的弹性有少许转动,当肌肉牵动椎骨时,每一个椎骨少许转动的总和就使脊柱有了相当大的运动幅度。因此脊柱能前屈、后倾、向右侧屈、向左侧屈及转动。

脊柱的柔韧包括颈椎、胸椎、腰椎的柔韧。颈椎柔韧主要采用头前后屈、左右侧屈、左右转动及绕环的练习。胸腰椎柔韧常结合在一起练习,主要采用下腰、甩腰、体前屈等练习。

(三)腰背痛

1.腰背痛的概念与病原

腰背痛是发生在腰骶部的急慢性疼痛,多由局部的肌肉、韧带、关节、椎间盘、骨骼、神经等受到损伤而引起,也可伴有或不伴有下肢痛,是目前的常见病、多发病。临床上常将腰背痛分为三种类型:非特异性腰背痛、特异性腰背痛和神经根型腰背痛。

引起腰背痛的病因有急慢性损伤、炎性病变、肿瘤、内脏疾病引起的牵涉性痛、精神因素以及脊柱的退行性改变、骨的发育异常、姿势不良等因素。

2. 腰背痛的预防

长时间保持同一坐姿或站姿之后,应放松腰部,或伸展腰肢。适度变换颈部的姿势,最好每工作一小时休息几分钟。过于肥胖者,应该适度减肥以减少腰部的负担。不宜选用过软的床垫,较硬的床垫对腰部有益处。同时,尽量不要俯卧,对腰部不利。提着重物时,尽量贴近身边。弯腰或扭腰时要尽量小心,或是避免尽量弯腰或扭腰。长期身心劳累也是腰背痛的诱因,因此预防之道也包括在工作之余尽量放松自己。

3. 腰背痛的康复保健

对于很多的腰背损伤问题可以采用一些保守性的运动疗法,但腰背痛的多样性和复杂性使人们很难做出一种统一的诊断和运动处方。而且,如果个体不了解不同腰背条件的细微差别,那么运动治疗对他来说是比较危险的。

在提高腰背功能时要做到提高柔韧性和提高躯干肌肉功能运动的统一,尤其是提高背肌的功能。在做脊柱的伸展运动中需要注意的关键一点就是在伸展脊柱时不要超过正常的前凸。在锻炼腹肌的运动中,起主要作用的是腹直肌,腹侧肌的作用相对较小。腹侧肌的锻炼主要是进行对侧屈运动和等长收缩练习。强健的腹侧肌可以使脊柱更稳固,从而减小重复性微细损伤对其造成的不利影响,降低腰背痛的发生率。

常用的康复性练习手段:①腰椎前屈:患者弯腰并力图以手触地,注意屈曲度数,并注意脊柱的形态。正常情况下从直立位到屈曲约有45°活动度。②腰椎伸展:患者腰尽量向后弯曲,并在患者后面固定其两侧骨盆与髋关节,以检查其腰部伸展度。正常的伸展度约35°。③腰椎侧屈:检查者在患者后面固定其两侧骨盆与髋关节,患者分别向左、右侧弯腰,以检查脊柱向两边的活动度。正常情况下每侧活动度约为30°。④腰椎旋转:检查者保持上述一样固定患者两侧骨盆与髋关节,要求患者肩部分别向左、右旋转,正常人躯干旋转程度约为每侧45°。躯干的旋转包括胸椎和腰椎活动。

第十二章 体育锻炼与灵敏素质

【内容提要】

灵敏素质是运动技能、神经反应和各种素质的综合表现。现代体适能理论把灵敏素质归结为竞技体适能范畴。同速度素质一样,青少年依个体差异状况绝大多数有着发展灵敏素质的必要性和可行性。而中老年人一般保持适度的灵敏素质水平即可。本章介绍灵敏素质的概念、影响因素、测量与评价以及发展的方法与手段,以便于锻炼者提高自身灵敏素质理论认识与实践锻炼水平,有针对性地选择适合自身发展灵敏素质的方法和手段。

【关键词】

灵敏素质   一般灵敏素质   专项灵敏素质   十字象限跳   十字变向跑

身体教育和知识教育之间必须保持平衡。体育应造就体格健壮的勇士,并且使健全的精神寓于健全的体格。

——柏拉图

第一节   灵敏素质及其影响因素

在球类、滑雪、武术、散打、拳击、摔跤、击剑、体操等许多运动项目中,都要求运动员在时空急剧变化的条件下能迅速表现出对动作的准确判断、快速敏捷的反应速度、高度的自我操纵能力以及迅速改变身体或身体某部位运动方向的能力。这些都是灵敏素质的表现内容,因此灵敏素质的提高与发展在体育运动项目中极为重要。

一、灵敏素质的概念与分类

(一)灵敏素质的概念

灵敏素质是指人体在各种突然变换的条件下,快速、协调、敏捷、准确地完成动作的能力。它是人的运动技能、神经反应和各种身体素质的综合表现。即通过力量特别是爆发力,控制身体的加速或减速;通过速度,特别是爆发速度,控制身体移动、躲闪、变换方向的快慢;通过柔韧保证力量、速度的发挥;通过耐力保证持久的工作能力。

身体素质的综合运用才能保证动作的熟练程度,而动作的熟练程度必须在中枢神经支配下才能运用自如,因为神经反应决定了反应速度的快慢、决定了判断是否准确、决定了随机应变及时做应答动作的快慢。因此反应迅速、判断准确、及时做出应答动作是灵敏素质的先决条件,各素质协同配合是完成应答动作的基础。应答动作的熟练程度直接体现了灵敏素质的高低。所以说,灵敏素质是运动技能、神经反应和各种素质的综合表现。

鉴于灵敏素质是协调发挥各种身体素质能力,是提高技术动作质量和创造优异运动成绩的重要条件,它在各个运动项目中主要有以下作用:能够保证运动员准确、熟练、协调地完成动作,取得优异运动成绩;能够灵活、巧妙地战胜对手,取得比赛的胜利。

(二)灵敏素质的分类

从灵敏素质与专项运动关系来看,可分为一般灵敏素质和专项灵敏素质。

一般灵敏素质是指人在各种活动中,在突然变换的条件下,迅速、合理、准确地完成各种动作的能力。它是专项灵敏素质发展的基础。

专项灵敏素质是运动员在专项运动中,迅速、准确、协调地完成本专项各种技术动作的能力。它是在一般灵敏素质的基础上,多年重复专项技术,提高专项技能的结果。

不同的体育运动项目对灵敏素质有不同的要求,球类和一些对抗性项目要求判断、反应、躲闪、随机应变等方面的灵敏素质。因球类项目的动作技巧变化多样,身体的各部位置迅速发生变化,动作结构变异大,反应敏捷,不像体操、武术、田径等项目是按程度进行的,所以球类项目没有一种动作技巧是固定不变的。要时刻根据比赛时的复杂条件而灵活地改变动作的方向、速度、身体的姿势,这就要求球类运动员在球场上要有广阔的视野、敏锐的球感、多变的战术、协调的配合,只有这样才能适应球类运动的需要,因此没有良好的灵敏素质很难成为一名优秀的球类运动员。

二、灵敏素质的影响因素

影响灵敏素质的因素是多种多样的,其中主要有解剖、生理、心理、运动经验及其他身体素质发展水平等。

(一)解剖因素

1. 体型

由于各体育项目不同,要求运动员的体型也就不同,所以从身体形态来看有其显著的项目特点,也就是说,专项运动技能与身体形态相一致。如体操运动员的形态特点是个矮、体轻躯短、腿长、肩宽臂粗长,之所以需要这样的体型是因为体操运动员在完成许多动作时,要克服自身体重来完成,个矮体轻则省力,肩宽臂粗长有利于用上肢完成大部分动作,躯短腿长有利于动作幅度,这样的体型无疑是从事体操的最佳体型。再如举重运动员要求矮、粗、宽、厚的体型,这样有利于用强大的爆发力控制杠铃维持身体平衡。篮、排球运动由于篮高、网高的限定,要求身材高大的运动员。足球运动由于场地大、范围广,要求速度快、耐力强、动作灵活、反应快,并能充分利用合理冲撞,所以选身高、体重在中上等的、下肢有力的运动员(当然身材高大、体格健壮,而且灵活敏捷的人更好)。跳高运动则要求瘦高个、躯短、下肢长的运动员,下肢长、重心高、摆动半径大获反作用力大,身瘦体轻有利于空中控制身体顺利过竿。

从以上例子来看,不同的项目要求不同的体型,这种体型必须有利于专项技术的发挥,能在专项中表现出高度的灵敏素质。因此不能认为哪一种体型的人灵敏素质好,哪一种体型的人灵敏素质差。但就一般人而言,过高而瘦长的、过胖的或梨形体型的人缺乏灵敏性,"O"型腿、"X"型腿的人缺乏灵活性,肌肉发达的中等或中等以下身高的人,往往有高度的控制力而表现得非常灵活。

2.体重

体重是身体中脂肪、肌细胞、水、矿物质等成分质量的总和。其中以脂肪和肌细胞的增长最为显著,脂肪的增长是每日进食超过一天所需的能量,多余部分转变为脂肪,而肌细胞的增长是通过锻炼,锻炼促进肌细胞增长。脂肪过多影响肌肉收缩效率,增加了不必要的体重等于增加了运动时的阻力,从而影响了身体的灵活性,因此必须进行合理的训练增加肌肉比重,再配以低能量饮食逐渐减少脂肪。

(二)生理因素

1.大脑皮质神经过程的灵活性

高度的灵敏素质是在其巩固的运动技能基础上表现出来的,也就是在大脑皮层分析综合能力高度发展的情况下体现的。大脑皮层的分析综合能力是在时间和空间上紧密结合进行的,因此在学习每一个动作时都要按一定顺序进行,大脑皮层概括动作的难易度给以的刺激会按一定顺序正确地反应出来,多次重复会形成熟练动作。如行进间投篮,视觉判断上篮时的距离及篮的高度,位觉感觉起跳后身体空间方位,皮肤触觉感知地面硬度及手投篮的力量,这些刺激所引起的兴奋传到大脑皮层相应区域,都按严格的时间和顺序产生兴奋、抑制,经过多次强化,各感觉中枢与运动中枢的动觉细胞产生暂时联系而形成运动技能。通过大量各种动作练习形成许多熟练的运动技能,把这些动作变换,并在变化的环境中完成,使大脑皮质的兴奋和抑制的转换能力加强,从而提高大脑皮层神经过程的灵活性。据此,在任何条件下、任何环境中都能熟练地把运动技能的动作表现出来。

运动实践证明,每一项体育运动都需要某些专门的技能(如篮球的传球、运球、投篮,足球的传递、带球、射闪、射门,体操的空翻、回环、倒立、全旋等),只有掌握了这些专门的技能,并且运用自如,才能成为本专项的优秀运动员。而灵敏素质寓于这些运动技能之中,以运动形式灵活熟练地表现出来。因此基本动作、基本技术掌握得越多越熟练,不仅学习新的动作快,而且在战术运用中也更富有创造力,人也显得灵活,随机应变能力更强,从而表现得灵敏素质也更高。

2.运动分析器的功能

人体在完成动作时,肌肉产生收缩,通过肌肉肌梭(感知肌纤维长度、张力变化)、腱梭(感知牵张变化)产生的兴奋传入神经中枢进行分析综合活动而感知身体在空间的位置、姿势以及身体各部位的运动情况,并与视觉、位觉、触觉以及内感受器相互作用,实现空间方位感觉。在肌肉感觉及空间方位感觉的基础上,大脑皮层才能随环境变化调节肌紧张,以保证实现各种协调精确的动作。运动分析得越完善,则运动员对肌肉活动用力大小、快慢的分析能力越高,完成动作时间的判断越精确。有些运动员即使闭上眼睛也能完成某些动作,这就是运动分析的作用。

在运动实践中,有的运动员脚表现得灵活,有的手表现得灵活,这是因为经常使用那些部位,那些部位也就表现得较灵活,乒乓球运动用右手的则右手灵活,经常用左手的则左手灵活。篮球运动员要求左右手运球、投篮都应灵活,足球运动中要求左右脚射门、带球都应灵活,体操运动员习惯一个方向的转体、一个方向的全旋等,这是因为支配该部位运动器官的神经中枢的分析综合能力高度完善的原因。

3.前庭分析器的机能

前庭分析器对空翻、转体及维持身体平衡、变换身体的方向位置的灵活性有很大作用。

前庭分析器主要包括三个半规管,三个半规管对于感受方向位置具有重要的作用。

三个半规管在颅内相互垂直,当身体朝任何方向旋转时,半规管都能接受刺激,调整身体的平衡,但三个半规管接受的刺激是不一样的。当做横轴(向前或向后)翻转时,水平和横面内的半规管的内淋巴液在翻转开始和结束时,对壶腹内毛细胞起作用,而纵面内的半规管的内淋巴液做圆的滚动,由于翻转惯性内淋巴液在整个翻转过程中起作用,所以滚横轴翻转时,纵面内的半规管(上半规管)起主要作用。同样,围绕纵轴转体时,水平面内的半规管(外半规管)起主要作用。作矢状轴翻转时,横面内的半规管(后半规管)起主要作用。当完成空翻转体动作时,要求三个半规管的转换能力要强。由于前庭分析器的作用,身体在翻转时,才能感知身体在空间位置的变化,并借助各种反射来调节肌紧张以完成翻转动作。

体操动作、跳水动作对前庭分析器的要求较高,所以从事体操练习、蹦床、小弹板等练习能提高改进前庭分析器的机能,因此体操中的一些练习可用于提高其他项目运动员的灵敏素质的辅助练习。

(三)年龄、性别

1.年龄

从幼儿开始学习走路到六七岁,平衡器官得到充分发展。7～12岁,灵敏素质稳定提高,该年龄段有利于提高动作频率、反应速度及单个动作速度,体操运动员应尽量多体会一些难度较大的翻转动作。13～15岁为青春期,身高增长较快,灵敏素质相对有所下降,以后随年龄增长又稳定提高直至成人。

2.性别

在儿童期,男孩和女孩灵活性差不多;在青春期,男孩比女孩稍灵活些;青春期以后,男子的灵敏素质高于女子。女子进入青春期,由于体重增加,有氧能力下降,内分泌系统变化,灵敏素质会一度出现明显的生理性下降趋势。根据这一变化规律,在青春期以前就应加强女子的灵敏素质练习,使之得到较好发展。

(四)疲劳程度

疲劳将导致中枢神经系统灵活性与机体活动能力降低。由于大脑皮质的能源供应不足(缺乏三磷腺苷),从而产生保持性抑制,所以肌肉力量不能发挥,发应迟钝,速度下降,动作不协调等,灵敏性显著降低。因此,在发展灵敏素质练习中和练习后都要注意恢复,及时消除疲劳。在兴奋性比较高、体力充沛的时候发展灵敏素质效果最好。

(五)情绪

人的情绪在高涨时显得特别灵敏,而情绪低落时,灵敏性也会降低。

由于环境的变化及其他生理、心理原因会导致情绪的变化,可能会过度兴奋,兴奋扩散不能集中,造成身体失控;也可能过度抑制,精神不振,造成动作无力不协调。因此一个优秀的运动员应学会自我情绪的调节,使自己在竞技状态中具有相适宜的情绪。当处于这种状态时,运动员头脑清醒,身体充满力量,对完成动作充满信心,身体觉得轻快灵活。如篮球运动员怎么投篮怎么进,体操运动员无论完成什么动作都感到控制自如,足球运动员感到球在自己脚下随心所欲等,达到这种情况除身体素质好、技术熟练外,主要是良好情绪的作用。但这种状态有时不是人的意识所能预计的,应加强心理训练,提高对环境的适应能力和学会调节自我情绪等方法。

（六）其他身体素质发展水平

灵敏素质是人体的力量、速度、耐力、柔韧以及协调性等能力的综合表现。上述在神经中枢调控下的肌肉活动能力与灵敏素质有密切关系，其中任何一种身体素质较差，对灵敏素质的提高都会造成不利影响。

（七）运动技术的熟练及运动经验的丰富程度

实践证明，掌握基本技术越多、越熟练，不仅学习新的运动技能快，而且技术运用也显得更灵活，更富有创造力，表现出的灵敏素质也就越高。长期学习、运用各种技术动作和提高运动技能，可以丰富人的运动实践经验，增加身体素质和技术动作"储备"，从而促进灵敏素质水平的不断提高。

（八）气温

阴冷潮湿，也会降低关节的灵活性与肌肉韧带的伸展性，造成灵敏性下降。

第二节　灵敏素质的测评与发展

一、灵敏素质的测量与评价

（一）灵敏素质的测量与评价原理

灵敏素质没有客观衡量标准，只能通过动作的熟练程度来显示灵敏素质的高低。较之灵敏，力量用力的大小来衡量，单位是牛顿；速度用距离和时间的比来衡量，单位是米/秒；耐力用时间的长短或重复次数的多少来衡量；柔韧用角度、幅度的大小来衡量；灵敏素质只有用迅速准确协调完成动作的能力来衡量。例如运动员的躲闪能力，必须通过躲闪动作来体现，而躲闪的快慢就表现了灵敏程度的高低。但完成躲闪动作是以各素质为基础的，反应判断的快慢决定相应躲闪动作的快慢，速度力量又决定了反应动作的快慢，因此运动员在没有做出躲闪动作之前无法衡量运动员在躲闪方面的灵敏素质，诸如急跑急停、转体、平稳等动作也都如此。因此身体素质越好，完成动作越熟练，所表现的灵敏素质就越好。离开其他素质和运动技能根本谈不上灵敏素质，而灵敏素质只有通过熟练的动作才能表现出来，单纯的灵敏素质是不存在的。

灵敏素质的发展水平主要从以下三个方面进行评价：

第一，是否具有快速的反应、判断、躲闪、转身、翻转、维持平衡和随机应变的能力。

第二，在完成动作时，是否能自如地操纵自己的身体，在任何不同的条件下都能准确熟练地完成动作。

第三,是否能把力量(爆发力)、速度(反应速度)、耐力、协调性、节奏感等素质和技能通过熟练的动作综合表现出来。

客观实践证明,具有高度灵敏素质的人,可以随心所欲地控制自己的运动器官,熟练自如地完成动作。

(二)灵敏素质常用的测量方法与评定标准

尽管灵敏素质的测量与评价较为困难,但体育工作者研制了一些简单有效的方法对其进行测量评价。陈骏良编译的《体育测量与评价》及其他相关书籍大多推崇以下方法。

1. 十字象限跳

测试目的:测试学生身体灵敏素质的发展水平。

场地器材:一块平地、划一十字象限(线长 1m),秒表。

测试方法:受试者站立于起始线后(见图 12-1),听信号即跳入第一象限,然后依次跳入第二、三、四象限,按此法反复跳 10s,每跳入一象限计 1 次。记录 10s 的正确跳跃次数,取最佳次成绩。

注意事项:要求跳跃时必须双脚跳起、同时着地,踏线或踏错象限不计次数,从错处继续接着依次跳,测 2~3 次,每次 10s。

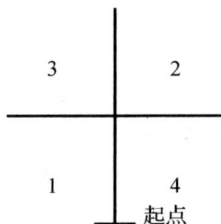

图 12-1　十字象限跳测试场地示意图

十字象限跳主要用于学生灵敏素质的测评,大学生十字象限跳的评定标准见表 12-1。

表 12-1　大学生十字象限跳的评定标准

大学男生	大学女生	评定等级
31 以上	33 以上	优
25~30	27~32	良
13~24	14~26	中
7~12	8~13	下
0~6	0~7	差

2.十字变向跑

测试目的:测定学生变向跑的能力。

场地器材:场地如图 12-2 所示,箭头代表跑的方向。秒表一只。

测试方法:听到开始跑信号后,受测者依图正确跑完全程,如触及障碍物则罚 0.1s,测试者记录时间为测试成绩。

测试要求:跑过最后一个障碍物要全力冲刺。强调不触及障碍物。如果受测者明显可以提高测试成绩,允许重测。

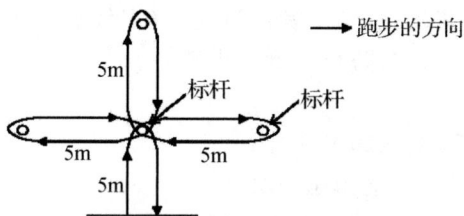

图 12-2　十字变向跑测试路线示意图

大学生十字变向跑测试评定标准见表 12-2。

表 12-2　大学生十字变向跑测试评定标准　　　　　单位:s

大学男生	大学女生	评定等级
10.79 以下	12.60 以下	优
11.49～10.80	12.99～12.61	良
12.60～11.50	14.59～13.00	中
13.90～12.61	15.99～14.60	下
13.91 以上	16.00 以上	差

3.10m×4 往返跑

测试目的:主要测试人体移动的速度和灵敏性。反映人体快速起动、快速停止并转身再起动的能力以及评价人体神经系统的反应能力和协调能力,下肢肌肉的爆发力。

场地器材:在平坦的地面(地质不限)上画长 10m、宽 1.22m 的直线跑道若干条。一端为起、终点线,另一端为折返线。在起、终点线外 3m 处画一条目标线,在折返线处设一手触物体(木箱或墙壁)。秒表若干块。

测试方法:受试者至少两人一组,两腿前后分开,站立在起跑线后;当听到起跑信号后,立即起跑,直奔折返线,用手触摸到物体(木箱或墙壁)后转身跑向目标线。发令员站在起跑线的斜前方发令,在受试者起跑的同时开表计时,当受试者胸部到达终点线垂直面时停表。测试 1 次。记录往返后通过终点的时间,以秒为单位,精确到小数点后 1 位。小数点后第 2 位数,按非"0"进"1"的原则进位。

注意事项:测试前,测试人员明确告诉受试者要全速直线跑,途中不能串道;起跑前,受试者不得踩、跨起跑线;起跑时,如果受试者未听到起跑信号,测试人员可轻推受试者的后背,促其起跑;受试者通过起、终点线后方可减速;在目标线处,要安排专人对受试者进行保护,防止摔倒发生意外。

4.立卧撑

测试目的:测量体姿变换的灵活性。

设备器材:秒表一只,平整场地一块。

测试方法:由站立开始,分四个动作进行。①屈膝下蹲,两手置于足前撑地;②两腿向后伸展成俯撑,身体保持直线;③再恢复至屈蹲姿势;④直至站立姿势。在规定的时间内尽可能多地重复以上动作。记录 10s 完成的正确动作次数(一次完整的立卧撑的动作次数为 4 次)。

注意事项:有下列错误动作减一次。①双手着地前,双脚已后撤;②两腿后伸时,腿未伸直;③在完成收腿全蹲动作前,双手已离地;④站立不直。

大学生立卧撑测试评定标准见表 12-3。

表 12-3　大学生立卧撑测试评定标准　　　　　　　单位:s

大学男生	大学女生	评定等级
34 以上	30 以上	优
29～33	26～29	良
17～28	14～25	中
12～16	10～13	下
0～11	0～9	差

二、发展灵敏素质的方法与手段

提高灵敏素质,必须提高大脑皮质神经过程的灵活性。如练习者随各种信号做改变动作练习等;通过各种手段(如利用各种性质的刺激)提高各种感觉器官的机能;熟练掌握多方面的运动技能;加强力量、速度、耐力及柔韧素质的锻炼和训练。

(一)发展灵敏素质的方法

由于灵敏素质是人体综合能力的表现,发展灵敏素质必须从提高身体素质的

综合能力入手,重点培养掌握动作的能力、反应能力、平衡能力等。主要练习方法如下:

(1)固定转换体位的练习,如各种穿梭跑、8字跑和折返跑等,这些练习主要发展人体的基本灵敏能力。

(2)在跑、跳中做迅速改变方向的各种跑、躲闪、突然起动以及各种快速急停和迅速转身等练习。

(3)突然发出各种指令信号,练习者接受信号后,迅速做出应急反应。这种方法主要是提高人体应用灵敏的能力。

(4)器械、体操、武术中的一些复杂动作练习,以及速度、动作、力量、高度、方位等经常变化的不对称练习和各种球类活动。

(5)做复杂多变的综合练习。例如,用"之字跑""躲闪跑""穿梭跑"和"立卧撑"四项组成的综合性练习。

(6)专门练习。如连续做立卧撑跳转180°、连续进行上步纵跳、左右弧线助跑、单腿起跳、旋转360°等。

(7)变速和变向练习。在跑、跳过程中快速、协调、准确地完成各种动作,如变向、变速、急停、急起、转体等。

(8)其他方式的练习。按各种信号做出应答反应的游戏和各种变向的追逐游戏,专门设计的各种复杂多变的练习,如"躲闪跑""穿梭跑"等。

(二)发展灵敏素质的手段

(1)提高反应判断的练习手段:按口令做相反的动作,按有效口令做动作,原地、行进间或跑步中听口令做动作。

(2)发展平衡能力练习手段:一对一面向站立,双手直臂相触,虚实结合相互推,使对方失去平衡;一对一弓箭步牵手互换面向站立,虚实结合互推互拉使对方失去平衡;各种站立平衡:俯平衡、搬腿平衡、侧平衡等;头手倒立、肩肘倒立、手倒立停一定时间;在肋木上横跳、上下跳练习。

(3)发展协调能力的练习手段:一对一背向互挽臂蹲跳、跳转;模仿动作练习;各种徒手操练习;双人头上拉手向同方向连续转;脚步移动练习,如前后、左右、交叉的快速移动。

(4)体操动作练习手段:前滚翻、后滚翻、侧滚翻;连续前滚翻或后滚翻;双人前滚翻,一人仰卧,另一人分腿站在仰卧人的头两侧,双方互握对方两脚踝,然后作连续的双人前滚翻或后滚翻;连续侧手翻。

(5)跳绳动作练习手段:"扫地"跳跃,练习者将绳握成多段,从下蹲姿势开始,将绳子做扫地动作,两脚不停顿地做跳跃练习;前摇两次或三次,双足跳一次,俗称

"双飞""三飞";后摇两次,双足跳一次,俗称"后双飞";交叉摇绳,练习者两手交叉摇绳,每摇一两次,单足或双足跳长绳子一次;集体跳绳,两名练习者摇长绳子,其他练习者连续不断地跳过绳子,每人应在绳子摇到最高点时迅速跟进,跳过绳子。并快速跑出。谁碰到绳子,与摇绳者交换。

(6)蹦床动作练习手段:原地向上腾起,两臂上举,使身体在空中伸展,然后下落,连续做 5～10 次;原地腾起,两臂上举,空中转体 180°,360°;原地腾起,下落时呈俯卧姿势,然后再腾起;原地腾起,体前屈,侧分腿,两手触及脚尖,然后直体双脚落地;原地腾起,在空中模仿挺身式跳远、分腿腾跃、足球守门员救球、排球运动员扣球、拦网,篮球运动员扣篮,跳水运动员的起跳、腾空、入水等动作。

(7)游戏动作练习手段:在灵敏性游戏的设计、选择、运用中,要注意把思维判断、快速反应、协调动作、节奏感等内容有机地结合起来。进行游戏时,要严格执行规则,防止投机取巧,遵守纪律,注意安全。主要手段:①形影不离:两人一组,并肩而站。右侧的人自由变换位置和方向,站在左侧的人必须及时跟进填补站在他的右侧位置。②照着样子做:两人一组,其中一人做站立或活动中的各种动作,并不断更换花样,另一人必须照着他的样子做。要求:领做者随意发挥,照做者模仿逼真。③水、火、雷、电游戏:练习者在直径为 15m 的圆圈内快跑,指导者接连喊"水""火""雷""电",所有人必须做出与之相适应的动作。要求:想象力丰富,变换动作快。④互相拍肩:两人相对 1m 左右站立,既要设法拍到对方的肩膀,又要防止对方拍到自己的肩膀。要求:伺机而动,身手敏捷。⑤单、双数互追:练习者按单、双数分成两组迎面相距 1～2m 坐下,当教练喊"单数"时,单数追双数,双数转身向后跑开 20m。当教练喊"双数"时,双数追单数,单数转身向后跑开。要求:判断准确,起动迅速。

(三)发展灵敏素质的注意事项

灵敏性的全面提高有赖于多条有严格要求建立起的条件反射。也就是说,学会正确地、随意地动作,越多越好。因此,要重视学习和掌握各种运动技能。

灵敏素质是由大脑皮层神经活动过程的可塑性和灵活性所决定的,前者表现为对动作的掌握能力,后者表现为对参加运动肌群的控制、指挥能力。灵敏素质与复杂的运动反射速度及准确性密切相关,这要求练习时要有较强烈的欲望,要有明确的目标追求,减少不动脑筋的盲目重复练习。

发展灵敏素质应在体力较好时进行,练习负荷强度要大,每次负荷持续时间不宜过长,重复次数也不宜太多,间歇时间要充分,以不产生疲劳为限度。

人在疲劳时灵敏性会变差。因此,不断提高自己的耐力水平,对保持灵敏性有积极的作用。

　　灵敏素质是一种综合素质,与力量、速度、协调等素质有密切关系,尤其是反应速度、动作速度、爆发力和协调性等对灵敏素质影响最大。因此,发展灵敏素质应从这些基本因素着手,并结合所锻炼项目的运动特点组合,设计切合实际的锻炼计划。

　　灵敏素质应从小抓起,少儿阶段是发展灵敏素质的关键时期。同时,在发展灵敏素质时,应加强心理素质培养,避免由于紧张和恐惧而导致反应迟钝、动作协调性下降,影响正常水平的发挥。

附　录

附录 I　国民体质测定标准施行办法

第一条　为推动和规范《国民体质测定标准》（以下简称《标准》）的施行工作，指导国民科学健身，促进全民健身活动的开展，提高全民族的身体素质，根据《中华人民共和国体育法》和《全民健身计划纲要》等有关规定，制定本办法。

第二条　《标准》适用于 3 至 69 周岁国民个体的形态、机能和身体素质的测试与评定，按年龄分为幼儿、青少年、成年人和老年人 4 个部分，其中青少年标准为《学生体质健康标准》。

第三条　施行《标准》坚持科学、规范、安全、便民的原则。

第四条　提倡国民在经常参加体育锻炼的基础上，定期按照《标准》进行体质测定。

健康状况不适合参加体质测定的可不进行体质测定。

第五条　国务院体育行政部门主管全国的《标准》施行工作。地方各级体育行政部门主管本行政区域内的《标准》施行工作。

国务院教育行政部门负责在全国各级各类学校施行《学生体质健康标准》工作。

国务院卫生、民政、劳动保障、农业、民族等部门和工会、共青团、妇联等社会团体在各自的职责范围内负责施行《标准》工作。

第六条　各级体育行政部门应当将施行《标准》与开展国民体质监测结合进行；扶持建立体质测定站；培训体质测定人员；划拨用于施行《标准》的专项经费；收集并统计分析施行《标准》的信息资料。

第七条　各级国民体质监测中心应当将施行《标准》作为工作职责。

体育教学、科研等单位应当做好施行《标准》的科研、培训和指导工作。

第八条　城市街道办事处应当将施行《标准》作为社区建设的内容，全国城市体育先进社区和有条件的社区应当建立体质测定站，发挥居民委员会等社区基层组织的作用，为居民提供体质测定服务。

第九条　县、乡镇应当将施行《标准》作为农村体育工作的重要内容,与农村医疗卫生工作结合,创造条件建立体质测定站,为农民提供体质测定服务。

第十条　机关、企业事业单位和社会团体应当有组织、有制度地开展体质测定工作。

第十一条　体质测定站应当具备以下基本条件:

(一)有培训合格的体质测定人员;

(二)有符合体质测试项目要求的器材和场地;

(三)有对伤害事故及时救护的条件;

(四)有测试数据处理及健身指导的设备和人员。

第十二条　开展体质测定应当严格按照《标准》规范操作,为受试者提供测定结果并给予科学健身指导;保存测定数据和资料;对受试者的测定结果保密。

第十三条　从事营利性体质测定服务的,应当向当地工商行政管理部门办理登记注册,并接受其指导、监督和管理。

第十四条　对体质有特殊要求的部门和单位可将《标准》作为招生、招工、保险等体质考核的参考依据。

第十五条　各级体育、教育行政部门及有关部门应当对在《标准》施行工作中做出显著成绩的单位和个人予以表彰奖励。

第十六条　《标准》由国务院体育行政部门负责制定,其中青少年部分由国务院教育行政部门负责制定。

第十七条　有关部门和地方可参照《标准》制定适用于特定人群或地区的体质测定标准。

第十八条　本办法自 2003 年 7 月 4 日起施行。

附录 Ⅱ　《国家学生体质健康标准》实施办法

一、《国家学生体质健康标准》(以下简称《健康标准》)的实施工作在教育部、国家体育总局的领导下,由各级教育行政部门管理,体育行政部门指导,学校组织实施

二、《健康标准》的组织实施工作在校长领导下,由学校体育教研部门、教务部门、校医院(医务室)、学工部门、辅导员(班主任)协同配合共同组织实施。《健康标准》的测试应与学生的健康体检有机结合,避免重复测试。学生的《健康标准》测试成绩按评定等级记入《国家学生体质健康标准登记卡》,小学列入学生成长记录或学生素质报告书,初中以上学校列入学生档案(含电子档案),作为学生毕业、升学

的重要依据。对达到及格以上成绩的学生颁发证章。《健康标准》的实施工作记入教师的教学工作量。

三、学生《健康标准》测试成绩达到良好及以上者,方可参加三好学生、奖学金评选;成绩达到优秀者,方可获体育奖学分。《健康标准》成绩不及格者,在本学年度准予补测一次,补测仍不及格,则学年《健康标准》成绩为不及格。普通高中、中等职业学校和普通高等学校学生毕业时,《健康标准》测试的成绩达不到50分者按肄业处理。

四、因病或残疾学生,可向学校提交免予执行《健康标准》的申请,经医疗单位证明,体育教学部门核准后,可免予执行《健康标准》,并填写《免予执行〈国家学生体质健康标准〉申请表》,存入学生档案。对确实丧失运动能力、免予执行《健康标准》的残疾学生,仍可参加三好学生、奖学金、奖学分评选,毕业时《健康标准》成绩可记为满分,但不评定等级。

五、认真上好体育课、积极参加体育活动、每天锻炼时间达到一小时者,奖励5分,计入学年《健康标准》总成绩。

六、属下列情况之一者,其《健康标准》成绩记为不及格,该学年《健康标准》成绩最高记为59分:

1. 评价指标中400m(50m×8往返跑)、1 000m 跑(男)、800m 跑(女)、台阶试验的得分达不到及格者;

2. 体育课无故缺勤,一学年累计超过应出勤次数1/10者。

七、各地、各学校在实施《健康标准》时要树立"安全第一"的指导思想,健全各项安全保障制度,落实安全责任制,加强对场地、器材、设备的安全检查。要认真做好学生的体检工作,对生病学生实行缓测或免测。

八、全国各级各类学校每年均直接将本校各年级《健康标准》测试数据,通过中国学生体质健康网(网址中文域名:中国学生体质健康网,英文域名:www. csh. edu. cn),报送至教育部"国家学生体质健康标准数据管理系统",上报数据的时间为每年9月1日至12月31日,上报测试数据的工具软件,由学校在中国学生体质健康网上免费下载使用。

九、高职、高专类学校参照有关要求执行。

十、教育部每年公布各省、自治区、直辖市实施《健康标准》的基本情况;每学年对教育部直属高校本科新生《健康标准》测试结果,按生源所在地进行统计,并以省、自治区、直辖市为单位进行公布。

十一、各地教育、体育行政部门对本地各级各类学校实施《健康标准》的情况,要认真检查监督。要将《健康标准》的实施情况纳入各级政府教育督导内容和评估指标体系,并作为对各级各类学校进行评优、表彰的基本依据。对弄虚作假、徇私舞弊者,给予通报批评,情节严重者,给予行政处分。

十二、为保证《健康标准》测试数据的科学性、准确性,各地、各学校招标、选用的《健康标准》测试器材必须是经国家认证认可监督管理委员会批准的相关认证机构认证合格的产品。

十三、本办法由教育部负责解释。

附录 Ⅲ　国家学生体质健康标准

(一)为贯彻落实健康第一的指导思想,切实加强学校体育工作,促进学生积极参加体育锻炼,养成良好的锻炼习惯,提高体质健康水平,特制定本标准。

(二)本标准是《国家体育锻炼标准》的有机组成部分,是《国家体育锻炼标准》在学校的具体实施,是国家对学生体质健康方面的基本要求,适用于全日制小学、初中、普通高中、中等职业学校和普通高等学校的在校学生。

(三)本标准从身体形态、身体机能、身体素质和运动能力等方面综合评定学生的体质健康水平,是促进学生体质健康发展、激励学生积极进行身体锻炼的教育手段,是学生体质健康的个体评价标准。

(四)本标准将测试对象划分为以下组别:小学一、二年级为一组,三、四年级为一组,五、六年级为一组,初、高中每年级各为一组,大学为一组。

小学一、二年级组和三、四年级组测试项目分为三类,身高、体重为必测项目,其他二类测试项目各选测一项。小学五、六年级组,初、高中各组,大学组测试项目均为五类,身高、体重、肺活量为必测项目,其他三类测试项目各选测一项。

选测项目每年由地(市)级教育行政部门、高等学校在测试前两个月确定并公布。选测项目原则上每年不得重复。

(五)学校每学年对学生进行一次本标准的测试,本标准的测试方法按《国家学生体质健康标准解读》(人民教育出版社出版)中的有关要求进行。

(六)本标准各评价指标的得分之和为本标准的最后得分,满分为 100 分。根据最后得分评定等级:90 分及以上为优秀,75～89 分为良好,60～74 分为及格,59 分及以下为不及格。学生体质健康标准成绩每学年评定一次,按评定等级记入《国家学生体质健康标准登记卡》。学生毕业时体质健康标准的成绩和等级,按毕业当年得分和其他学年平均得分各占 50% 之和进行评定。因病或残疾免予执行本标准的学生,填写《免予执行〈国家学生体质健康标准〉申请表》。

(七)本标准由教育部负责解释。

参 考 文 献

[1]　陈佩杰,王人卫,胡琪琛,等.体适能评定理论与方法[M].哈尔滨:黑龙江科学技术出版社,2005.

[2]　王瑞元.运动生理学[M].北京:人民体育出版社,2002.

[3]　沈剑威,阮伯仁.体适能基础理论[M].北京:人民体育出版社,2008.

[4]　杨忠伟.体育运动与健康促进[M].北京:高等教育出版社,2004.

[5]　董晓虹,郭海英.实用运动处方[M].杭州:浙江大学出版社,2008.

[6]　国家体育总局《全民健身指导丛书》编委会.体育健身的科学基础[M].北京:北京体育大学出版社,2001.

[7]　国家体育总局《全民健身指导丛书》编委会.健身运动的误区[M].北京:北京体育大学出版社,2001.

[8]　陆阿明,朱小龙.科学健身运动指南[M].苏州:苏州大学出版社,2008.

[9]　钟国隆.生理学[M].北京:人民卫生出版社,1998.

[10]　杨锡让.实用运动生理学[M].北京:北京体育学院出版社,1986.

[11]　《运动生理学》教材小组.运动生理学[M].北京:人民体育出版社,1989.

[12]　国家体育总局《全民健身指导丛书》编委会.全民健身与生活方式[M].北京:北京体育大学出版社,2002.

[13]　国家体育总局《全民健身指导丛书》编委会.中年人健康与健身[M].北京:北京体育大学出版社,2004.

[14]　季成叶,国家体育总局《全民健身指导丛书》编委会.体质自我评价和健康运动处方[M].北京:北京体育大学出版社,2004.

[15]　凌月红.体育健康教育与运动处方[M].北京:北京体育大学出版社,2005.

[16]　陈吉棣.吃的科学:健身与营养[M].北京:北京体育大学出版社,2001.

[17]　肖夕君.体质、健康和体适能的概念及关系[J].中国临床康复,2006(20):146-148.

[18]　卢义锦,姚士硕.人体解剖学[M].北京:高等教育出版社,2001.

[19]　胡声宇.运动解剖学[M].北京:人民体育出版社,2000.

[20]　季浏,胡增荦.体育教育展望[M].上海:华东师范大学出版社,2001.

[21]　董泽芳,陈新忠.社会转型与教育冲突[J].教育研究与实验,2009(2):20-23.

[22]　中华人民共和国教育部.2005年全国学生体质与健康调研结果公告[J].保健医学研究与实践,2007,4(1):5-7.

[23]　曲宗湖,杨文轩.学校体育教学探索[M].北京:人民体育出版社,2000.

[24]　王安利,王正珍.中老年健身[M].北京:北京体育大学出版社,2004.

[25]　全国体育学院教材委员会.运动医学[M].北京:人民体育出版社,2005.

[26]　王健,何玉秀.健康体适能[M].北京:人民体育出版社,2008.

[27]　朱燕波.生命质量测量与评价[M].北京:人民军医出版社,2010.

[28]　丁建国,安兵,吴卫兵.运动与健康促进[J].中国临床康复,2004,8(36):8328-8329.

[29]　陈骏良编译,体育测量与评价[M].北京:人民体育出版社,1991.

[30]　张镜如.生理学[M].北京:人民卫生出版社,1994.

[31]　聂东风.社会转型期影响我国学生体质健康的因素分析[J].科学经济社会,2010(4):94-96.

[32]　聂东风.8所重点大学学生健康的体育意识与行为倾向研究[J].北京体育大学学报,2005(4):476-478.

[33]　全国体育学院教材委员会.运动生理学[M].北京:人民体育出版社,2002.

[34]　刘文娟.走跑健身法[M].北京:北京体育大学出版社,2005.

[35]　张建平.体适能概念辨析[J].体育文化导刊,2002(6):33-34.

[36]　温晓利,林映燧.中、美、日体适能概念与测评方法的分析比较[J].科技创新导报.2008,(29):185.

[37]　龙田种.体适能的教育意义[J].国民体育季刊,1995(1):33-34.

[38]　王景,朱红祥.论知识本位型家庭教育观[J].文教资料,2008(27):100-101.

[39]　何步文,王世哲,刘万武.影响学生体质健康因素的社会学分析[J].中国学校卫生,2006,27(4):342.

[40]　香港体适能总会.体适能推广计划研究报告简介[J].体育学刊,1997,(3).

[41]　王冬兰."知识本位"家庭教育观的社会学分析[J].学前教育研究,2006(1):54-56.

[42]　贾洪洲,刘爱英.体适能解析[J].河北体育学院学报,2008,22(2):73-74.

[43]　孙恒.高等教育功能转型与创新人才培养[J].教育发展研究,2009(17):71-73.

[44]　徐建清,何少颖,周晓东.体育锻炼行为的社会学本质[EB/OL].[2013-02-01].http://www.sociology.cass.cn/shxw/cyshx/t20070905_13353.htm.

[45]　邓树勋,王健,乔德才.运动生理学[M].北京:高等教育出版社,2005.